读懂投资 先知未来

www.duoshou108.com

大咖智慧
THE GREAT WISDOM IN TRADING

成长陪跑
THE PERMANENT SUPPORTS FROM US

复合增长
COMPOUND GROWTH IN WEALTH

一站式视频学习训练平台

www.duoshou108.com

龙祺天 /著

龙头战法 ③

量价关系与筹码交易

山西出版传媒集团　山西人民出版社

图书在版编目（CIP）数据

龙头战法.3，量价关系与筹码交易/龙祺天著.
太原：山西人民出版社，2025.7（2025.10重印）—ISBN 978-7-203-13963-8

Ⅰ.F830.91

中国国家版本馆CIP数据核字第2025E9S429号

龙头战法3：量价关系与筹码交易

著　　者：龙祺天
责任编辑：薛正存
复　　审：李　鑫
终　　审：梁晋华
装帧设计：卜翠红

出 版 者：山西出版传媒集团·山西人民出版社
地　　址：太原市建设南路21号
邮　　编：030012
发行营销：0351-4922220　4955996　4956039　4922127（传真）
天猫官网：https://sxrmcbs.tmall.com　电话：0351-4922159
E - m a i l：sxskcb@163.com　发行部
　　　　　　sxskcb@126.com　总编室
网　　址：www.sxskcb.com

经 销 者：山西出版传媒集团·山西人民出版社
承 印 厂：廊坊市祥丰印刷有限公司

开　　本：710mm×1000mm　1/16
印　　张：17.5
字　　数：280千字
版　　次：2025年7月　第1版
印　　次：2025年10月　第2次印刷
书　　号：ISBN 978-7-203-13963-8
定　　价：98.00元

如有印装质量问题请与本社联系调换

前言

短线交易的价值与筹码

《龙头战法》前两部主要讲了短线龙头战法相关的理论体系、情绪周期、战法技巧、打板策略，本书在此基础上，进一步补充量价关系和筹码交易策略，并提供了诸多板块筹码交易的实战案例，可谓是一本与龙头股相关的战法与心法案例合集。

量价关系主要是指成交量和价格之间的相互作用。成交量是价格变动的驱动力，价格上涨时成交量放大通常意味着买方力量加强，有足够的做多力量支撑，反之则是做空和下跌。筹码交易策略涉及分析持仓成本分布，识别支撑位和阻力位，观察主力资金的动向，采取应变策略。短线交易者需要快速进出市场，结合量价与筹码两个分析工具，参考技术分析的相关指标，可以快速帮助交易者捕捉短线机会，成功率较高。

短线交易的核心在于捕捉短期价格波动中的确定性机会，而量价关系和筹码分布是判断市场情绪、主力动向的关键工具。作为龙头战法体系的开拓者，我想重点讲讲短线交易与价值交易的关系，好让读者确定自己的交易体系，全面把握量价关系，在实战中运用筹码交易策略。

在短线交易中，交易以情绪周期为目标更贴合波动的本质，而不是广泛推崇的价值。价格变化的本质是交易行为引起的周期性波动，短线市场在赚钱效应和亏钱效应二者中循环往复，两者交替会产生交易机会，价格是角逐的结果，而并不是以财务模型所测算的价值。情绪交易与价值交易有较大的区别。价值在交易策略上的意义在于个股的估值，是交易标准的常识推断。价值是股价涨跌中的辅助因素，同时也是市场周期变化过程中的表象。价值交易以长线为主，忽略短期波动，交易的逻辑从公司的基本面出发，专注于投资具有护城河深、市占率高、净利润稳定且能预估未来利润的个股，赚取时代的回报。价值投资者成为战略投资者，长期持股和公司一起成长。价值交易适合体量较大的资金，而情绪交易适合小资金散户。价值交易更注重行业逻辑，用来维持长周期的炒作，而情绪交易多注重情绪与波段，利用参与主体的心理因素完成短期高度的打造，乐于预测次日的资金走向。价值交易的长中短资金几乎都会参与，而情绪交易参与主体以短线为主。

在中国A股市场，由于市场环境和政策等因素持续变化，不同交易策略的成功概率存在较大的差异。根据市场上成熟的经验，目前要实现盈利主要有两种策略：一种是长期持有中国优质资产，需要准确判断核心资产；另一种是捕捉市场情绪波动和热点，利用市场增量资金推高股价时进行超短线投机操作。投资者在美股中使用价值交易策略有较高的成功率，但在A股市场采用价值交易策略时，其成功率会显著下降，主要原因是A股参与者众多且交易风格多样化。两个市场的交易风格不同，其背后原因主要是交易者的思维模式不同。美股信仰价值交易，多数参与者都基于理论模型展开了严谨的交易活动。A股发展时间短，属于弱有效市场，任何单一的理论模型都难以获得长期稳定收益。因此，在A股市场中，需要全面掌握多种交易策略，并根据市场环境和自身偏好有效选择策略，依靠趋势法则、人气偏好和历史经验从市场中获益。

须知，价值交易有局限。在不同的市场环境下，即使有相似的历史技术走势，由于交易者的心理状态不同，也会导致后期走势完全不同。对于短线交易者而言，正确的交易策略不能单纯地依赖公司价值，而是注重热点方向、赚钱效应以及个股人气，对市场情绪周期进行博弈，对周期变化引发的价格波动机会进行交易。在短线市场中，情绪周期变化的重要性大于价值研究。个股的价值服从于周期，如果个股处于下跌周期，其基本面再好也不能交易。市场中总是少数人在赚钱，当大多数人纷纷买入的时候，恰恰是我们随时准备获利了结的时候。"在别人恐慌时买入，在别人贪婪时卖出"——就是在市场情绪周期（波段）的底部买入，在周期（波段）的顶部卖出，而不是说在市场价格最高时卖出，在价格最低时买入。虽然我们无法用明确的准则去衡量个股的真实价值，但是市场却能通过价格的周期性波动变化，告知我们市场的情绪周期和信号点。别人极度恐慌的时候是周期（波段）的底部，价格筑底，等待转向；别人极度贪婪的时候是周期（波段）的顶部，价格疯涨，物极必反。

短线交易注重题材想象力和市场人气、龙头切换，靠题材驱动赚钱效应。在实际交易中要看长做短，是指交易者先要看个股中长线的趋势，再拿来指导短线交易，其目的是要抓住趋势，而不是做逆势交易。技术分析或者基本面分析在短线交易中只起辅助作用。技术分析更多是运用统计学总结过去，而难以预测未来。基本面分析对于题材逻辑分析较重要，但不能作为买卖的决策点。短线交易对技术分析的指标信号并不看重，因为市场是动态变化的，短线交易需要有较强的应变能力。短线交易是情绪驱动交易，重在认知，认知有多高，决定短线能走多远。

市场走势决定操作策略，没有一项技术可以应对所有市场走势。只有根据市场的不同阶段采用不同的交易模式，才能提高成功率。普通短线交易者，喜欢把技术分析作为在做出重要的决策时增强信心的工具，甚至有的人唯指标论，但往往跟不上波动的节奏。短线高手把技术工具视为参考验证的工具，通过重复使用达到熟能生巧的程度，然后把固定套路忘掉，通过试错和总结来缩小策略与直觉的差异，提高对趋势的把握能力和情绪的控制力，最终做到用盘感来执行操作。他们需要时刻保持专注，敏感地跟随市场人气节奏，当板块热点发酵符合买入条件时，再根据个股的板块低位、分时形态及时介入强势股。

这本书主讲案例，作为龙头战法的实践派，我还要总结本书的一些策略要点，提醒广大交易者务必保持纪律，持续优化自己的体系和策略。

首先，应该从核心逻辑入手，解释量价和筹码如何共同作用。例如，价格上涨伴随成交量放大和筹码集中，可能是一个买入信号；反之，价格下跌放量且筹码分散，可能是卖出信号。需要具体说明这些信号的应用场景。

其次，通过筹码分析，识别主力成本区，及时交换筹码。一方面，要观察主力资金动向，如大单流入、资金异动也是关键指标；另一方面，通过筹码峰的位置判断支撑和阻力位，及时判断买卖点；此外，换手率的变化可以反映筹码的稳定性，高换手可能意味着变盘。

再次，分步构建策略，建立交易体系。可能包括选股条件，比如高流动性、近期有主力资金介入的股票。入场时机方面，结合量价突破关键价位和筹码集中区。持有时间要短，可能1至3天，设定明确的止盈和止损点。离场策略同样重要，比如量价背离或筹码松动时及时退出。

最后，风险控制是短线交易的核心。必须强调仓位管理，避免重仓，根据自己的偏好设置止损点，保持理性。情绪管理也很重要，避免被贪婪和恐惧左右。

一流的人看情绪，二流的人看资金，三流的人看技术，四流的人看消息。我还要建议广大交易者，每天都要复盘，定向回测，记录交易日志，总结经验，以提高交易胜率。

龙祺天（搬金大圣）

2025年6月1日

目 录

第一章 量价关系 ·· 3

一、量能交易方法 / 3

1. 量能交易概述 / 3

2. 放量与缩量 / 6

二、缩量的策略 / 9

1. 缩量的量价关系 / 9

2. 缩量的位置 / 13

三、放量的策略 / 16

1. 放量的量价关系 / 16

2. 放量的位置 / 19

3. 堆量战法 / 22

4. 伸缩量战法 / 24

第二章 筹码交易策略 ·· 29

一、筹码结构 / 29

1. 良性的筹码结构 / 29

2. 单峰与多峰筹码结构 / 33

3. 龙头主升筹码战法 / 36

二、筹码阻力与支撑 / 40

1. 筹码密集平台 / 40

2. 阻力位 / 43

3. 支撑位 / 47

4. 最大活跃量战法 / 49

第三章　分时量能筹码 ········· 55

一、分时量价关系 / 55

1. 分时强势与弱势 / 55

2. 竞价量能战法 / 58

二、分时拉升策略 / 62

1. 分时合力拉升 / 62

2. 分时箱体战法 / 67

3. 分时挖坑战法 / 71

第四章　炸板量能筹码 ········· 75

一、炸板的基本概念 / 75

1. 炸板的时机和时间 / 75

2. 炸板的位置 / 78

3. 炸板摸板 / 81

二、炸板量能策略 / 86

1. 首板炸板量能 / 86

2. 烂板量能 / 89

3. 回封量能 / 91

第五章　趋势量能筹码 …… 97

一、趋势量能策略 / 97

1. 趋势股交易方法 / 97
2. 趋势推升方式 / 100
3. 趋势股的买点 / 103
4. 趋势股的卖点 / 106

二、趋势底部反转 / 109

1. 筑底量能 / 109
2. MACD 背离 / 112
3. 超跌反弹量能 / 115

三、趋势量能战法 / 119

1. 连阳倍量超预期战法 / 119
2. 连阴反转战法 / 122
3. 挖坑补坑战法 / 125

第六章　主力量能策略 …… 131

一、主力行为 / 131

1. 主力买入行为 / 131
2. 主力卖出行为 / 135
3. 盘口买单与卖单 / 138

二、主力资金 / 141

1. 主力净额 / 141
2. 主力净额占比 / 144
3. 主力追涨战法 / 146

第七章　箱体交易策略 ······ 151

一、低位箱体策略 / 151
1. 低位箱体震荡 / 151
2. 低位分歧型箱体 / 155

二、中高位箱体策略 / 158
1. 中位箱体震荡 / 158
2. 高位箱体震荡 / 161
3. 高位箱体结束 / 164

三、箱体离开策略 / 167
1. 突破箱体 / 167
2. 跌破箱体 / 171
3. 首板箱体战法 / 173
4. 双箱体叠加战法 / 177

第八章　板块阶段策略 ······ 181

一、板块发酵阶段 / 181
1. 板块启动 / 181
2. 先锋龙头 / 184

二、板块主升阶段 / 188
1. 板块高潮 / 188
2. 板块分歧 / 192

三、板块衰退阶段 / 196
1. 资金抱团 / 196
2. 二波行情 / 198

第九章　板块交易策略 ………………………………………… 203

一、消费与零售板块 / 203

  1. 消费板块的异动原因 / 204

  2. 白酒板块的异动原因 / 205

  3. 零售板块的异动原因 / 208

  4. 板块的操作策略 / 210

二、消费电子板块 / 211

  1. 板块的特点 / 211

  2. 消息的判断 / 212

  3. 板块的操作策略 / 214

三、地产板块 / 216

  1. 板块的特点 / 216

  2. 板块的异动原因 / 217

  3. 板块的操作策略 / 218

四、计算机软件板块 / 222

  1. 板块的特点 / 222

  2. 板块的异动原因 / 223

  3. 板块的操作策略 / 223

五、半导体板块 / 226

  1. 板块的特点 / 226

  2. 板块的异动原因 / 228

  3. 板块的操作策略 / 229

六、军工板块 / 231

  1. 板块的特点 / 231

  2. 板块的异动原因 / 232

  3. 板块的操作策略 / 233

七、化工板块 / 235
1. 板块的特点 / 235
2. 板块的异动原因 / 236
3. 板块的操作策略 / 237

八、环保板块 / 240
1. 板块的特点 / 240
2. 板块的异动原因 / 241
3. 板块的操作策略 / 242

九、国企板块 / 244
1. 中字头板块 / 244
2. 国企改革板块 / 246

十、字辈板块 / 248
1. 板块形成的原因 / 248
2. 板块的异动原因 / 250

十一、超级行情 / 252
1. 板块与个股选择 / 252
2. 证券板块的策略 / 253
3. 牛市中的白马股 / 255

后记一：对牛市的感悟 …… 257
后记二：交流与改进 …… 259

微信扫码,添加客服领取视频资料,加入学员交流群

龙头法战

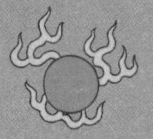

龙头战法 3

量价关系与筹码交易

第一章 量价关系

一、量能交易方法

1. 量能交易概述

量价关系是量能交易方法的核心，成交量是见证价格和验证趋势变化的关键因素。在市场中，价格的波动始终受供求关系的驱动。当供求关系呈现失衡状态时，便会触发价格的起伏波动，并逐渐形成显著的趋势。量价关系的逻辑在于供求关系决定价格涨跌，跟成交量的多寡无关。当个股呈现出供不应求的状态，股价上涨，随着部分筹码获利了结，成交量放大。当个股供过于求时，交易者不愿意买进导致股价下跌，成交量会由于缺乏买方而持续萎缩。所以个股的贵贱或供求关系会影响交易，而并非依据成交量交易。交易者应关注成交量与股价的配合，以及不同阶段的量能变化特征，做出买卖决策。

成交量的变化能够塑造价格，价格完成变动所需的力量与成交量的规模相关。成交量取决于买卖力量最小的一方，而非力量最大的一方。成交量越大，推动价格变动的力量越强；反之，成交量越小，力量则相对较弱。有量才有希望，当成交量稳步推升时，表明个股参与度高，越来越多的人开始关注。反之，如果成交量出现断层，意味着资金开始离场，个股失去了活力。个股交易无量，说明场外资金入场意愿不强，短期大涨没有希望。

量能在预测股价的短期走势方面具有优势，还可以用于探寻主力资金建仓的依据或行为意图。通过量能来判断主力的买入意图，温和放量可能是主力出于试探性和收集筹码的目的而采取的行为，而堆积式放量则更可能表明主力已开始大规模建仓。若伴随着量能放出阴线，同时盘口中显示为主动买入态势，则强烈暗示主力正在积极布局吸筹。

股价涨跌的主要推动力来源于资金的流动。交易者用资金投票个股，投票的结果通过价格显示出来。成交量作为股价上涨的重要支撑，是价格的伴生品，具有滞后性。成交量在关键的阻力位关口，其表现尤为关键。价格能否在关口上稳定并持续上涨，依赖于成交量的有效放大。此外，成交量还应满足 0.618 黄金分割律，即后续成交量达到前期成交量的 0.618 倍，这表明资金仍在持续流入，且个股具有较好上涨潜力。可以说，投机的源泉是成交量，个股的人气可以用成交量来衡量，了解量能的流向是短线交易的阳关大道。

量能是短线交易中重要的观察点，是衡量多方和空方博弈结果的直接指标。"量"是具体的成交量，"能"是成交量背后的运动能量。"量"可以从盘面变化上直观看到，"能"则需要配合价格的变化来判断运动的方向和力度。不同阶段的量价关系不同，量能也具有不同的意义。我们可以通过个股量能的演变过程，包括启动、拉升、高位盘整、二波拉升、下跌、反抽等各个不同阶段的量价关系，来发现量能在其中发挥的作用。

多数指标在某些情况下可能受到人为操纵的影响，但成交量作为市场实际交易活动的反映，其真实性较难被篡改。比如，KDJ 指标通过比较一段时间内的价格变动来判断市场是否超买或超卖。然而，指标具有滞后性，在价格预测方面具有显著的劣势，人们常因技术指标的延误而做出错误决策。实际上，主力可能会利用指标在个股价格上涨初期制造顶部背离信号促使交易者卖出，或在下跌初期制造底部背离信号诱使交易者抄底。

成交量是交易者参考最多的指标之一，多数指标主力可以作假，但成交量是最真实的。成交量作为真实反映资金流动的指标更为可靠，常用作判断市场活跃度和趋势的重要依据。值得注意的是，成交量只是影响市场运行的众多要素之一，而非孤立存在的。市场是个有机整体，必须综合分析各种信息，如成交量、K线、指标及盘面情况，才能做出准确的交易决策。

量能有助于判断市场走势的阶段与态势，也可以辨别市场的容量和流动性，从成交量判断能够吸引到多少的市场资金参与到个股中。从而对价格走势的真实性进行确认，反映市场活跃度和趋势，评估多方与空方的交锋情况。量能由真金白银堆砌而成，最能反映市场上资金成交的真实情况以及筹码流通的意愿。

短线交易是击鼓传花的游戏，可视为策略性的接力，量能可以辅助投资者判断游戏的节奏和参与程度。参与游戏的核心属性在于资金的流动，而非仅仅依赖于消息或技术。若无资金的参与，则交易无从谈起，波动和差价亦无从产生。能够直观体现资金交易活跃度的关键指标便是成交量，直接反映了市场参与者的博弈过程。

量能的形成是多空双方力量共同作用的结果，成交必然有一部分人看空后市，另一部分人看好后市，才会出现买盘和卖盘的情况。其交易过程呈现出双向性，即存在买入必伴随卖出，反之亦然。所以成交量本质上是由买卖双方达成协议的结果，必须同时存在买方和卖方才能完成交易。成交量是最客观、最直接反映市场各方力量博弈结果的因素之一。如果市场分歧大，双方各取所需，促成成交单的形成。在交易中，若出现放量现象，这往往反映了多空双方间的激烈争执。当收盘价位于当日高位时，这标志着多头量能所代表的资金处于盈利状态，此时多头力量在这场博弈中占据优势地位。量能的突破进一步验证了介入的资金为盈利状态，进而推动了多头资金的第二次进攻，而此次进攻的时机恰好是多空双方同时介入的关键节点。

值得注意的是，相较于成交量，成交额是衡量人气更为准确的指标，其变化能够更早反映出人气所向。成交额的增长能直观反映出市场对个股的兴趣增加和资金流入。尤其对于处于活跃状态的个股，其成交额应呈持续上升趋势。

2. 放量与缩量

放量和缩量是相对概念，是相对于前一交易日或者前一段时间成交量的放大或者缩小。缩量和放量可以指导操作，比如缩量新低是股价见底的标志之一，当出现增量回升则可以重新进场。放量或缩量发生在关键点位，如重要突破时增量资金的入场、主力进行高位出货等时机，交易都会面临重大挑战。

在量能中寻求买卖点，进攻要在放量的过程中，退守则在放量结束后。没有持续的量能释放是不能追涨的。若无显著的量能变化，则不宜盲目追涨交易。没有量能的支撑，再流畅的上涨都面临大幅度回撤的风险。在量能减退后，交易者应该谨慎撤退，不应忽视价格变动背后的量能逻辑，这是基于量能判断市场动向的基本原则。

成交量的变化是判断趋势的重要指标，可以用来预测趋势。趋势包括上升趋势、下降趋势以及横盘震荡趋势。随着买卖力量中某一方的持续增强，将形成相应的市场趋势。当买方的力量超过卖方时，价格将呈现上涨态势；反之，若卖方力量占据优势，则价格将下跌。放量出现在市场趋势的关键点往往会引起转折，如连续涨停的个股因分歧加剧导致筹码交换，多空双方可能产生较大力量反转。

若个股明显进入下跌通道且成交量持续低迷，则可能预示股价将进一步下滑，反映出市场参与者普遍预期反弹机会渺茫。同时反映了市场认为成交量低迷，股价进一步下跌的空间有限；反之，若出现缩量上涨，则可能预示股价将有所反弹。当个股在横盘阶段没有成交量的放大、买卖双方力量相对均衡时，价格将在时间内呈现上下波动的态势，趋势不会改变。个股在横盘期间突然出现显著的成交量上升，并伴随股价向上突破，这预示着趋势即将发生转变，原有的平衡状态将被打破。

成交量反映参与市场博弈的资金规模，可揭示主力动向和市场情绪。在交易过程中，我们应当更多地从主力资金的角度出发，观察市场动态，而非局限于散户的视角。主力的力量虽然强大，但无法改变或减少市场的总成交量。主力资金往往更加关注成交量的变化，而非单纯的价格波动。

放量对于缩量而言有较大的虚假成分，缩量则更能反映市场的真实状态。为了混淆交易者的判断，主力通过对敲在股价上升过程中制造个股放量滞涨的假象，迫使松动筹码中途出局。控盘主力可以利用手中筹码大笔对敲放量，在股价上升至顶部时制造个股放量冲高的假象，吸引市场交易者高位接盘。实际上，当主力试图通过对倒手法增大成交量时，它只能在短期内吸引市场注意力。

而在下降过程中的对敲，可制造底部反弹的假象，以便主力出货。表现为下跌趋势中每次反弹高点的成交量越来越小。主力资金并不会频繁地进行对倒操作，仅在需要出货的特定时刻才会故意放大成交量。短期成交量可以造假，但长期的成交量难以造假，因为长期放量的成本过于高昂。主力资金虽然能够放大成交量，但缩小成交量则较为困难。中长线的资金往往会选择成交量极度萎缩时买入，此时往往是有效低点。

均量线可以有效地衡量放量和缩量的情况。均量线的核心在于体现系统内部能量交换的状态，当有足够的能量积累并得以释放时，会形成动态蓄力并推动市场价格波动。均量线对于指数走势具有关键作用，一旦个股突破均量线，标志着市场趋势将可能发生重大转变，此时买入能够带来较为稳定的交易回报。均量线作为市场动态的重要参考，其突破往往需要基本面、技术面、逻辑面、消息面以及板块热点等多维度的共振效应。观察均量线突破后三天的表现，以确认其是否会持续有效突破。

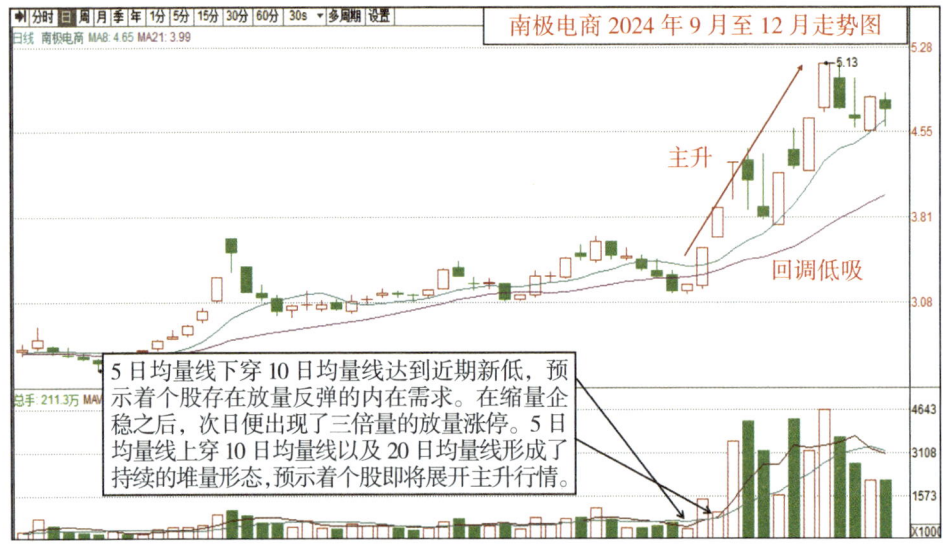

图 1-1　2024 年 9 月至 12 月南极电商的量能表现

如图所示：南极电商在经过长期横盘整理后，伴随着成交量达到横盘阶段的相对低点，出现连续阴线下跌，随后出现小阳线缩量企稳，这表明卖盘已卖无可卖。5 日均量线下穿 10 日均量线达到近期新低，预示着个股存在放量反弹的内在需求。在缩量企稳之后，次日便出现了三倍量的放量涨停。5 日均量线上穿 10 日均量线以及 20 日均量线形成了持续的堆量形态，预示着个股即将展开主升行情。在主升过程中，虽然难免会出现部分获利兑现的阴线调整，但只要量能没有出现大幅萎缩，便可以利用调整完毕后的低吸机会，博弈后续的主升趋势行情。

当股价经历持续下跌，同时成交量也呈现持续的萎缩态势时，形成地量往往标志着市场已形成阶段性的底部。若股价较长时间内保持在 5 日、20 日和 60 日这三根均量线下方，则进一步验证了这一底部的形成。在确认阶段性底部后，市场参与者应密切关注均量线的变化，等待其出现金叉信号。此时，主力资金首次的放量拉升往往被视为试盘行为，随后可能伴随洗盘过程。需再次观察是否出现 5 日均量线向下穿过 20 日均量线形成死叉，然后再上穿 20 日和 60 日均量线出现金叉，此时才是较为可靠的买入时机。

二、缩量的策略

1. 缩量的量价关系

缩量意味着市场上活跃资金减少，这对市场产生了负面影响：缩量导致赚钱效应难以放大，人气和情绪无法维持良好的震荡偏强的状态，进而限制了市场良好发酵的可能性。缩量现象还可能引发大盘指数破位下跌，对短线行情的持续性产生负面影响。

成交量对于持续性至关重要，没有足够的成交量作为支撑，即使短期内涨停的数量较多，长时间也会面临波动和调整。成交量的萎缩反映了市场的活跃资金不足，从而对市场整体走势和板块效应产生制约。在市场成交量极度萎靡的情况下，较多规律包括短线情绪周期是失效的。无论是赚钱效益还是短期人气，都会因为缩量的问题被卡死。赚钱效应没法放大，人气和情绪也无法维持震荡偏强的状态。

缩量限制市场良好发酵，导致大盘指数破位下跌出现亏钱效应。流动性紧缩不仅会影响大盘指数的上涨，也会限制短线行情的持续性。只有大盘有持续的成交量，上涨趋势才能得到支撑。板块和题材的发酵受到缩量的影响，活跃资金保持空仓观望导致主线模糊，没有板块能保证三五天的持续性，只能试错交易、隔夜套利甚至空仓观望。我们需要降低对板块和题材发酵的预期，制定偏防守的进攻交易策略，而不是偏进攻的防守交易策略，不能过于看好板块。

缩量说明市场成交清淡，大部分人对后市走势持相同意见，才会出现缩量上涨或缩量下跌。成交量需要结合价格走势才能分辨出买方还是卖方意愿强烈。缩量的量价关系有下面三种。

一是缩量上涨。缩量上涨表示市场对后市形成共识且高度看好。成交量萎缩的阳线是卖方惜售，买家多于卖家，成交量相对昨天明显减少。在个股进入主升浪的过程中，成交量越小越好，交易者可以果断进场坐等股价上扬，直至成交量再次放大时再考虑卖出。缩量发生在趋势中期是对后市走势认同，缩量上涨后往往还会上涨，上涨缩量是买进的时机。个股在主升末期出现缩量加速上涨时可以继续持有个股，但是涨幅也接近尾声，往往是即将见顶的标志。只要次日成交量超过前一天的量，即可卖出。

缩量上涨较容易形成隐患，个股在放量涨停后若出现缩量上涨，这意味着底部筹码已被锁定，放量上涨已积累了较大的盈利效应。若随后出现砸盘，由于底部有大量盈利筹码，可能会引发羊群效应，加剧市场下跌。而放量换手的筹码成本不断上抬，新进资金没有过大获利，不会造成一致砸盘。所以缩量上涨的前提是大部分的浮动筹码和散户被洗出去后个股才能稳健地上涨。换手变大难以演变到缩量上涨，一旦加速容易被获利筹码兑现。一边上涨一边换手的筹码成本会不断上升，新入场的资金短期内难以获利，不太可能引发集体抛售。

个股在缩量上涨的过程中出现量价背离，攻击浪中的量能逐步缩减，意味着市场动能减弱或买方力量不足，建议进行卖出操作。当股价经历第一波拉升后，后续多波拉升的成交量相较于前期呈现明显缩减态势。若股价仍不断创新高，显示出第二波背离拉升的特征，此时空方能量已开始积聚，市场态势较为危险。第三波拉升进一步加剧量价背离现象，则构成明确的卖出信号。特别是在股价位于短线高位时，量价背离现象往往预示着股价可能出现跳水。缩量上涨状态表明多方力量不足，一旦抛压加速累积，股价将面临溃败风险。

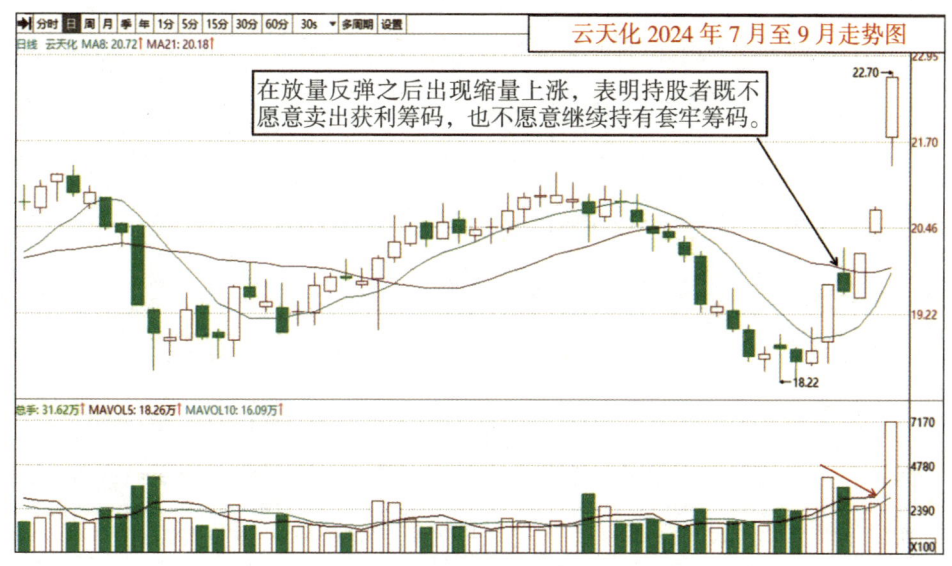

图1-2　2024年9月云天化的缩量表现

如图所示：云天化在连续多日阴线的下跌后，价格触及前期底部。随着前期底部的有效支撑，该股形成了大阳线放量上攻的反弹形态。值得注意的是，在放量反弹之后出现缩量上涨，表明持股者既不愿意卖出获利筹码，也不愿意继续持有套牢筹码。随后到达前期高点并出现跳空放量大阳线上涨、放量反弹以及爆量突破前高套牢盘的组合形态，这预示着个股可能会走出一轮主升趋势的行情，实现超跌反弹。

二是缩量下跌。市场极度看淡后市，成交量萎缩的阴线是买方稀少。因此股价趋势开始转为下降，成交量随着股价下跌而减少，缩量下跌往往还会下跌。因为下跌初期的买卖热情较高，抄底补仓的资金较多，随着下跌导致亏损的散户越来越多，割肉筹码越来越少。抄底资金被套，场外资金处于观望。

股价大幅下跌过程中，成交量极度低迷，往往意味着虽然价格跌得较多，但由于实际卖出筹码不多，且个股下跌更多可能是由于市场情绪而非基本面因素所致。此时，一旦市场稍有好转，有较大概率反弹。相反，成交量大幅放大，预示着后续股价将可能出现持续下跌。

三是缩量平价。股价经过长期大幅上涨后，成交量显著减少，个股横向整理不再上升，出现缩量滞涨往往是短期见顶的信号。而个股经过长期超跌导致的缩量横盘震荡，往往是大级别见底的标志。当缩量到地量的时候，结合板块利好消息的刺激，容易实现轻快的反弹涨停。

平量是量价关系中的一个特殊情况，主要有两种：一是量平价升，买入的成交量保持等量水平，股价持续上升，可以适时参与。温和的平量上涨表明市场抛压不重，买盘相对积极。若换手率与前几日相近，且资金并未全面进攻，则次日继续上涨的动能仍较强。二是量平价跌，伴随着平量股价急速滑落，说明卖盘比较主动，买盘承接的意愿不强，应及早卖出。

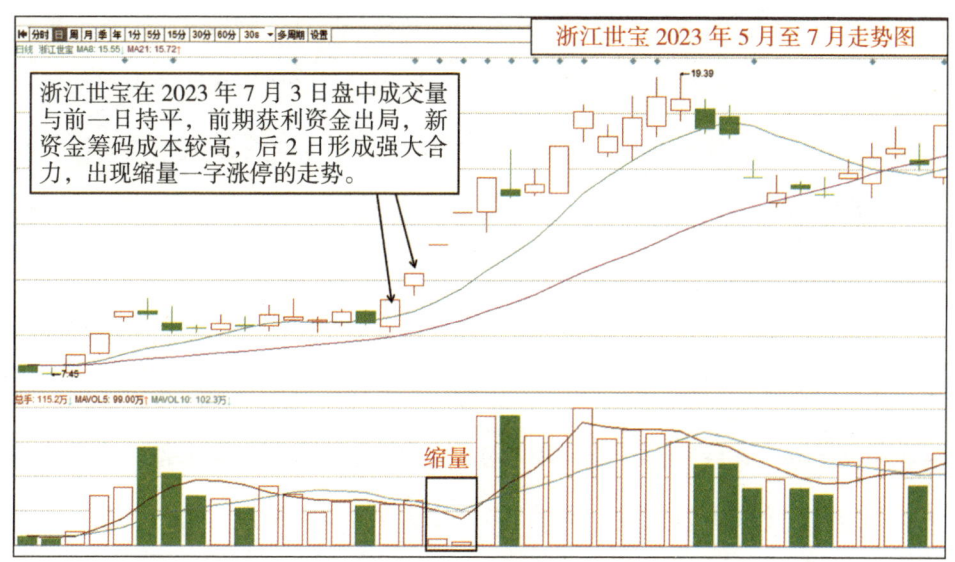

图1-3　2023年7月浙江世宝的缩量表现

如图所示：浙江世宝涨停启动后，在2023年7月3日出现平量涨停走势，承接部分获利兑现的同时置换更多看涨资金进场，使得大部分筹码形成锁仓持有的共识。涨停2日后成交量过大，说明获利盘兑现压力较大，后续难以打开上行空间，容易积累大量获利盘，形成抛压，兑现风险较大。所以介入平量拉升的涨停个股，次日继续走强的概率要大于出现放量与缩量的个股。

2. 缩量的位置

缩量发生在上涨或下跌途中的中期，表示市场对未来走势的看法一致。在涨势初期，缩量可能会导致回调整理或短期反弹，并非必然上涨，应审慎选择做多策略，以免陷入潜在危险。在上涨途中出现缩量意味着市场一致看好后市，可能是即将进入加速上涨的信号，再次放量则应积极买入。个股在进入主升浪阶段时，其成交量表现出明显的缩量特征，使得交易者可以在缩量当天大胆买入，而在后续放量时及时出货以锁定利润。在涨势后期，缩量则是滞涨信号，这往往被视为市场即将发生转向的信号，表明个股已经历了显著的上涨。此时成交量的缩减可能预示着市场即将开始转向下跌，个股容易受到空方力量的攻击，交易者可考虑分批退出。因此，交易者应降低持仓比例或退出市场，观察后续市场走势再做打算。

在跌势初期，成交量的缩减被视为助跌的信号，交易者应审慎考虑及时退出市场。个股在下跌途中出现缩量，市场一致看空，导致接盘方较少，遇到缩量应坚决出局，等待后续放量时再行动。因为缩量表明多方越来越少，没有足够的承接盘，个股难以止跌。因此，下跌途中不能容忍缩量，投资者需警惕主力可能试图制造市场供不应求的假象以便出货，应寻找合适的时机逢高减仓甚至清仓。相反，若个股缩量后不久出现放量现象，才有可能预示着止跌反弹的到来。另外，个股大跌后出现缩量，则可能出现反弹或反转，不宜盲目杀跌。

成交量缩小但相对稳定，若发生在市场底部或顶部，则是趋势转变的重要信号。在跌势后期，缩量则是止跌信号，投资者不应急于卖出。顶部缩量加速意味着主力获利空间过大，兑现欲望较强，容易逃跑。而且顶部出现缩量时，市场会感到筹码稀缺，引发次日的购买。一旦出现这种情况，主力会借机让散户成为次日的接盘侠，市场即将进入尾声。当个股在高位从缩量再放量出现堆量，说明主力不想继续持有，而是出货。当个股处于高位缩量，表明短线资金难以进入，最终可能导致短期内被短期获利盘打压，从而无法持续上涨。

在股价上涨的初期，个股成交量与近期比较，尽量不要缩量太多，尤其在昨天首板放量的情况下，当天放量不要少于昨天太多，最好是持平。这有利于前期进场的短线套利资金能获利出局，实现筹码换手。若出现成交量稳定且适中，常见于趋势延续阶段。这被视为市场积极信号的体现，预示着后市将保持良好态势,交易者可据此考虑跟进增持。个股进入上涨阶段后,若持续呈现稳定的成交量,依然是增持的良好时机,投资者应持续看好市场走势。然而,若市场呈现成交量持平但价格方向不明朗的态势,交易者应谨慎增加持仓。在涨势后期,若出现平量,这往往意味着涨势可能停滞或发生转向,此时建议分批减少持仓或完全离场。

在股价下跌初期,若成交量保持稳定,则被视为市场看空的信号,交易者不应抱有反弹的期望。在下跌过程中,若成交量保持稳定,交易者应继续维持看跌的判断。只有下跌后期出现成交量极度萎缩,才被视为市场即将止跌的信号,交易者可考虑逐步建仓,以捕捉市场反转机会。

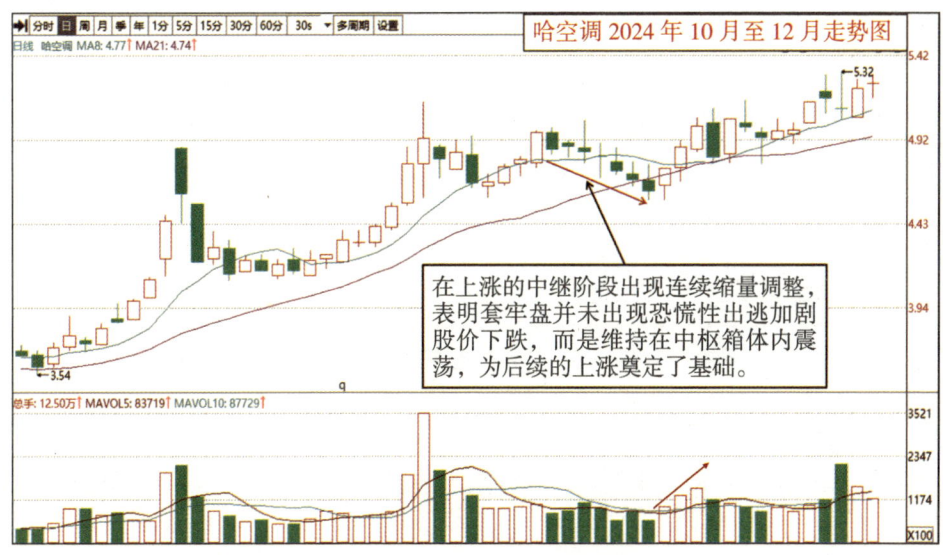

图1-4 2024年11月哈空调连续缩量的表现

如图所示:哈空调在上涨趋势中触及了两个前高点形成的套牢压力位后,连续七天出现阴线缩量调整。缩量调整发生在上涨过程中,并触及了前高的压力位,形成了中枢调整。随后,股价出现连续放量阳线上攻,逐渐消化了前期高位的套牢

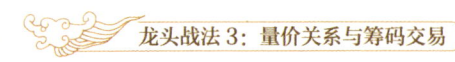

盘，实现了趋势上涨。在上涨的中继阶段出现连续缩量调整，表明套牢盘并未出现恐慌性出逃加剧股价下跌，而是维持在中枢箱体内震荡，为后续的上涨奠定了基础。因此，中继阶段的缩量调整往往预示着后续行情将出现趋势性的推升。

三、放量的策略

1. 放量的量价关系

量能的级别是判断短线情绪的基本条件：股价强势放量上涨，多方呈现优势，对短线情绪火上浇油；剧烈放量下跌，则是空方碾压抛售，短线情绪备受打击。没有资金关注的个股往往表现为不能持续放量，短线情绪并不支持此类个股有较大涨幅。

放量的量价关系有三种：一是放量平价。个股在上涨的中途，成交量增加，股价企稳，形成一个震荡的箱体。在箱体内部成交量的阳柱一般多于阴柱，说明多方在积聚上涨动力。但个股在高位放量滞涨，则是顶部的信号。当个股经历了长时间的连续放量，出现过度放量现象时，尽管有可能是在集中的买入阶段，但若未见明显的拉升动作，则可能预示个股未来可能出现回落，后市不容乐观。特别是在小盘股中，由于资金进出容易，一旦主力无法快速上攻突破，便可能导致整个炒作计划受挫，交易者应及时采取保守态度，不再轻易参与放量平价的操作，以避免高位被套的风险。

二是放量上涨。在股价的拉升过程中，若量能有效放大，则呈现为理想的攻击形态，显示市场交投活跃且买方力量强劲。个股连续放量拉升，换手率不断上升，这是短线最佳的买入信号。分歧越大，介入的资金越多，做多的力量越强。只要成交量在上涨，整体的力量就不会衰减，可以每天保持高开涨停的姿态打破高度压制。博弈放量个股就算错了也不会大亏，一旦对了会有丰厚的利润。我们尽量选择放量上涨的个股介入。

当个股出现显著的放量上涨时，尤其是成交量相较于前几日有成倍增长时，这反映了市场内部存在较大的分歧，但是最终还是买入的较多。前一日进去的短线资金太多，盈利的资金要离场，次日往往会产生更大的分歧。尤其是个股当天放量涨停后，次日会有分歧点考验承接，关键点在于观察放量后是否出现抛压衰竭、做空力量增加、上涨阻力减小以及维持上涨的做多力量是否损耗过大等情况。涨停的次日是否放量可以判断个股能否维持拉升。如果次日板块强势，可以在承接完毕后在半路左侧买入。右侧交易可以选择后天介入，至少次日不能买入，需要一到两天消化分歧。当天放量上涨，次日早盘可能面临短暂冲高后的回落，这与昨日过高的换手率密切相关，是正常的兑现需要。而当日温和放量，说明抛盘并不重，买入的资金也较积极，次日继续上涨的能量更强。

放量是测试真突破和假突破的关键，放量上涨是为了把前期的套牢盘和获利盘释放出来，说明多头正在逐步消灭空头，使股价以惯性的优势上涨。个股在股价横盘整理后，多头再次聚集，量能小幅波动说明浮动筹码清除和多空分歧不大。主力建仓洗盘后使股价在小范围内窄幅运动，开始放量上攻第一波，上攻最好伴有同类股的涨停板。突破的量能要比横盘区间的量能大。当主力准备拉升时，个股在短期内频繁出现剧烈震荡，出现明显的放量，股价会急速拉高或慢慢推高，并伴随着明显的向上突破形态时，可能暗示主力存在较大持仓，即使短期遭遇打压也可能迅速反弹，因其有足够的筹码储备支撑。

放量突破横盘震荡整理区间是增量资金急速建仓的行为，说明个股的横盘状态急速出现转折点，市场各方力量对后市的分歧逐步加大。当天主力资金急速把股价往上拉高，那么被套牢的散户会出现分歧。次日成交量继续放大突破前方的压力点，市场抛压会越来越大。一部分人对后市坚决看好，会继续买入。一部分人把筹码丢给市场，而另一部分人则在大手笔地吸纳，导致成交量继续放大。这种放量的突破往往是真突破的表现。

有量才有价，有量无价往往是抛压过大导致个股上冲乏力。个股上攻没有量能支持，可能是主力的诱多行为，出现巨量是卖点，不能介入。当股价冲高突破前期一波高点，形成突破形态时，若量能未能同步跟进，形成显著的量价背离，则此时股价可能遇阻回落，跌破第一波高点，形成标准的假突破形态，此为卖出信号。此外，个股长时间处于高位震荡状态，主力尝试通过拉高股价吸引追涨，同时可能隐藏着较大的出货压力。虽然股价突破后立即进入快速拉升阶段，但仍需警惕其可能存在的假突破。尤其是连续涨停的个股打开后，散户和游资、机构都会产生分歧，成交量在相互推拉的过程中逐渐放大，一旦出现假突破，会对短线情绪形成较大打击。

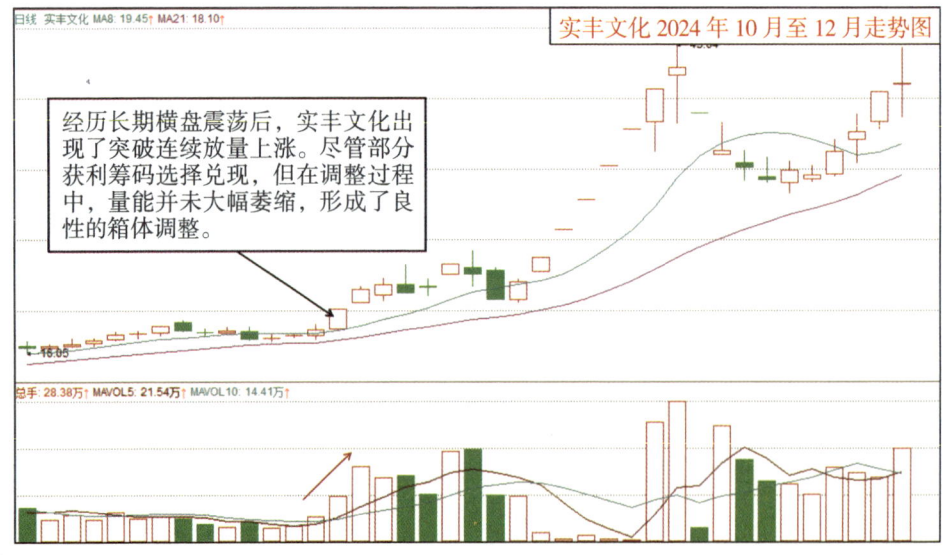

图1-5　2024年10月实丰文化放量上涨的表现

如图所示：经历长期横盘震荡后，实丰文化出现了突破连续放量上涨。尽管部分获利筹码选择兑现，但在调整过程中，量能并未大幅萎缩，形成了良性的箱体调整。在调整过程中，阳线和阴线相对交替出现，表明个股正在为后续的上涨蓄力。当出现缩量突破箱体时，市场将确认一致性的上涨趋势。一致性上涨的基础在于在突破原有的调整区间时，伴随着良性的放量上涨，同时量能并未萎缩的中枢震荡。通过放量上涨，市场辨识度和人气得以提升，为后续缩量一字形上涨奠定了基础。

三是放量下跌。放量下跌意味着市场在某一时刻集中释放风险，表明大资金正在出逃，投资者需注意趋势反转的风险。由于筹码的释放，若后期市场反弹，抛压可能相对较轻。低位个股放量下跌的次日，此时价格已接近恐慌情绪释放的程度，意味着市场抛售压力基本消散，后续反弹的可能性较大，交易者应进行低吸。缩量下跌后的反抽可能会遭遇前期被套筹码的抛压。个股在下跌过程中，若快速出现大量抛售，这预示着后市可能继续看跌。放量急跌要急卖，要注意主力是否在出货。若出现个股无量急跌，则可能是主力在进行恐吓以松动筹码。若个股经过长期下跌后仍然出现成交量增加、股价下落，则要慎重对待极度恐慌的杀跌，需要空仓观望。

2. 放量的位置

放量在不同阶段具有不同的信号意义。在上涨趋势的初期阶段，当成交量与股价同步上升时，被视为积极的信号，激发市场参与者的做多热情，提示市场动能增强，鼓励其跟进做多。只有成交量持续稳步推升而非断层，才有越来越多的人关注个股，从而增加了其活力和交易价值。

在上涨途中出现快速放量，则需警惕主力资金撤离，交易者应审慎评估做多风险。个股在涨势后期，若突然出现快速放量，这可能预示着主力资金正在撤离，表明市场上涨动能已衰竭，是明确的见顶信号。这往往被视为市场即将出现转折，滞涨被视为市场前景可能转差，交易者需警惕回调风险，避免盲目追高，应考虑适时减仓。特别是在长期大幅上涨后突然出现的快速放大量，往往是多头陷阱，其目的在于吸引散户在高位接盘。因为放量是多空分歧加大，且筹码不集中，往往趋势即将转折，高处放量多数是危险信号。多空双方从一致看多到顶部分歧加大，成交量大到多方无法承受，空方的卖压会让多方彻底崩溃。所以高位天量天价往往是危险信号，经过空方的剧烈打击后，个股趋势掉头的可能性较大。此外，如果连续放量上涨后到高位后突然缩量加速上涨，也预示着上涨行情即将结束。保险起见可以等拉升当天放出相对较高量能后，再跟随买入，无量拉升坚决不买。充分换手往往是接着连板上涨的信号，龙头才能继续前行。

个股在下跌通道中，成交量的放大常被视为卖出信号。尤其是在下跌初期放量，市场下跌趋势可能加剧，这往往被视为卖出信号。然而，在跌势末期，成交量突然增大而后趋于平稳，可能是市场反转的前兆，可能预示着趋势反弹，即将进入下跌尾声，不应恐慌抛售或盲目减仓。长期大幅下跌后的快速放大量，有可能是最后一跌，暗示市场底部已至，即将发生涨跌转换，交易者应坚守持仓，因为此时主力资金可能会降低其持股成本，往往会诱使持股的交易者抛售筹码，进而收集更多的低价筹码，以便为将来的拉升做好准备。

股价处在关键点位时，成交量的变化具有双重意义。当股价面临重要阻力位时，若成交量显著放大，并伴随股价的突破，这被解读为主力有意愿解决套牢盘，展现其诚意。然而，若股价在高位关口成交量异常放大，暗示主力可能正在进行出货操作。一旦主力开始大规模出逃，即使之前有良好的上升势头和大量成交量，也可能导致股价迅速下跌。

底部放量多数是有利的，意味着多空双方看空的意见分歧加大，多方承受住空方抛压后，获得低价筹码开始拉升股价。底部放量上涨为主力建仓加仓动作，若在连续缩量上涨后，当日放量拉升，为弱转强。底部放量说明多方开始进场，但需要持续缩量加速后才能形成一致的看多趋势。加速可以排除走势不佳时半路放量被当成是底部放量的误判。个股在底部放量后，行情往往具有反复性，直到看多力量趋于一致为止。

个股在下跌过程中，出现单根异常放量的脉冲量能现象，可能是主力资金为欺骗市场而出的手法，目的是制造恐慌情绪或诱使交易者卖出持股。在突破阻力位或加速建仓阶段也可能出现单日放量数倍以上的脉冲量能现象，是增量资金入场和主力急速建仓的表现，预示着市场分歧加大和趋势转折的可能性。通过对倒等方式也可以人为制造放量的假象，交易者在面对脉冲式的放量时应保持警惕，因为其往往并不反映真实的市场动向。因此交易者应分析当前点位的风险和主力意图。

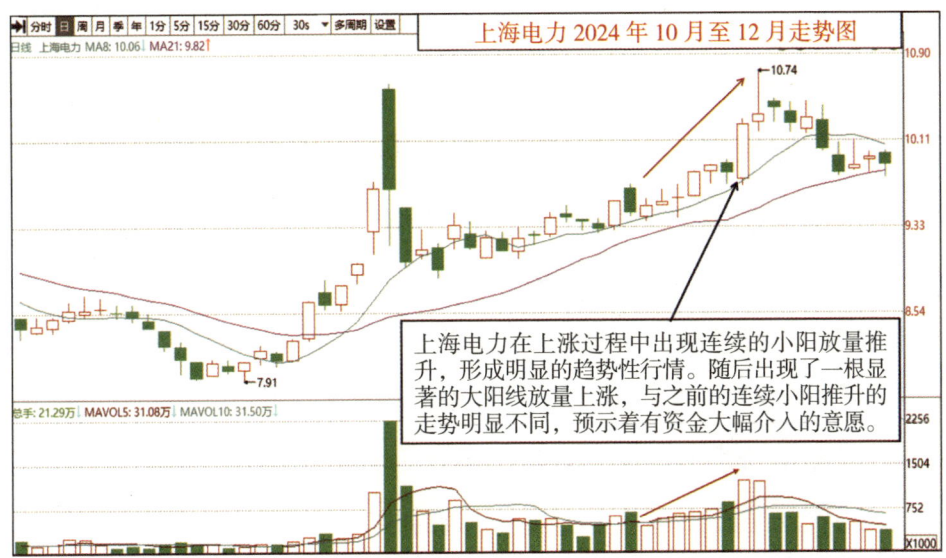

图 1-6　2024 年 12 月上海电力连续放量的表现

如图所示：上海电力在上涨过程中出现连续的小阳放量推升，形成明显的趋势性行情。随后出现了一根显著的大阳线放量上涨，与之前的连续小阳推升的走势明显不同，预示着有资金大幅介入的意愿。然而，当股价触及前期高点压力位时，引发了连续的获利兑现，导致股价下跌。在大阳线的底部出现缩量的反弹，这进一步验证了大阳线的起点是主力的成本位，同时也表明主力在维护价格的同时，可能进行了自救操作。参与的主力资金以中长线资金为主，并未放弃对个股的布局。在有效企稳于大阳线底部后，市场将开启趋势性行情。

3. 堆量战法

堆量是分析市场趋势的有效量能指标。堆量上涨预示着多方力量的强势。当主力准备拉升时，会在启动前一段时间内创造出较明显的堆量，伴随着股价的逐渐推高。阳线的堆量可能预示市场上涨，在突破箱体且伴有放量情形下，这是较好的买入机会。反之，阴线的堆量则可能提示市场下跌的风险。当市场跌破箱体时，交易者应持谨慎态度，耐心等待反转信号出现。

堆量是主力主动控制下的成交量表现，意味着主力正在积极进行买卖操作。一旦发现具有堆量特征的个股，并确认其即将快速上攻，交易者可以采用追涨策略。个股近期堆量明显，无论是上涨还是回调调整阶段，成交量较大，这意味着个股市场参与度极高。其每日成交额已经高达几十亿元，显示出资金对其较大规模的关注和支持，具备较强的容纳能力，则可以确认其强势。这类个股即便不涨停也可能表现出极强的上涨动力。在确立堆量后，可依据突破箱体上沿的实体阳线作为买入信号。次日若能延续强势态势，则可适当跟进。同时要注意个股的历史股性和题材属性是否与强势热点相符。

主力资金通过持续买入个股，其控盘能力将逐渐增强。经历堆量阶段后，市场往往进入短暂的洗盘期，洗盘时间虽短，但足以清洗出不坚定的筹码。此后的股价上涨速度将显著加快。值得注意的是，堆量的建仓过程所需时间不多，主力洗盘只需数天即可完成。随着主力资金控盘程度的提升，市场抛压进一步减轻，成交量相应下降，预示着个股即将迎来快速上涨。在股价稳步上升的过程中，成交量亦会逐步放大。而当股价进入横盘阶段时，成交量的逐渐萎缩则再次验证了主力资金控盘能力。堆量反映了主力控盘的主动性，通过逐步推升股价并伴随成交量的稳步上升，展现了其对市场的积极掌控。

堆量出现在分歧点附近时，有助于揭示多方与空方力量的对比。个股在堆量较大的上涨阶段出现炸板调整时，意味着个股的市场参与度很高，每天的成交额具备较大的容量。若堆量伴随上涨，则表明多方力量在此处成功击溃空方，抛压已减少，随后可能出现涨停现象。反之，若堆量出现在下跌过程中，则表明空方占据上风。

堆量是趋势反弹的重要表现，以第一大阳线或涨停为指示。当主力欲拉升时，成交量形成了堆量的形态，可能会成为趋势行情。堆量出现在第一大阳线或涨停之后，表示趋势正在反转并伴随着资金的大量流入。第一大阳线或涨停的分时形态往往是震荡拉升，这需要逐步替换松动筹码，形成适当的倍量。当天获利筹码和打板的资金会选择在次日兑现，兑现会带来良性放量。参与点在第三天，即兑现完毕后，仍有资金愿意推升个股，形成了堆量形态。长期地量后形成的堆量可以提高市场辨识度，并吸引有效资金介入，从而形成良好的趋势反转。

高位的堆量有可能让主力借机大举出货，由散户进行接盘，从而进入情绪博弈阶段。但股价创出新高同时成交量创出天量，天量天价会造成恐慌崩盘。高位堆量预示着主力可能不再愿意继续拉抬股价，此时应果断卖出甚至清仓。

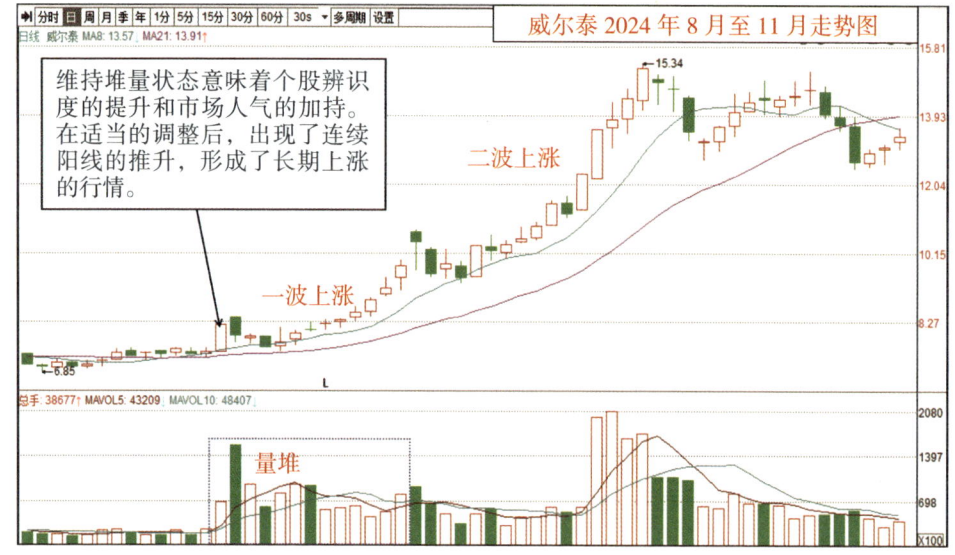

图 1-7 2024 年 8 月威尔泰量堆的表现

如图所示：威尔泰在经历了长期横盘后出现放量涨停。次日尽管出现爆量调整，但后续并未显著缩量回到之前的横盘地量状态，这表明该股已通过首板获得了市场的关注，辨识度增加，后续的放量以及持续的拉升显示了市场的参与热情。维持堆量状态意味着个股辨识度的提升和市场人气的加持。在适当的调整后，出现了连续阳线的推升，形成了二波上涨的行情。这得益于个股首板放量涨停以及后续的堆量形态。底部的堆量通常预示着个股启动，是有效趋势推升的动力。

4. 伸缩量战法

堆量即股价逐步上升的同时成交量放大，随后呈现成交量萎缩的趋势，暗示主力逐渐增强控盘力度。伸缩量与堆量形态类似，但更不稳定，表现为股价持续上升过程中初期成交量巨大而后缩减。对于判断趋势而言，堆量形态更加可靠，而伸缩量则蕴含着风险。

伸缩量的形成有三种情况：第一种情况是主力主动建仓后遭遇强大抛压。股价持续上涨，成交量在初期呈现显著放大的态势，伴随股价的进一步攀升，成交量却快速缩减。这一现象表明，主力在进入市场时遭遇了较大的抛售压力。然而，随着主力推动股价上升，抛售压力逐渐得到缓解。连续放量上涨、缩量下跌的节奏表明市场可能存在套牢资金尚未完全离场的情况，导致冲高受阻，反映出有部分资金借机兑现利润。

第二种情况是主力被动应对市场压力。伸缩量有时反映了主力在建仓过程中的被动性。主力可能会因实力不足而面临风险，一旦遭遇强大空方力量，不得不提高建仓价格。强大的主力在面临初期压力时，会坚持拉高股价，并促使成交量逐步放大。实力较弱的主力，则可能只能维持股价的上涨，等待成交量的缩减。因此，堆量的拔高建仓更多地体现了主力的主动性，而伸缩量的建仓方式则带有被动性和风险，是主力在被动情况下通过缩小成交量来保持股价稳定的操作。

第三种情况是市场对主力放量行为的冷漠对待。成交量出现不规则的放大或缩小，往往反映主力吸筹和出货的操作策略。在没有突发利好或大盘基本稳定的情况下放出巨量，是实力不强的主力在以此吸引市场资金关注。但随后市场未给予足够的回应，缺乏后续的资金跟进，出现了缩量。

伸缩量中有一种特殊的形态，即H形量能。先确定两个显著的爆量成交点，这两个点间的区间往往反映了主力资金的吸筹区间。在主力资金初步介入时，市场抛压相对较小，即主力吸筹压力不大。随着股价的逐步拉升，部分散户交易者可能会急于抛售，导致市场抛压逐渐增加。主力故意放大成交量是为了引发市场的关注。当股价已处于较高位并且经历了一段时间的大涨后，主力可能通过放天量的操作让交易者误以为主力即将出货从而促使其卖出个股。伴随成交量的逐步放大，股价进入横盘整理阶段。主力通过不断买入以维持股价稳定，且其控盘程度逐渐增强。在股价横盘阶段，个股成交量的下降表明主力资金在积极维护股价稳定，同时市场上的抛压已经显著减轻。最后主力资金开始暴力拉升，形成第二根天量柱。

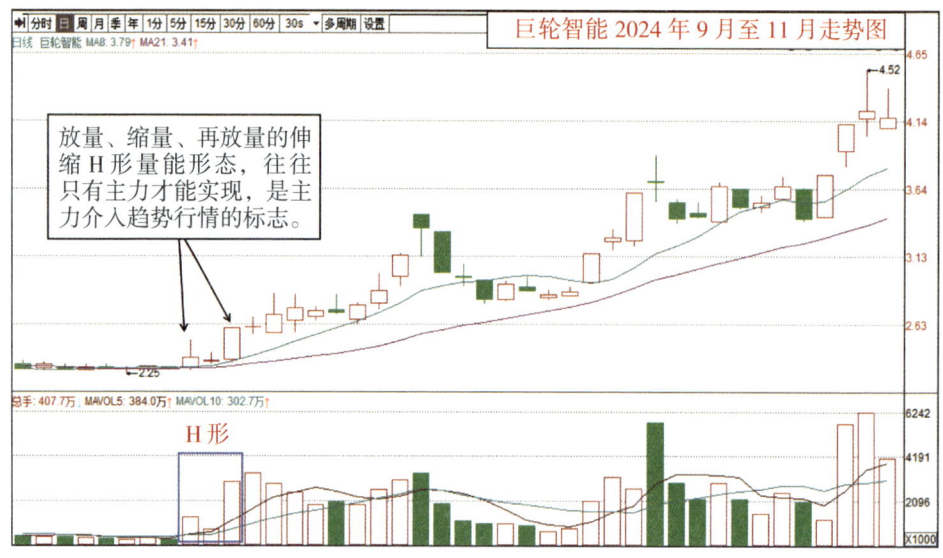

图 1-8　2024 年 9 月巨轮智能 H 形量能的表现

如图所示：巨轮智能在经历了长时间的缩量横盘后，出现了放量上影线上攻形成三倍量；次日，该股呈现缩量十字星调整；第三日又出现了三倍量的大阳线，这三天符合放量 H 形量能形态。随后，巨轮智能在涨停上方出现了放量的箱体调整，调整结束后继续放量上攻，形成趋势性行情。H 形量能形态是巨轮智能形成趋势推升的关键。首日长上影线之后，次日预期应该是大幅的兑现调整，但个股却出现了锁筹的缩量十字星调整，调整的幅度并不大，意味着首日进入的主力资金没有选择出逃，且长期横盘的获利资金也没有选择兑现，为后续的上涨奠定基础。第三日出现爆量的涨停上涨，预示着主力持续发力强势替换长期横盘筹码。这种 H 形量能形态往往只有主力才能实现，是主力介入趋势性行情的标志。

H形量能的形态特点是主力持有时间较长且涨幅巨大。识别并锁定H形量能的关键在于找到出现的最大爆量，在第二次放大量能时介入，即便短期可能会被套牢也不妨抓住机遇。主力初次进场时，由于抛压不大或吸筹不多，成交量不会太大。随着股价第二次爆量拉升，散户按捺不住卖出，此时抛压逐渐加重，使得成交量有所上升。所以第二次爆量可能比第一次更大。

第二章 筹码交易策略

一、筹码结构

1. 良性的筹码结构

筹码的分布与变化，是个股博弈的核心因素之一。短线技术分析需要结合个股的历史筹码平台、抛盘阻力位、历史成交量等进行综合分析，以量价关系为主，筹码结构为辅。市场情绪、基本面消息、技术信心等因素直接影响股价的涨跌，而供求关系又最终对应于资金和筹码的分布。个股预期、题材逻辑以及资金态度能充分地反映在量价关系上，通过筹码结构可以判断个股阻力位和支撑位。筹码作为博弈的核心媒介，其变动直接决定了个股的价格走势。筹码剧烈变动表明市场分歧大，体现主力收集筹码的操作意图。通过深入分析筹码的分布与变动，我们可以还原影响股市供求的多种因素，进而洞察筹码背后所蕴含的力量与利益争夺的实质。

股价的运动反映了成交量背后的筹码动态状态。资金是推动筹码发生变动的核心力量，资金的强度直接决定了筹码变动的方向。若买入的资金量超过卖出的资金量，表明筹码的需求超过供应，股价将呈现上涨态势；反之，若卖出的筹码力量超过买入筹码的力量，则表明筹码的供应超过需求，股价将呈现下跌态势。当买入与卖出的力量达到平衡时，供求关系相近，股价将呈现横盘震荡的态势。

良性的筹码结构是筹码呈现出阻力最小的分布形态，呈现下有承接，上无抛压的状态。如果大部分的筹码都在股价的上方，意味着投资者处于亏损套牢状态，股价上涨面临着筹码的兑现。而且场外资金的买入意愿较弱，追涨买入会面临拉升强度不及预期的情况，此时场内资金主动兑现，会再次形成套牢盘。当大量的筹码集中在股价的下方时，意味着筹码处于盈利状态，投资者不会轻易砸盘。多方因为上方没有抛售压力可以连续推动股价上涨。但当股价出现走弱迹象时，获利筹码会看空卖出。当市场没有足够多的买盘去承接抛压时，会封死跌停。只有当大部分的筹码都位于股价相近的位置，筹码分布于股价上下区间，才能下有承接和上无抛压。

经历熊市平滑下跌和长时间盘整的个股，具有上涨阻力小的筹码结构，其长期超跌后通过拉升形成堆量，并且踩着 20 日均线作为支撑，这表明个股可能有长线资金布局。个股健康的筹码结构体现在长短线资金共振现象，使得个股适合做 T 操作。在板块出现异动时，长短期资金共振的优势能够使个股获得较好的弹性。

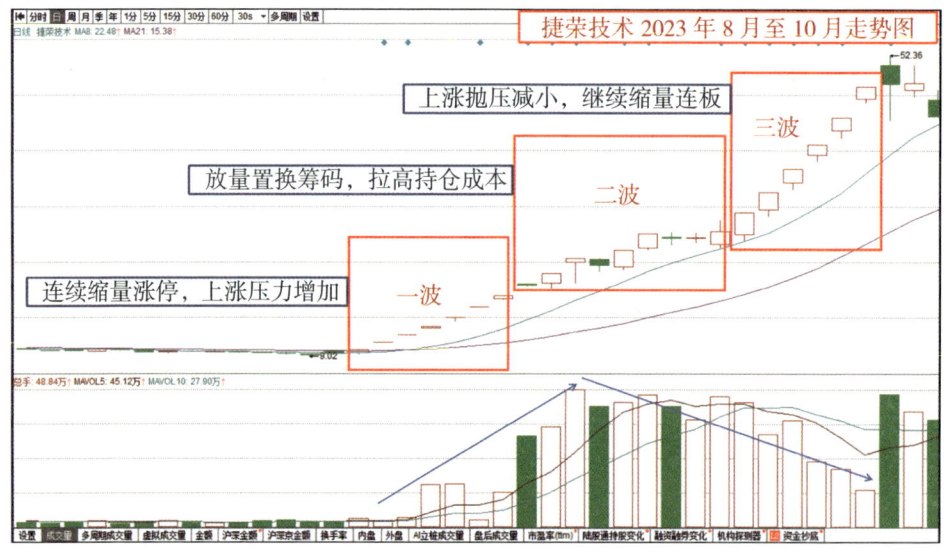

图 2-1　2023 年 8 月至 10 月捷荣技术三波上涨量能表现

如图所示：捷荣技术作为华为板块的核心龙头，第一波拉升断板后出现放量换筹走势。连续的加速上涨导致捷荣技术底部筹码获利较大，进一步拉升有获利盘兑现压力，第二波只能通过放量拉高持仓成本来减少上涨压力。好在捷荣技术在换筹过程中出现较强承接，出现量价配合良性分歧走势，换筹结束上涨压力减小后，捷荣技术在第三波中出现缩量连板行情。

筹码在没有充分交换前，个股需要消灭套牢筹码及潜伏资金，短线筹码激活后，个股会逐渐形成良性的筹码结构。良性的筹码结构需要去掉坚定的看空资金以及套牢盘，留下部分有格局的获利资金，剩下则以追涨资金和低吸资金来维持股价走势。

在超短交易中，当日大部分卖盘来自昨日买盘，持币者买入筹码后成为潜在的空方，要么继续持股锁仓，要么卖出，所以成交量越大的个股面临的次日上涨的压力也会越大。当成交量巨大而上涨乏力的时候，意味着顶部买入的巨量筹码被套了。资金被套属于被动锁仓，投资者并不会配合拉升，只有在行情配合刺激下才会继续持仓。当行情不稳时，套牢筹码会割肉离场。因为具有卖出冲动的套牢盘多数是短线交易者，隔日有少量的利润都可能会卖出换仓。而长期亏损套牢筹码失去了对个股的乐观预期，只抱有回本的预期，不能支撑到行情恢复到成本价位。

在市场资金不足的存量市场，任何题材都可能遭遇隔天高开低走的板块轮动。冲高回落形成的阴线会刺激松动筹码卖出，造成放量大跌。如果股价回落到昨日分时均线成本价，只有多方的主动锁仓以及昨日的买盘力量继续吸筹，才更有拉升潜力。如果没有足够的资金来换手解放套牢筹码，那么冲高回落会对个股形成抛售压力。所以个股想要走出行情，必须把套牢盘消灭。

获利资金也容易形成抛压，若当日股价偏离昨日分时均价线过多，会对股价走强构成压力，因为筹码成本出现不同程度的断层，昨日买盘获利过多，当天接力资金会有兑现压力。由于套牢的筹码成本固定，卖点位置比较容易估计。而获利资金出货时间具有不确定性，是不坚定的看多力量，随时都有可能兑现。个股形成趋势震荡上行，是为了让获利资金出走，其后才能走得长远。

筹码集中度可以衡量主要筹码堆积区域的范围大小。筹码集中度高的个股，会展现出强劲的爆发力，其上涨或下跌的幅度相对较大。反之，筹码集中度较低的个股，其上涨力度则明显减弱。筹码的集中过程，实为下一阶段行情的酝酿阶段，而筹码的分散过程则是行情的展开阶段。当筹码集中时，个股方有上涨趋势，且个股筹码集中程度越高，上涨幅度越大。

在股价附近的筹码，其稳定性最弱，交易活跃度最高。这是因为投资者持有股价附近的个股时，往往难以抗拒市场诱惑，急于将浮盈转化为实际盈利，而被套的交易者则期望在亏损尚小时尽快卖出，空出仓位交易其他个股以挽回损失。

活跃筹码用于反映股价附近筹码的活跃程度，活跃筹码直接反映了筹码的密集程度。在多数情况下，大部分筹码都处于远离股价的位置，无论是位于下方还是上方，由于持有者已获利润或深度被套，其持股信心相对较强，交易活跃度较低。在股价运行的不同阶段，活跃筹码量对交易决策具有重要的辅助作用。

个股经过长期下跌后，活跃筹码数值较低，此时大部分筹码处于深度被套状态。由于多数持股者不愿割肉出局，此时往往成为较好的买入时机。反之，个股经过一段时间的上涨后，若活跃筹码仍然不足，且大部分筹码处于获利较多状态，同时空盘强弱指标较大，则交易者应谨慎操作。

2. 单峰与多峰筹码结构

筹码分布的运动呈现为集中与发散两种状态，当成交集中时，会形成明显的筹码峰，而两峰间的区域相应形成筹码谷，此形态直观地反映了筹码的分布情况。筹码的运动伴随着筹码的聚集形成峰谷状，密集位置可分为高位密集和低位密集。任何一轮市场行情的演变，都会经历从低位换手到高位换手，再由高位换手至低位换手的循环过程。筹码的运动过程，既是实现盈利的途径，也有导致亏损的风险。低位换手达到充分程度，标志着吸筹阶段的完成。而高位换手意味着派发阶段的终结。筹码的密集状态预示着下一阶段行情的准备过程，而筹码的发散标志着行情的展开。

筹码结构中也存在二八法则，经过窄幅震荡让80%筹码集中在20%价格区间内形成尖锐的筹码单峰密集形态，使各个交易者的持仓成本靠近，个股遭砸盘的可能性较小，拉升的欲望更统一。个股在大幅上涨前，主力会通过长时间底部震荡洗盘，把上方套牢筹码清洗出局，筹码收集完毕后，形成底部单峰密集形态。个股在底部震荡越久，主力连续拉升换手后出现的筹码峰越大，代表区间的筹码越多。如果超过60%的筹码迅速在日内完成转换集中，说明筹码交换比较充分，对后续拉升帮助较大。因为筹码集中度迅速提高，出现筹码单峰形态，意味着抄底资金已经进场吸筹，个股可有效抵抗下跌。

单峰密集处是关键点位，尤其是单峰中出现又细又长的极值筹码柱时其指示价值更大。如果单峰处于股价上方表明套牢筹码较多，形成阻力位；如果处于下方表明获利盘较多，筑起支撑位。只要筹码结构大体维持不变，越过阻力位就变成支撑，跌破支撑位就变成压力。但如果个股一字跌停板后，次日继续低开下跌，筹码单峰未出现明显消退，意味着主力可能被套牢，主力资金的自救不会触及前期筹码阻力,我们可以伴随技术性超跌的反弹介入抄底。

经过长时间的整理,个股成本在低位形成单峰密集区域,且个股以较大成交量突破这一单峰密集区域,这往往预示着新一轮上升行情的启动。对于上涨行情的充分条件,关键在于成本分布在低位形成明显的单峰密集形态。单峰的密集程度越高,筹码的换手越充分,这将为后续的上涨行情提供更强的动力。当单峰在低位高度密集时,意味着股价的上升空间已被充分打开。从历史走势来看,相对低位单峰密集形态形成的时间越长,上涨的可能性越高。在股价突破筹码峰时必须有大成交量的确认,即股价有效穿越密集峰并创出新高。

对于突破低位筹码峰的个股,经过一轮上涨后在高位形成单峰密集形态,若股价再次突破这一高位密集区域,则可能预示着新一轮升势的开始。若个股在拉升过程中出现放量或长时间盘整,导致筹码在高位集中,这可能意味着主力资金离场,后市风险将增大。反之,若在低位出现放量或长时间盘整,形成筹码低位密集形态,这往往是由主力资金收集筹码造成的,为交易者提供了较好的操作机会。

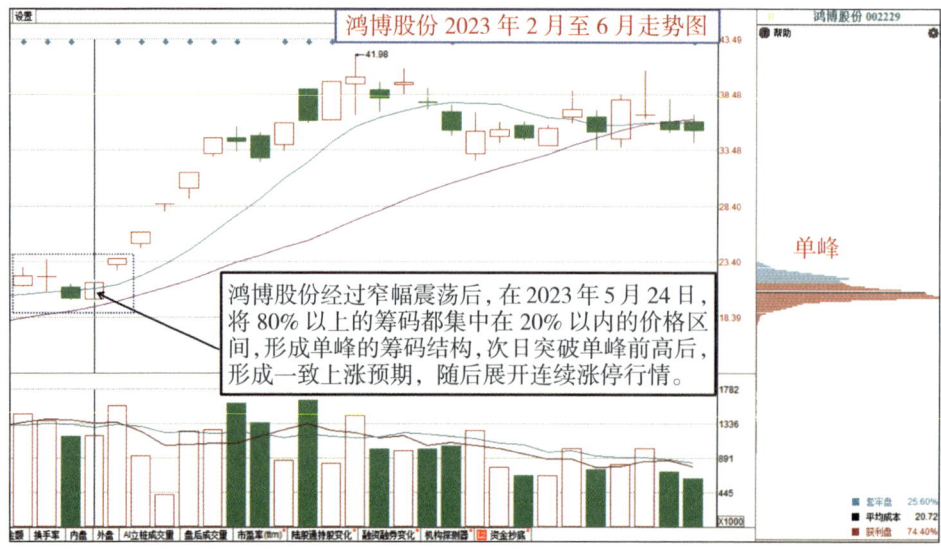

图 2-2　2023 年 5 月鸿博股份突破单峰筹码结构

如图所示：鸿博股份经过窄幅震荡后，大部分筹码都集中在 5 月震荡区间（蓝色虚框中），技术面形成单峰分布的筹码结构。在 2023 年 5 月 24 日突破区间阻力位后，持筹者形成一致看涨预期，走出持续缩量涨停行情。筹码结构较为集中后，一旦股价突破重要阻力位，个股后续拉升过程的抛压会相对较小，可以在人气股出现试盘的动作后观察其筹码结构，若筹码呈现单峰突破形态，可以在突破阻力位后大胆介入。

一旦个股筹码密集单峰被突破，则有助于涨停，而筹码分散式集中的多波峰形态对个股上涨的阻力较大。多峰筹码可以识别个股的支撑位和阻力位，每个筹码峰都是阻力位和支撑位，筹码越多的筹码峰表示压力越大，支撑越强。个股在主力准备拉升前出现多峰筹码，说明其筹码集中程度相对较低，主力需要对筹码进行搬运。

个股筹码的双峰形态形成两个前高点阻力位，上峰与下峰的大小相差不多。主力资金要拉起个股发动上涨，必然要突破阻力位。此类筹码结构的个股上涨既要解放套牢盘，又要满足获利盘，需要的上涨力量较大，并不是主力的优先选项。如果个股放量拉升时，股价轻松越过了出现筹码密集双峰形态的历史平台位，意味着虽然其筹码结构压力较大，但是由于盘面压力较小，主力资金可以轻松收割筹码。对于大资金的主力而言，套牢盘的压力不大，所以筹码结构不一定是主力拉升时不可逾越的障碍，这也是龙头股多诞生于小盘股的原因。对于多数个股而言，放量吸筹突破两个以上的阻力位后，所形成的短线爆发点是确定性较高的买点。

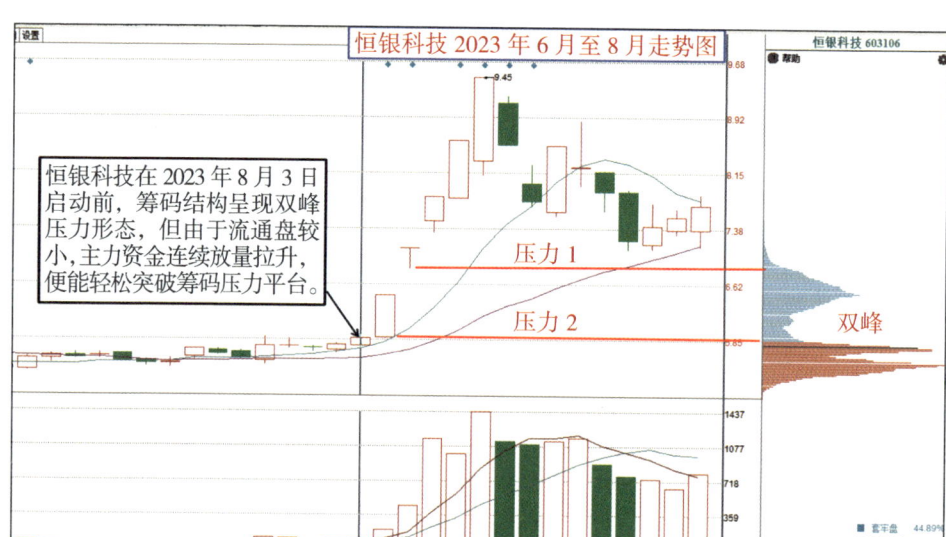

图 2-3　2023 年 8 月恒银科技的双峰形态

如图所示：恒银科技在 2023 年 8 月 3 日启动前，筹码呈现双峰分布形态，想要开启主升行情，不但需要下方筹码形成看涨预期，还需要在拉升过程中顶住上方筹码解套的抛压。恒银科技由于流通盘较小，持续放量拉升过程中，轻松突破了上方筹码压力，随后展开了连板行情。类似的小盘人气股，若在筹码多峰分布情况下，其仍能够突破重重压力拉升，说明主力资金正坚决做多，可以跟风买入。

3. 龙头主升筹码战法

龙头拓展市场高度空间必须先洗掉底部的巨大获利盘，否则拉升的前景不佳，多为震荡调整。只有个股随着股价不断上涨而筹码成本不断上移，才更容易成长为龙头。龙头放量更换稳定的获利筹码，让多数人的持筹成本相近，从而降低后续拉高的风险。所以看多资金入场后获得与股价相近的筹码，套牢筹码逐渐被替换为新入场的资金。随着股价上涨，交易者只要愿意锁仓都能浮盈，龙头上行的股性可以激活。随着获利资金的增加，不断地换手让获利筹码离场，吸引更多资金以高价买入，形成良性筹码整理。龙头股第一轮上涨前会出现最大量能超过前高，大部分筹码已经被置换，调整也是适当小幅度缩量换手下行。首日亏损的资金也可以轻松离场，套牢的筹码能够有承接资金护送离场，个股容易走出持续性行情。

龙头股主升的本质是赚钱效应扩散的体现，主升浪需要巨量的买盘资金，赚钱效应提高了资金的参与意愿。只有关注龙头的资金越来越多，才能开启主升浪。在弱势环境下，没有热点支持和板块助攻的个股不可能走出主升浪。参与龙头的主升浪阶段，可以通过筹码形态进行辅助判断，符合拉升条件的筹码结构可以适用龙头主升筹码战法。

我们需要选择概念逻辑充分的个股进行操作，必须是当前市场最强主流题材的个股。个股流通市值不超过 200 亿，不小于 30 亿，市值过大需要的拉升力量太大，市值过小资金容量太小。个股经过大跌后横盘震荡，吸纳大量的筹码形成单峰筹码形态，一旦启动就具有较强的爆发性，往往当天涨幅在 5% 以上，甚至涨停。当天启动时股价能够一举突破筹码密集区，筹码获利比率在 90% 以上。个股放出倍量，换手率至少能超过 10%，高换手率能保证清除浮动筹码阻力和清洗获利盘，后续上涨潜力更大。而且放量洗盘是主力做多决心强的表现，高换手可以吸引跟风资金和聚集市场人气，可以吸引新资金入场，减轻后期拉升的压力。

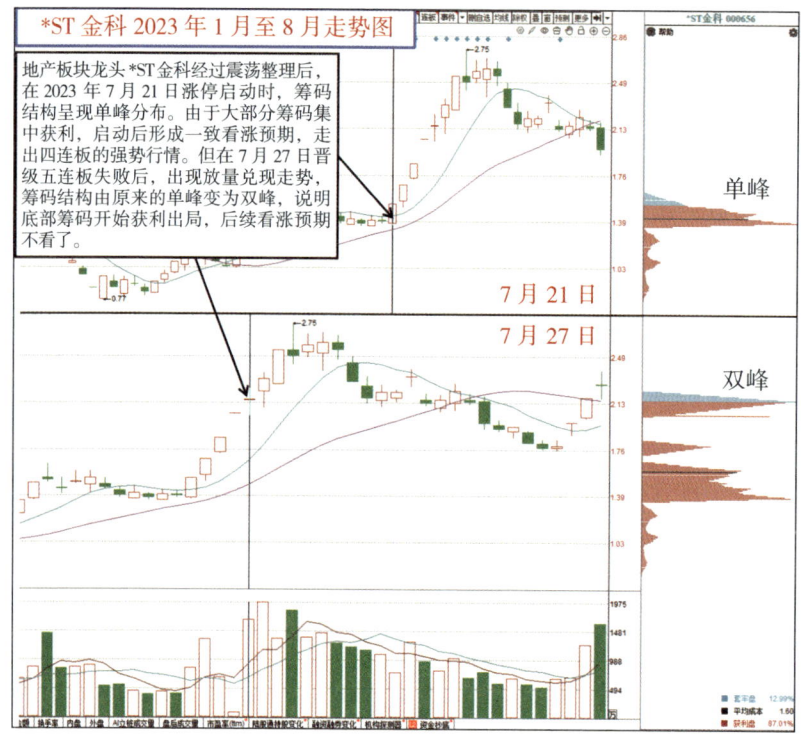

图 2-4　2023 年 1 月至 8 月 *ST 金科的表现

如图所示：在地产龙头 *ST 金科的主升行情中，启动阶段筹码呈现单峰分布形态，由于筹码集中，容易形成一致看涨预期，一经启动就是爆发性的行情。但拉升过程中如果没有充分换手，而是在高位断板后才出现放量换手，导致获利盘集中兑现，筹码结构出现双峰分布形态。尽管资金仍在不断买入，由于短期放大的获利盘过多消耗做多资金，后续股价会出现短暂上冲后见顶。

我们可以观察龙头股底部筹码变化，只要主力底部筹码不动，就会逐渐形成双峰形态，可以继续持有。股价持续上涨过程中，若底部密集筹码始终没有较大变化，说明主力坚定持仓，股价持续上涨的可能性大。主力筹码获利 30% 以上依然不动的，大概率是主力或者机构锁定筹码，极少有散户和游资能持股不动摇，多数散户稍微震荡就会止盈出局。而且个股剧烈震荡时，底部主力筹码稳定不动，随着上方套牢筹码减少，主力随时有可能拉升。所以个股上涨期间底部筹码几乎不动，持仓也可以不动，直到主力在高位派发筹码等接盘出现、筹码快速转移为止。

如果底部筹码快速消失，可基本断定主力已经离场，我们可以跟随获利离场，等待平台整理后的再一次拉升。因为龙头股在快速强势拉升过程中出现资金兑现，会形成高位调整平台来对获利筹码进行充分换手，这样有利于后续拉升。一旦筹码交换完毕，主力会锁仓持续拉涨停，利用部分资金反复做T吸引散户频繁换手，不断提高散户成本，出现换手率持续增加和成交量增量放大的状态。所以主力拉升一波后经过短暂整理，盘中出现换手T字板，等再次形成单峰筹码后，表明个股可能替换另一主力，或者主力重新进场拉升二波行情。

龙头在涨停板打开时，底部的筹码基本不动，但筹码不断被卖出可能是主力在洗盘，股价还会继续上涨。如果底部的筹码上移给在高位接盘的散户，出现高位密集，说明一波上涨后，主力已经在高位完成筹码转换，可能是主力在出货套现。随着价格下跌或强烈震荡，高位的套牢筹码割肉出局，此时上方筹码逐渐向下转移，从分散向低位筹码集中。

对于龙头主升筹码战法的标的选择，高位形成明显筹码密集区和套牢盘的个股尽量不要参与。近期短线筹码严重锁定，极致缩量的个股容易在高位A杀。尽量选择有以下特征的个股，包括短期内爆量、量能平齐或者接近上次高点、前高筹码没有断层、见顶后温和缩量、下跌过程中高点筹码经过充分换手置换等形态。短线活跃筹码均匀分布的个股不会形成强分歧，是龙头能够有效拉升的基础。

二、筹码阻力与支撑

1. 筹码密集平台

历史密集成交形成的压力平台不仅形成兑现的压力，也代表了大众的心理压力，主力和散户都要面对压力的存在。阻力位出现在横盘震荡区、箱体上下沿、前高点、新高位置和大阴线的起跌点等对应的较大成交量区域，形成了平台阻力位和筹码密集成交区。其中下跌前一根放量大阳线往往是主力成本区间，形成位于平均筹码线附近的筹码峰。

筹码密集平台是多空双方力量对决的结果，分别表现为上涨或下跌过程中遇到的重要阻碍点。被套牢筹码越多，抛压越重，前期的筹码密集区域形成的阻力难以逾越，尤其是在触及位置时出现明显的回调迹象。前高筹码单峰也是关键的心理关口，形成拉升的阻力。前期阻力位时间越近，放量越大，则压力越大。个股首次突破左侧前高单峰阻力位，悲观的资金会借机兑现，产生阻力。所以个股到了前高阻力位会有洗盘需求，放量冲高回落把前高的浮动筹码清洗出局才能进一步拉升。

当股价再创新高时，需持续观察其高位增长势头。若后续成交量未能超越前期高点成交量或者爆量分歧，突破后也会补量。股价遇到筹码密集平台阻力位时需要放量，没有遇到重要的阻力位却放出天量时不正常，这种类型的天量天价预示着遭遇重大兑现，往往前途未卜。若股价突破筹码密集平台后未能再次创出新高，投资者应考虑减仓。若后续股价未持续走低，自高点抛出后形成价差，可考虑在低位接回，此时在筹码密集平台已经完成有效的换筹。遇到压力平台良性释放分歧，主要看分歧释放后的承接力度以及资金的反包意愿。

无论是个股还是指数，在很多情况下都可能遭遇前期筹码密集区或前期高点的阻力，导致股价或指数回落，并伴随成交量的缩减。当指数反弹至筹码密集平台时，短线交换的可活跃筹码达到抛售条件时会砸出筹码，此类筹码构成包括潜伏筹码、套牢筹码、获利筹码及中线筹码等。股价走强后第一次回落往往是潜伏盘的卖点。股价短期严重偏离的时候，构成了中线筹码的卖点。如果压力平台爆量分歧后，亏钱效应炸裂，意味着区间内存在大量的筹码套牢，一旦股价触及爆量区，必将天量兑现，是套牢盘卖点。一旦累积的空头力量释放，多头往往难以进行有效的反击。因此，突破高点释放套牢压力的盘整是有必要的。当接近前期高点或前方筹码密集区域时，多头势力往往表现出极高的谨慎态度。

个股一旦运行到前高附近的筹码密集平台，要以观察为主，等分时形态确定后再操作。尽量远离前期高点或者前期筹码密集套牢区，而选择突破前期高点或者箱体上沿再买入，往往突破筹码密集成交区的个股更容易次日冲高。许多个股在反弹至前期筹码密集区或高点时，由于先前被套牢盘已陆续解套并急于获利离场，累积形成的大量空头力量在关键时刻爆发，使得多头无力反击，进而引发缩量回落。因此，主力发动大行情之前，先清理浮动筹码，只有短线资金接管所有活跃筹码，才能进入到情绪博弈阶段。

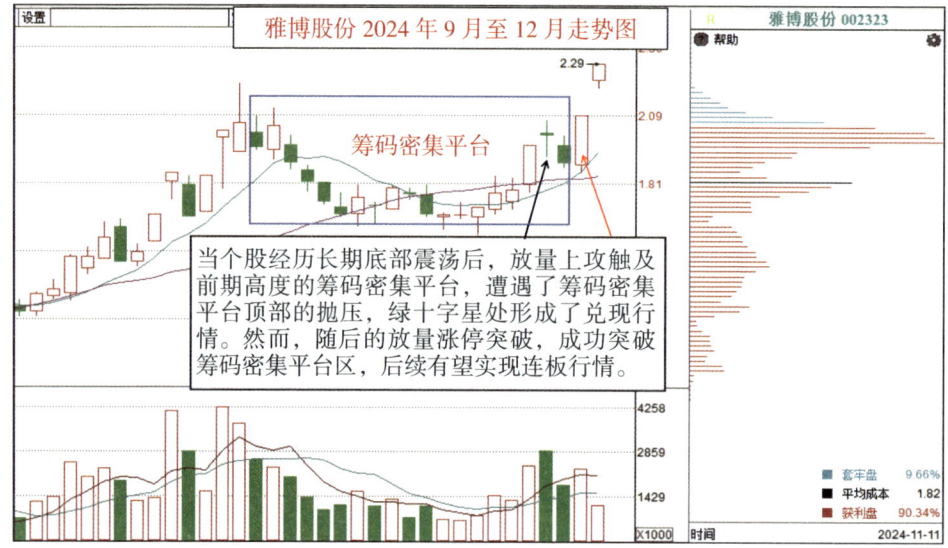

图 2-5　2024 年 9 月至 12 月雅博股份的筹码密集平台

如图所示：雅博股份经历了长期的阳线推动，逐步将底部筹码转移到高位。在平台左侧出现连续四根阴线调整，由于缩量调整，底部筹码并未下移，反而形成了筹码密集平台。当个股经历长期底部震荡后，放量绿十字星上攻触及筹码密集平台的高点，遭遇了平台顶部筹码峰的抛压，从而形成了两日兑现行情。然而，随后的放量涨停突破，使得筹码密集平台被成功突破，后续有望实现连板行情。

总结：前期高度密集的筹码平台是连续上涨过程中筹码搬运的结果，也是后续缩量调整时未能将高位筹码下移导致的。高位筹码的堆积形成了对个股后续上涨的关键阻力点，若不能有效突破，将导致股价长期下跌。一旦出现超预期的突破，便可能形成主力资金介入的连续涨停突破性行情。

2. 阻力位

识别阻力位对于制定买卖策略至关重要。交易者通过分析套牢盘和当前热点，以决定是否在阻力位进行买卖操作。阻力位指价格上涨时遇到阻碍不会继续升高的位置。由于大众预期的一致性，某些区域会形成明显的阻力位。阻力位的出现意味着空头力量较强，而多头力量相对较弱。常见的阻力位有以下几种，包括整数点关口、前高点、前日收盘价等。若多次尝试突破失败则可确认为有效阻力位。

整数点关口以及特定股价的心理预期往往会产生隐性压力，即使表面上看起来并不存在强大的阻力。例如，当股价接近某一整数点时，交易者普遍产生强烈的阻力感知，认为此处不易突破，从而加剧市场的波动和调整。此外，主力操盘手也可能利用整数点作为诱导市场参与者的工具，制造假象促使股价停滞不前或回调。

个股已经达到了前期高点，次日是否能突破需要高开确认，低开将导致大量换手资金套牢而引发抢跑行为，增加风险。明确突破前高意味着之前高点的套牢盘将不再是问题，个股可能形成连续上涨的独立走势。前高位置面临来自三个方面的压力：一是前高处的套牢盘，包括长上影线带来的抛压；二是当日涨停后换手带来的高位筹码；三是底部拉升后的获利筹码。遭遇兑现压力和前高阻力位，有可能面临较大抛压集中释放的风险，最终可能导致回调甚至补坑行情结束，在参与时可采用右侧交易策略等待确认信号。

有效突破前高的前提是要消耗掉获利盘和套牢盘，从而展现长期上涨的动力。主力通过N形分时走势到达前高阻力位后，放量大涨会解放套牢盘，常常是主力资金在洗盘，为后续拉升操作准备。突破后的缩量加速态势是上涨趋势持续和扩大的标志，随后的回踩和再创新高，形成良好换手状态，预示着炒作逻辑与形态的转变。突破阻力位标志着进入主升阶段，对打开上涨趋势具有重要作用。

短线情绪不佳的情况下，一旦个股涨到前高附近未能突破阻力位而冲高回落，交易者在其高开分时上冲时可以部分止盈，若个股回踩后拉升不能突破高点就得清仓。所以追涨先看当下位置是否具有强压，先等分歧释放以后，再考虑进场。

前高阻力位的形成可能是由于短期冲高回落形成的上影线或下影线，也可能是短期的套利行情对个股走势形成了近期筹码压制。前期连续两天尝试突破失败后，形成了前高压力。只有借助外部利好因素，结合板块利好因素、市场情绪的好转等多方面的利好形成新的力量，才能成功突破前高关键阻力位。当日的成功突破被视为右侧确认信号，有效突破阻力位所带来的确定性和上涨惯性可形成个股溢价。

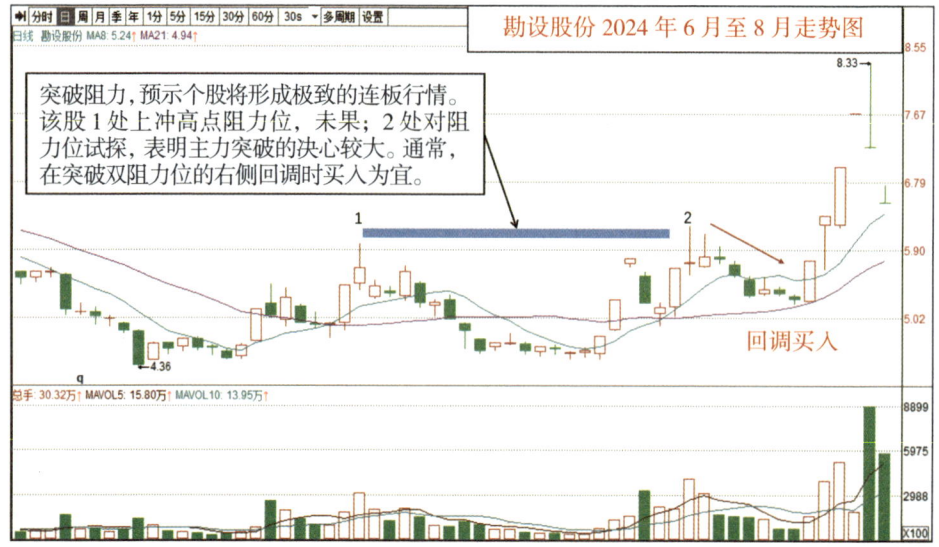

图 2-6　2024 年 6 月至 8 月勘设股份的阻力位

如图所示：勘设股份在超跌反弹后，经过获利兑现形成了前高峰（1处）。随后经过15日的筹码兑现后，充分调整形成了二次上攻。在放量上攻过程中，遇到了前高的阻力位形成了2处的两个长上影线。在突破前高阻力位的过程中，两次尝试均出现了冲高回落的情况。第二次冲高后出现了连续的阴线调整，但调整过程中明显缩量。随后进行放量涨停反包，连续的涨停突破两次上冲形成的双阻力位。突破阻力，预示个股形成极致的连板行情，我们可以在突破双阻力位的右侧确认买入。经过二次对阻力位的试探，表明主力意图突破的决心较大。我们可以依据双峰阻力位背后的逻辑与回调合适的位置进行介入，主力明显的上攻意图加上板块情绪的发酵，对于突破双峰阻力位具有助推作用。

双头结构是典型的反转形态，也是遇到阻力无法突破的表现。在实际走势中表现为右边的顶点低于左边的顶点，并且右边顶点难以维持较长时间。双头形态揭示个股突破前方阻力位的可能性微乎其微，尤其是在右肩顶点支撑力度较弱的情况下，高点将变得难以逾越，对于后期股价上涨构成极大阻碍。若第一波拉升符合头肩顶右肩的抛点条件，而未及时抛出，可能面临股价回落的风险。抛点实际上是对头肩顶形态右肩的确认，同时也基于股价未能创新高及顶背离后成交量未能超越前期高点等因素。

收盘所形成的筹码也会成为阻力位。当日开盘时，以前一天的收盘价参与集合竞价。经过一夜的思考，多空双方达成共识。集合竞价次日高开可能引发抛售，尤其是大幅高开会导致多空双方迅速对决，若空方胜出，则开盘位置上方可能出现大量卖单，从而导致反弹受阻。而低开会将昨日的收盘筹码变为套牢盘。如果上方挂单巨大，卖盘浓厚且反应强烈，在股价反弹途中接近前一天的收盘价时，昨天尾盘介入的新买盘会打压股价，使得多头不能轻易越过阻力位。若反弹遇到显著阻力，昨天尾盘介入的交易者在冲高时可能会发现苗头不对，选择兑现。

早盘的分时高点也是阻力位的一种。早盘冲高后，部分未兑现的筹码会等待盘中是否出现反弹，如果个股在接近收盘时仍未反弹或者反弹力度过低，失去耐心的筹码会在尾盘兑现。这将导致次日的后市调整。

在观察主力是否成功突破阻力位时，成交量的配合亦不可或缺。成交量是形成价格需要的力量，成交量越大，力量越大。个股越往上涨，遇到的阻力越大，股价遇到重要阻力位时，突破阻力所需的力量越大。股价突破重要阻力位后，会用回踩确认和换手推升来对新高价位进行适应和认可。当股价接近或达到阻力位时，需要显著的成交量来支撑股价的进一步上涨，特别是在重要的抛盘位置。对于套牢盘较大的个股，主力资金需要消耗掉套牢筹码，股价才有可能上涨。若在没有遇到重要阻力位的情况下，成交量异常放大，这可能是不寻常的信号，甚至带来方向的改变。

若股价上升缺乏成交量的支撑，此类突破可能被视为无效或难以持续。若当天出现了缩量加速突破，则意味着昨天新进的资金以及套牢盘没有大幅流出，当天的分歧可能在次日延后出现。次日的走势将决定交易者该如何参与，一般有两种参与方式：第一是充分分歧结束后，还能上涨则继续持有；第二是等到后天有效突破前高阻力位后，右侧确认再介入。

经过充分换手后，由于不存在较大阻力，容易出现缩量上涨，无需过度放量即可完成主升。所以个股突破关键阻力位前，不应轻易追高介入。只有当个股确实表现出强势突破迹象时，才值得果断跟进操作。通过观察个股突破后的持续涨幅，可以判断主力资金的实力和市场的热度，从而帮助交易者提高盈利概率。

当个股突破某一重要阻力时，交易者需结合量价关系、利好消息以及板块指数趋势等因素评估其后续可能的发展空间。个股在历经大涨后仍能在阻力位补量，并再次突破新高，这表明市场对其认可度较高，存在较大上涨可能性。我们需要警惕某些经过爆量突破阻力位后却回调较大的个股，尤其是缺乏利好消息配合的个股，可能面临较大风险。

3. 支撑位

支撑位是指个股价格下跌时难以继续跌破的位置，位置的形成往往与市场中的买卖力量有关，如开盘价、收盘价、前次高点、前日低点以及前低点等都可能成为重要的支撑位。理解支撑位对于交易者制定交易策略至关重要，可以帮助交易者在合适的时间点进行买卖，从而提高交易成功率。

判断支撑位是为了在相对较低的价格区间内寻找买入时机。尽管市场恐慌情绪导致错杀现象的发生，但若个股在被短暂打压后迅速修复并回升至支撑位，并在缩量后企稳，那么当日因情绪拖累出现快速下杀时，往往会被解读为抄底的入场时机。

个股下跌过程中出现支撑位，下跌趋势受到显著阻碍，无法进一步延续。当股价大幅上涨后又自高位回落至开盘价附近，形成支撑位。若低开冲高后回落，最终接近开盘价，表明开盘价位置买盘力量强劲。竞价开盘的位置常常是主力建仓较多的点位，且成交量较大，此位置具备较强的支撑。若当日股价短暂跌破前一日收盘价后迅速反弹并拉升，构成显著的支撑位，因为买盘沉淀较多，使得该位置难以被跌破。前日低点也是重要的支撑关口，次日股价跌破该点则应止损出局。

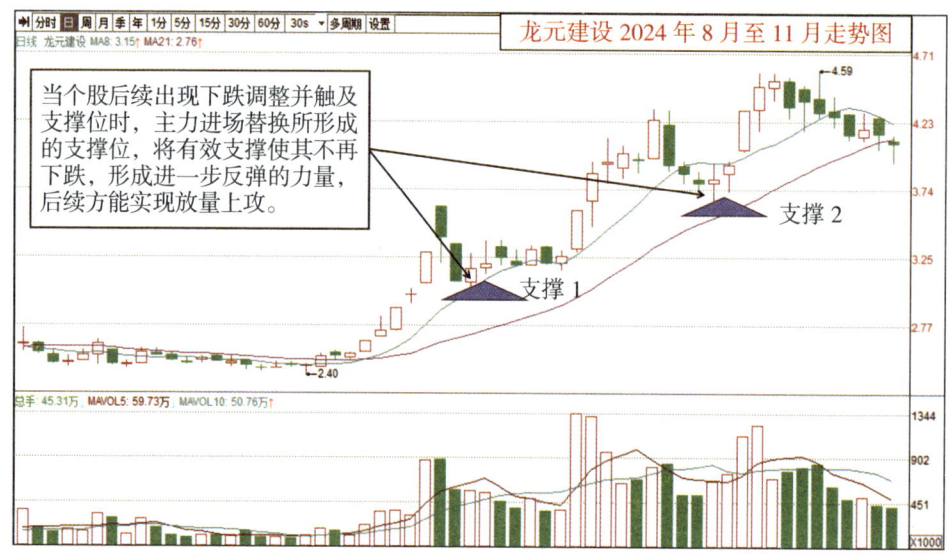

图 2-7 2024 年 8 月至 11 月龙元建设的支撑位

如图所示：龙元建设放量突破形成主升行情后，获利筹码兑现形成了前期的套牢盘。随后，个股经过适当调整后再次放量突破前期套牢盘，这个位置的成交量放大显示，主力在之前套牢盘区域实现了筹码的替换，这种替换过程会促使原来的阻力位转化为支撑位。当个股后续出现下跌调整并触及支撑位时，主力进场替换所形成的支撑位，将有效支撑使其不再下跌，形成进一步反弹的力量，后续方能实现放量上攻。这是主力维护其买入筹码和成本的表现，也是主力实现趋势推升的决心所在。本图有 2 个支撑位，我们可以充分利用支撑位所带来的心理作用，进行充分介入。

分时的高低点也能形成日内的支撑位。分时结合量能释放，在趋势转折区域形成了放量支撑位。分时线沿着均价线稳步向上，遇到压力回调低点不破前期整理高点，出现主力承接。分时企稳并接近放量支撑位是买入时机。个股在放量支撑位附近遭遇砸盘，盘口出现递增的卖单，量能不断放大，说明空头开始发力后，抛压单不断涌现。当支撑点被跌破时，意味着市场卖出力量强大，此时应考虑卖出而不是继续买入。当日的冲高回落的弱势表现将终结涨势，导致次日更大的抛压涌现。

无论是支撑位还是阻力位，都存在着相互转换的可能性。一旦股价完全突破前高点，原先的阻力位在突破后会转变为支撑，从而支持后续的价格反弹，而原先的支撑位在跌破后则可能转变为阻力位。若个股能够突破阻力区，则表明市场走势强劲，交易者可考虑买入。反之，若跌破支撑点，则意味着卖方力量占据优势，交易者可考虑卖出。在指数波动的过程中，前低点经常占据主导地位，扮演支撑点的角色。指数在触及低点后，会经历反弹与回落，双底形态表明支撑力度强大。当再次接近前低时，往往会再次引发反弹。由于大量买盘的积累，前次高点的阻力较大，再次回落时此点将转化为支撑点。因此，当股价成功突破前次高点后，前次高点原本的阻力位将转变为支撑点。理解阻力位突破后转化为支撑点的现象能帮助交易者捕捉强势市场中的买入机会。

4. 最大活跃量战法

在评估购买时机时，首要步骤是分析对手盘可能卖出的最大筹码量。由于筹码分散在众多交易者手中，我们难以了解散户的交易决策。为了准确判断个股对手盘的意图和个股真实的活跃程度，我们基于个股在最近放量交易区域中的单日最大成交额来判断。由于长线资金锁仓，不愿意频繁参与交易，我们可以对个股在特定交易日可能遭受的最大砸盘筹码总量进行估算。个股最近三个月成交量的最大值基本是最大松动筹码的数量，我们暂称之为最大活跃量。个股的极限抛压可以参考近期的最大活跃量，越多次接近最大活跃量越是准确。

个股缩量跌到阶段性低点后，开始逐步放量上涨，达到最大活跃量，表明短期市场被激活。当筹码在最大活跃量点位得到释放后，剩余的筹码主要由大股东持有，或者为在牛市高点被套牢的交易者所持有，他们缺乏在短期内卖出的强烈欲望。交易者常担忧原有持股方可能采取砸盘行为，如果个股在昨天交易中可能卖出的最大筹码量已被消耗殆尽，那么剩余的砸盘力量将显著减少，空头力量对股价下跌的潜在威胁也将大大减少。

最大活跃量作为短线流通的总换手流通量，如果与历史多次最大换手量相近，准确性更高。潜伏筹码数量是最大活跃量与当天成交量的差值，筹码锁仓是潜在筹码量存在的原因。通过成交量可以判断压力，通过潜伏筹码数量可得知潜在压力。一旦爆发大分歧，巨大的潜伏盘一致卖出，抛压超过上一轮最大活跃量，股价必然难以承接。所以存在天量分歧预期的个股，在潜伏筹码没有出来前，不要轻易接力。如果出现异常的放大成交量，甚至超过历史最大成交量，那意味着原来锁仓的筹码发生了松动，个股将出现异动。

在高位个股中寻找买入机会，首先要关注成交量的变化，确认是否有足够的资金支撑股价持续上涨。连板个股主升后的天量换手代表个股中短线筹码的极限卖盘量，若观察到换手达到最大活跃量，则表明市场上的活跃筹码已基本被交换，增加了买入的安全性。若要保持趋势推升和良性上涨，分歧需在最大活跃量附近波动，尽量不要超过最大量能点。通过分析放量分歧程度可以判断后续中高位持续上涨状态是否良性，或是出现见顶标志。所以换手连板或分歧型妖股的最大活跃量具有重要意义。

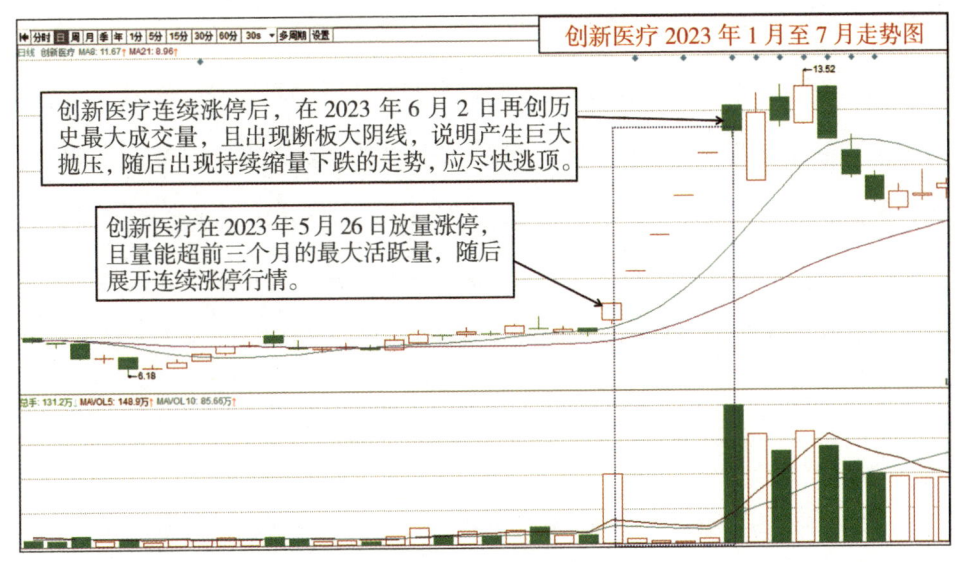

图 2-8　2023 年 1 月至 7 月创新医疗突破量能的表现

如图所示：创新医疗在 2023 年 5 月 26 日首板放量涨停，并且量能远超之前最大量能，可以将其视作近期最大活跃量。随后创新医疗受消息面刺激，出现连续一字涨停走势，量能极度萎缩后在高位放量炸板，并且炸板量能超过启动时的最大活跃量。放量炸板说明其中获利盘已大部分离场，筹码一次性置换形成浮动筹码，资金难以形成上涨合力，后续震荡后也是见顶回落。我们在遇到高位放量断板的情绪票时，尤其是炸板量能超过近期最大活跃量，应将风险放在首位，尽快逃顶。

个股当前的活跃度可以用当下成交量跟最大活跃成交量的比值来表示，我们称为活跃比，是衡量个股启动阶段筹码锁定程度的重要指标之一。判断个股是否充分换手并克服分歧考验的关键指标，是其活跃比是否接近 1。数值接近或略高于最大活跃量，则代表极致分歧，表明个股已将大部分松动筹码替换完毕。除了长线资金或老股东持有的稳定筹码外，其余短期持仓可能已在当天清仓。在最大活跃成交量的 60% 到 80%，属于较活跃状态；30% 到 50% 为活跃状态；低于最大活跃成交量的 30%，为不活跃状态。

当个股活跃比达到较高水平，这意味着其在市场中具有较高辨识度，并且有多家游资参与其中，资金复杂程度高。然而，如此高的换手率带来的问题是次日股价能否有效承接，并维持较高的换手率，这对次日的表现构成考验。若个股在启动前的成交量控制得当，未达到最大活跃量，并且具备较大的伸缩空间，则意味着潜在的资金并未因短期上涨而急于兑现利润，而是更多地参与到后续的接力过程。在这种情况下，个股上涨弹性更大，其未来的涨幅空间也相应增大，具有更强的翻倍潜力。

个股开盘后迅速换手上攻，成交量超过前期涨停成交量，甚至达到最大活跃量，意味着浮动筹码已经被洗出殆尽，所剩的筹码不会轻易抛售，炸板的概率大大降低。若股价随后出现冲板动作，此时可被视为相对安全的购买时机，经过放量换手意味着有大量资金进场。只有资金高位接盘，获利盘才能顺利出局。这一判断基于部分浮动筹码已被市场吸收，从而降低了股价进一步下跌的风险。尽管最大活跃量有助于消化松动筹码并提高市场辨识度，但也增大了次日价格重新定位的难度。若不能保持连续的高换手率，可能导致人气消散、连板失败。因此，中期出现最大活跃比后，个股需转变为高度活跃的接力状态，即人气爆棚，否则将面临较大风险。

涨停成交量超过最大活跃量会影响资金的接力情绪，需要次日继续观察市场承接情况。因为个股到达最大活跃量后，放量过大会让踏空的资金次日接力不足，后续继续拉升需要更多的成交量才能承接。除非板块持续发酵吸引更多的场外资金入场接力，否则上涨的动能难以持续。一旦拉升难度太大，主力会进行一段时间的洗盘后再继续拉升。如果个股当天涨停成交量未能达到最大活跃量，说明短线资金锁定的筹码看好后市，市场合力充足。若涨停的次日成交量明显大于最大活跃量，且当天没涨停，意味着锁仓筹码入市交易形成抛压。只要多方力量能够在后期持续发力，无论多大的抛压都能消化，会形成持续放量上涨态势，否则将不断缩量下跌。如果个股达到最大活跃量后烂板，次日直接低开低走的概率较大。但个股继续走强是超预期的弱转强，主力会用缩量加速板来稳住各路资金的情绪。不过缩量板筹码交换不够充分，只要竞价不及预期，开盘直线杀跌放出天量阴线，也有可能引发"核按钮"。

连续涨停的个股会经历缩量到放量再到缩量的过程，可以根据最大活跃量来判断涨停板的后续走势，小于最大活跃股量的缩量大阳线可以追涨打板，大于则需要继续观察。次日如果能出现放量承接，适合继续追高打板。缩量大阳线的个股即使炸板也可以打板介入，因为放量达到最大活跃量后的收阳线缩量调整，表明资金在获利下进行锁仓，看好后市。后续如不能继续走强，意味着锁仓的资金也不看好后续行情。如果阴线缩量调整，表明前一日的放量资金被套，同时锁仓的筹码获利离场。而新的资金进场乏力，缩量打板的前景不佳，甚至封板后随时可能炸板。除非题材行情持续走高带动反包，否则题材行情不佳导致主力也会割肉离场。

此外，我们还可以通过量价分布找到成交量最多的价格，作为最大量成交价，如果次日开盘价低于价格，说明昨天成交的筹码中散户居多，而且主力并未进行价格维护。由于散户的意见不统一，是较难去拉高价格，而主力能够让股价高开，当日的前景往往较好。

第三章 分时量能筹码

一、分时量价关系

1. 分时强势与弱势

短线交易中,交易者仅依靠消息面不足以贴合实际市场表现,需要结合分时的量价关系来评估交易的价值,并判断分时的强势与弱势。

个股分时拉升伴随大量成交以及缩量下跌,可视为分时强势。个股开盘出现分时强势拉升,往往伴随着高开抢筹等迹象。分时强势的攻击形态表现为量价齐升,分时均价线呈现上升趋势,形成白色股价线与黄色均价线高度黏合的多头排列格局。当个股急剧拉升并达到涨停时,市场动能强劲,保持持续稳定的能量推升是个股强势的表现,具备参与价值。值得注意的是,尽管早盘呈现量价齐升、均线高度黏合的态势,若股价上涨未能拉至涨停,后续或次日存在兑现风险,是该强不强的表现。因此,单纯以量价齐升、均线高度黏合作为买入依据,并非完全可靠。

分时强势的另外一种表现是平量推升。在个股缓慢拉升的过程中,分时成交量平稳上升,并无明显的波动或堆量,这意味着主力并未大规模流出,而是采用持续流入的方式进行建仓操作。平量推升的特点是上涨过程中的力量相对均衡,量能平稳,分时均线呈现出锯齿形的震荡推升。该形态具有很强的持续性,虽然不能判断能否一波拉升涨停，但可以判断为日内的强势标志。平量推升应定义为强势的表现，其优点在于持续性强。

如果流出的资金主要来自中小单，而非大单或主力脉冲式卖出，可进一步印证该股筹码简单且无过大阻力。因此，在遇到此类分时平量拉升的个股时，可考虑将其作为主力潜伏并有望拉升的对象。45度角的缓慢拉升方式的最大好处在于能够适当地替换冲动的筹码，而不会引起较大的抛压。如果拉得太快，可能会出现筹码兑现的情况。此种类型的走势经常出现在流通市值较大或中等的趋势股中。

上涨为无量拉升，下跌却是放量下跌，为分时弱势的表现。分时弱势的个股以低开为主，并等待消息面的确认。若股价在开盘后迅速下滑并跌破分时均价线，留意下跌过程中成交量的变化情况。若个股在没有明显成交量支持下急速拉升后迅速回落，交易者应在此形态的高位适量减仓。如果板块次日还有预期，则在尾盘或次日低点时，考虑重新买回。如果个股开盘后快速放量下跌，缩量反弹，说明这是主力出货的诱多行为，后市行情看跌。除非是个股处在低位，否则可能是主力在震仓洗盘。若下跌的成交量相对较小，且股价在回升过程中展现出积极的攻击形态，说明个股将进入主力资金主导的拉升阶段，投资者可在股价突破分时均价线时买入。若个股下跌幅度较大后持续放量，则表示有资金在操作反核承接吸筹，后续可能有大反弹行情。

量价对比在分时量价中至关重要。若每个子浪的成交量能有效放大，则被视为积极的攻击形态。分时量价齐升，但均线存在背离，其攻击力相对较弱。若攻击方的量能逐步缩减，则可能形成量价背离的现象。尽管股价连续上升，但一旦出现量价背离或均线背离，且多次尝试突破高点均告失败，随后可能出现高位的诱多形态。尤其是股价在高位连续拉升，但出现量价背离、均线背离，且多次形成高点时，该形态往往预示着市场动能即将衰竭，交易者应在此处谨慎出局。对于低位多形态股价拉起，尽管量价背离、均线背离，但若随后出现量价齐升，虽然均线依然保持背离状态，这仍然是有效的攻击形态，只不过其攻击力相对较弱。

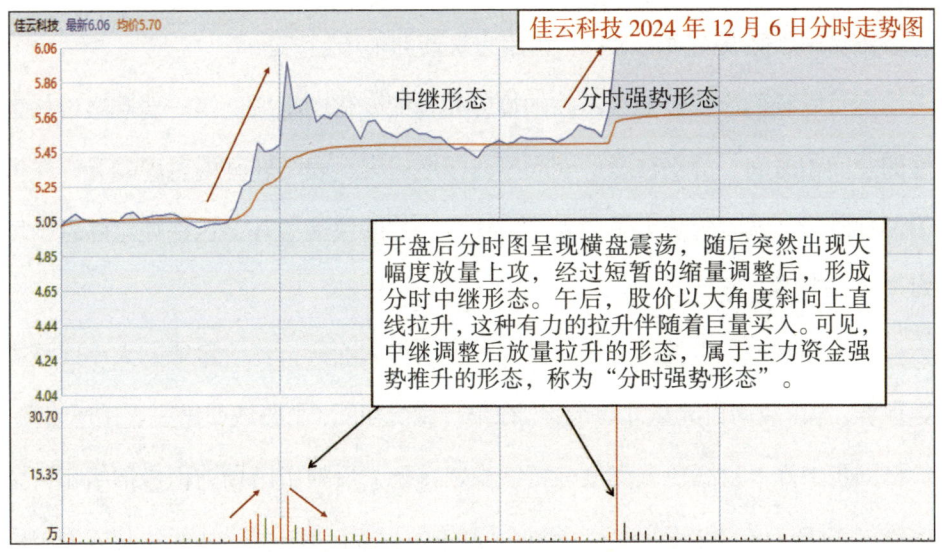

图 3-1　2024 年 12 月 6 日佳云科技分时强势形态

如图所示：佳云科技开盘后分时图出现横盘震荡，随后突然出现大幅度放量上攻，经过短暂的缩量调整后，形成分时的中继形态。午后，股价以大角度斜向上直线拉升，这种有力的拉升伴随着巨量买入。可见，中继调整后放量拉升的形态，属于主力资金强势推升的形态，称为"分时强势形态"，这表明主力有强烈的意愿将股价封至涨停。当出现这种形态时，我们可以判断并跟随主力进行买入操作，分时中继调整构成了第一买点。二次上攻触及打板位置被视为第二买点。如果摸板后未能成功封板，那么价格进一步调整后，突破则构成了第三买点。

2. 竞价量能战法

集合竞价不仅能够确定开盘价，还代表资金对个股的态度，对当天的走势有重大影响。主力的真实意图往往隐藏在集合竞价盘面动态中。竞价的量能是走势真实有效的最大保证，通过将具备潜在价值的交易信号筛选出来，交易者可以排除掉虚假或无效的信号，可用它来预判市场趋势。

竞价时我们应重点观察涨跌的幅度和量能变化的幅度。第一要观察价格上涨的空间和时间。价格在竞价期间拉升幅度越大，表明转强的意愿越大。在竞价最后阶段，若股价被大单买入并呈现直线式的快速拉升，这往往意味着市场对个股的看好态度。

第二要观察竞价的成交量。就判断主力行为而言，竞价量能的大小比涨幅更重要，竞价较前日放量才能走强。在集合竞价期间，个股成交量呈现递增趋势，价格同步上涨，且红色成交量柱持续稳定排列，反映了市场的积极情绪和资金的流入态势。这有助于提高市场对个股的关注度和参与度，从而使其成为市场的热点之一。个股开盘后价格和量能的涨幅超过昨日，则其当天上涨的概率较高。

值得注意的是，竞价的成交量要根据昨日成交额和当下走势所处的位置来判断。个股近期涨幅越高以及当前阻力位的抛压越大，则对其竞价成交量的要求也越高。竞价的成交量过高导致爆量分歧，多空力量可能在开盘后逆转。但竞价量能也不能过小，过小则导致力度不够充足，多方不愿意在竞价阶段参与，开盘后无法承接获利资金抛压。

集合竞价期间只关注涨幅很容易失真，因为集合竞价期间部分个股卖盘不足，少量的买盘资金就可以顶出涨停价。竞价阶段的价格变化容易成为主力操控的陷阱，分辨集合竞价高开是否诱多的标准之一是竞价金额，可以祛除大部分干扰信息。在集合竞价中，关注金额而非涨幅是因为金额更能体现买卖双方力量的对抗，从而验证涨幅的有效性。

在不存在突发利空消息的前提下，若竞价爆量的个股能够稳定应对卖方抛售压力，则有望在开盘时获得市场正面响应。因为持筹资金在无实质性利空因素影响时，不会参与竞价阶段的卖出操作。所以集合竞价中挂单数量大、金额过千万的异动更容易被确认为有效异动。比如贵州茅台集合竞价金额第一，并伴随着高开，则说明当天大盘指数安全性较高，因为机构等长线资金热衷于买入贵州茅台。

竞价金额会体现强势资金的进攻方向，我们据此可以预测当天热点分布。当涨幅较高的板块有一字板出现，且伴随竞价金额大幅度领先，说明市场的资金焦点已经集中到该个股，主力资金也参与其中。个股在集合竞价时直接涨停可以测试上方抛盘、跟风盘以及涨停板挂单的数量。

竞价量能的评估标准如下：竞价量能达到昨天总量的5%以上，达到昨日封板量或者分时最大量能的一半，竞价金额2000万元以上，往往是真实和强势的。如果低于昨日总成交量5%并高开，有可能是主力的诱多行为。占比达到10%以上，匹配完成量占到上一交易日分时最大量一半以上，竞价金额达到3000万元以上，代表买盘力量强，在题材情绪配合下可以接力。若竞价金额达到4000万元，且超过昨日最高量柱的50%，则表明个股在资金面上得到了有效支持。结合当前市场热点，此类个股往往有较高的涨停可能性，可以在竞价阶段挂涨停价介入。个股竞价成交金额超过1亿元，竞价成交量不低于昨日总成交量的20%，而且开盘后直线秒板，可以轻松超越所有竞争者。如果是连板个股竞价量能在昨日涨停封板量的30%以上，则开盘涨幅至少高于3%。

一般而言，当竞价金额达到3000万元以上时，意味着有大量资金参与，反映出市场较为积极的态度，对开盘决策产生重大影响。这要求交易者迅速做出决断，在五分钟内必须充分考虑个股的价值，并且根据分时匹配量、换手率等多方面数据做出决定。评估竞价的量能还需综合考虑市场情绪、大盘、板块情况以及梯队核心个股的高开或低开等因素。若竞价放量后上涨幅度不及预期，这可能暗示筹码存在急于兑现的情况，此时不建议通过竞价方式买入。

竞价量能的萎缩可以起到警戒的作用。强势个股次日会延续放量上涨的趋势，不会轻易缩量回调到昨日收盘价。一旦出现竞价后开盘涨幅和昨日相差不大，但竞价成交量大幅度减少，这说明市场合力变弱。竞价接力的资金减少意味着交易的第一阶段就面临成交压力，一旦开盘后下跌，要果断放弃介入。只有开盘后分时出现弱转强或者二次封板时才能介入。

在集合竞价的最后阶段，若成交量依旧保持增长态势，表明有资金持续流入市场，对个股的上涨形成了有力支撑。我们可以查看竞价结束前一分钟内未成交的买卖单来判断多空双方的态度。盘口中如果买盘远高于卖盘，成交量极度缩窄，量柱始终呈现红色，表明买盘充足而卖盘不足。这意味着多方力量占据优势，竞价高开后继续上涨的可能性大大提高。其中个股在最后 10 秒钟放量超过竞价金额 30% 进行抢筹，红色量柱加强说明主力资金从中活动，只要放量伴随股价呈台阶状上涨，可以在开盘后重点关注。

若出现竞价缩量下跌等异常市场行为，部分资金可能会在竞价阶段尾声时选择提前离场。当竞价阶段跌停价位上的未匹配卖单量持续扩大，且以绿柱为主时，这表明市场中存在较大的卖出意愿。特别是当竞价最后一刻出现瞬间下砸的情况，可能引发开盘时的砸盘。在这种情况下，若主力和散户均受到恐慌情绪的驱动，大量委托卖单无法得到足够的承接量，导致匹配量能近乎为零，则开盘时可能出现一字跌停的走势。

第三章　分时量能筹码

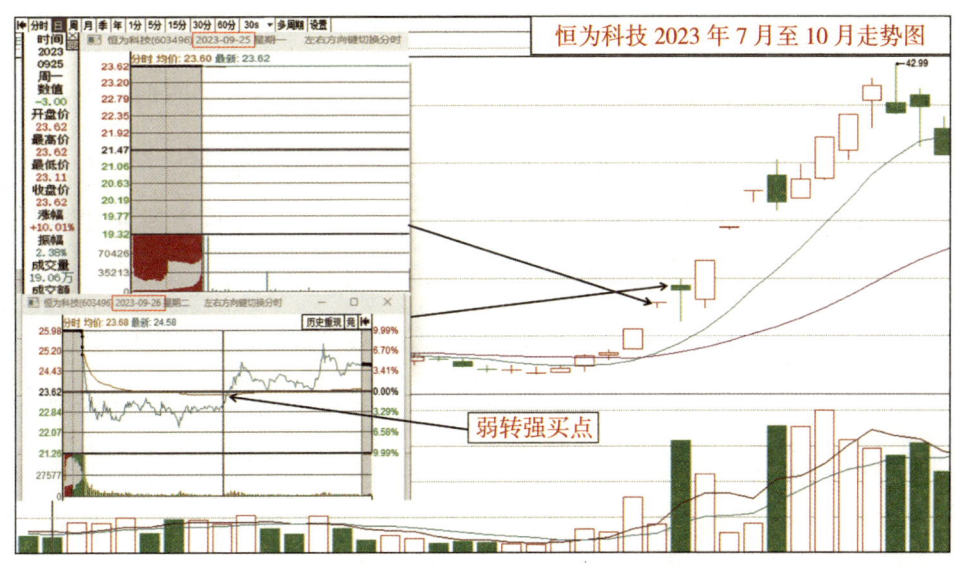

图 3-2　2023 年 10 月 26 日恒为科技弱转强买点

如图：恒为科技在 2023 年 9 月 25 日晋级二板时出现竞价放量的情况，在 1.68 亿的竞价成交下，市场资金开始聚焦恒为科技，潜在买盘大幅增加，当日 T 字涨停。恒为科技 26 日竞价成交大幅减少至 7008 万，在同样高开的情况下，竞价出现缩量表现，说明市场合力变弱，容易出现高开低走的走势，这时应等待下跌出现弱转强，再考虑介入。

由于集合竞价的时间充裕且个股相对较少，相比开盘后的市场混乱，集合竞价在寻找热点和降低风险方面具有显著优势。其中竞价阶段挂单是有效的交易策略。当个股在开盘时表现强劲，比如高开且成交量较大时，交易者可以在竞价阶段尝试挂上涨停价进行买入操作。同时，可以根据当天市场情绪的变化来调整挂单数量和位置，在大盘情绪良好的情况下，可大胆挂单；反之则可以优先考虑挂较少数量或不挂。这有助于减少盘中冲动交易，提升整体交易胜率。对于看好的个股可以挂一份隔夜单，次日集合竞价不及预期就在 9：20 前撤单。如果符合或高于预期，在 9：25 后再挂一份。

竞价放量抢筹是提前挂单的实施前提，我们需要观察 9：25 时竞价金额的变化，包括已挂单而尚未成交的金额，这反映市场的交投意愿。当主力竞价抢筹推动价格不断上升、竞价金额和往日相比大幅增加时，是股价强势的表现，意味着市场抛压有所减轻，抢筹的资金增多。

竞价挂单和打板本质上是在追求确定性。只不过打板是在上板的那一刹那，通过涨停来验证确定性。集合竞价追求确定性，但确定性是前置的，不需要在上板的那一刹那来确定。竞价挂单与传统的打板相比更加注重概率思维。在竞价阶段通过分仓批量挂单而不是单一订单的方式，增加成功获取筹码的概率，能够在一定程度上降低一次错误决策导致全盘皆输的风险。此外，竞价挂单提供了更为冷静和平稳的操作环境，有充足的时间去思考。打板也要结合板块预期、板块氛围等因素，但冲动打板容易考虑不周到。在集合竞价时，如果充分考虑了竞价金额、成交量、板块氛围、板块梯队等因素，成功率会提高。传统打板战法由于其高淘汰率和较高的集中度，往往伴随着较大的心理压力和操作风险。

二、分时拉升策略

1. 分时合力拉升

个股上涨潜力的核心在于资金对个股前景的态度，源于市场共同的认知和参与程度，而非单一力量的驱动。理解资金对个股的态度及其行为，核心在于理解合力。个股经历了一波拉升及转强后，我们可以通过分析其日内的分时形态来识别主力与散户的资金共同作用，以及对涨停和高度的预期。只有当多方资金表现出强烈的涨停共识和买入行动时，才能形成市场合力。个股一般会呈现拉升流畅、回踩有支撑、调整有止跌的现象，在各个关键点位都能找到足够多的资金跟进。

一方面，关注主力资金的快速拉升动作，这是合力凝聚的信号。观察分时图上的主动性资金买入迹象，即主力会在早盘时段主动入场扫货，多次快速拉升后的回调后不再干预股价走势，让股价自然回落，依然能够快速反弹并保持强势，表明其内部存在多方资金的支持。分时拉升过程明显具有主力意图，包括直线拉升或斜45度平稳拉升并伴随持续放量，且主力净额超过3000万元时，快速流畅的拉升作为短期异动的主要特征，容易吸引炒作资金。

另一方面，散户资金在阻力减弱时积极参与成交。散户介入的关键在于迅速解读分时快速拉升的原因，包括板块因素、分歧逻辑等。个股能在板块发酵、基本面利好以及良性换手等因素助力下维持强势，并且随着阻力减弱，散户会在关键的分时节点参与到交易中，推动股价形成缓慢推升的震荡走势，这是形成日内上涨合力的重要特征。如果在关键节点观察到强势的市场合力和封板资金的意愿，并具有首板溢价及连板预期，那么可以视为买入的好时机。

仅仅根据消息大小来判断市场表现是不够准确的，我们可以通过整体的分时形态来判断市场合力。市场合力形成的关键在于多方面因素的配合，要结合板块的整体预期和个股的基本面来判断市场合力持续进场的可能性，包括主力资金引导与市场认可。

市场合力容易出现在主升浪加速阶段的个股中。个股具有较高辨识度的人气股特征，开盘后并未在早盘直接启动，股价放量突破分时均线，拉升遇到压力后出现短暂分歧并缩量回落，围绕分时均线区间震荡约半小时。即使跌破分时均线也能承接并快速拉到均线上方。个股在六到八个点幅度横盘有助于清洗不坚定的筹码，清洗浮动筹码完毕后拉升的抛压将大大降低，后期封住的概率越大。个股从强势上涨再到横盘缩量，在上涨阶段的量能红柱比绿柱多，说明买方力量大于卖方。到了横盘阶段，成交量缩小出现有力承接，说明卖出筹码变小，分歧转一致后往往能弱转强封板。这是典型的主力控盘洗盘，承接强势等待洗盘完成后，主力会再次拉升涨停。

第一波拉升中并没有出现强烈的买点信号，出现了小幅高开并冲高回落。尽管有回调压力，但由于板块带动和个股人气效应，主力资金在观察市场强弱趋势后出现了第二波强势拉升，表明个股发生了资金层面的格局改变。主力介入的原因在于个股在板块内具备较强的辨识度，被视为资金优先选择的对象。

前一波可能是散户拉动的，也可能是套牢筹码对消息的兑现。但第二波的冲板出现了变化，表现出强大的资金实力，改变了以往的疲态，而且普通散户无法操作到快速拉升并放量。从解读资金行为的角度来判断，主力已经介入，判断标准是主力大额资金流入。消息再好、题材再有想象力，如果分时形态没有展现出主力资金流入，则证明此概念的认可度不高。

分时的合力拉升容易出现在流通市值超过 200 亿的个股中。大盘股由于体量的原因，需要分批次拉升，这给参与者提供了充分的介入机会，不会出现秒板或者顶一字等买不到的问题。大盘股往往在零轴附近或者大幅震荡后，展现出良好的承接表现。窄幅震荡状态有利于大盘股平稳上涨，减少了深度回调的风险，从而增加了上涨的有效性。此时一旦利好事件刺激发酵，个股在分时上表现出斜 45 度的震荡上升，主力资金的强大买入力度，吸引了多方资金共同推动，由原来的弱势震荡变为流畅拉升，揭示了主力资金对个股及其逻辑的认可。最终在 9% 附近整理后一把封住，形成了市场合力的行为。分时形态呈现出流畅的震荡拉升态势，没有出现强烈的直线拉升，具备较强的市场合力，这是主力与散户共同推动的结果。

流通值较大的个股选择分批次拉升，而不是一波涨停，暗示主力通过分阶段拉升测试市场反应。在拉升过程中出现几波放量，并在九个点附近经历小型箱体震荡，旨在逐步吸收筹码并测试其强度。只有在有重大利好或超预期表现的情况下，才会出现一波涨停。我们需要通过第一波拉升后的承接情况以及是否能保持高位强势震荡，来判断涨停的可能性以及主力的意图和实力。

我们的第一买点应放在第一波拉升后的回踩和调整转强时。当股价回踩分时均线时，个股第二波拉升的意图很明显，可以判定日内市场存在合力。这时会表现出高位的窄幅震荡或缓慢推升的小型震荡。放量阶段是主力的表现，缩量阶段则是散户的表现。如果两者配合得当，拉升更强，回踩有承接，会产生上涨的合力。当主力资金发力和维护导致的形态改变，包括拉升曲线上翘、流畅度提升以及持续放量的表现，可适时跟进，安全性和溢价率主要来源于资金合力。

只要能够维持强势或者高位强势震荡的形态，触发资金介入的标准，才会有封板资金愿意去完成临门一脚。个股的第二波或第三波拉升很可能出现涨停。在高位和板上的成交量会更大，交易者需要在市场合力形成后、封板资金出现前的节点买入。这个节点多数出现在价格笼子附近，即主力消失的空档期，此时散户资金会对个股的走势产生影响，这往往是第二买点。

在八九个点震荡临近涨停的阶段，散户资金持续买入或者选择等待主力。如果在八九个点没能保持强势状态，而是选择下跌或跌破均线，就失去打板的价值，因为没有市场合力，不会有封板资金。值得注意的是，个股在拉升过程中量能放大，在高位形成堆量震荡，说明多空分歧较大造成筹码松动，高位博弈振幅越大越激烈，不利于后续拉升。如果个股拉升经过震荡后，第二次快速拉升时不能封板，观望资金会趁机抛盘，表现为冲高回落。而高位长时间震荡再缓慢回落，说明多数空方抛售意愿不强，后续股价有望继续向上。

分批次的合力拉升对套牢盘起到重要的消化作用。个股昨日早盘直线拉升冲高回落产生较大的套牢盘形成潜在主力的抛压，前期套牢盘有先手优势选择兑现，那么当日上涨难以流畅，主力拉升相对会较谨慎。基于震荡推升和分批次上涨的特殊形态，好处在于其筹码分布较均匀，对昨日的套牢筹码有效消化，次日潜在的抛压不会太大，个股预期次日至少能够获得溢价。持续性和连板预期需要配合板块的发酵或个股预期的增强，必须保证主力的持续流入和市场合力的维持。需要持续观察主力是否会兑现，散户是否愿意接手，才能判断后续是否有更高的预期。

合力不仅仅是主力的引导，还需要获得市场的认可。无论是长期格局的机构、游资主力还是跟风的散户，需要认可板块利好、涨停逻辑和第一波上冲的预期态度，才能做出最后的疯狂追涨操作。因此，需要考虑个股拉升流畅和回踩支撑，这反映资金对个股的态度，即涨停的共识。对于概念板块发酵，股性活跃的个股连续快速拉升，主力入场后的放量表明有大量的短线资金迅速跟进，从而推动了分时合力的形成。

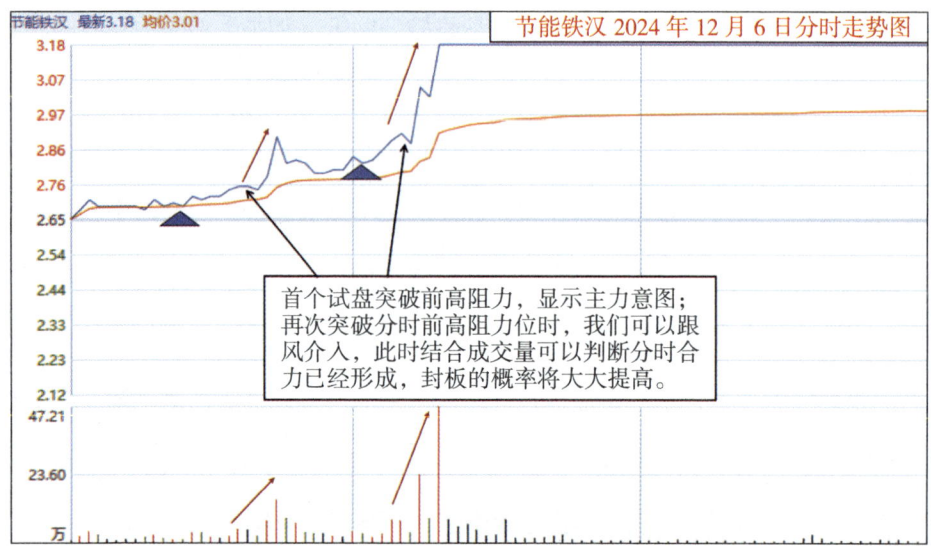

图3-3　2024年12月6日节能铁汉放量拉升的表现

如图所示：节能铁汉开盘后呈现稳定上涨趋势，随后突然放量攻击，显示出主力的进攻意图。在适当的缩量调整后，突破前期高点的分时阻力位，此时第一波上攻已引起市场关注，经过适当调整后进一步的上攻获得了跟风散户资金的支持，形成了市场合力。当再次突破分时前高阻力位时，我们可以跟风介入，此时可以判断分时合力已经形成，封板的概率将大大提高。结合当日板块热点，将进一步验证分时合力对板块热点的一致性解读，放量推动涨停的可能性较高。

2. 分时箱体战法

短线资金经常参与的标的经常出现放量直线拉升的情况，原因有两个：一方面，个股配合概念板块出现发酵，通过龙头的超预期连续涨停，导致了当天上涨预期较强，出现直线上冲；另一方面，股性活跃的个股只要有游资点火，短线资金容易跟风参与，板块出现放量导致快速上涨。但这还不足以达到涨停和封板的强度，我们需要等待高位分时箱体来考验整体的封板意愿和封板强度。

个股维持在八个点以上震荡整理形成分时箱体，展示主力不愿让股价跌破的决心，可以考验抛压程度，表明其较强的封板意愿。分时箱体的持续震荡是因为资金在等待上涨机会，个股选择拒绝下跌并维持成交活跃，显示参与资金意图为持续持有个股，不应恐慌卖出。震荡形成的分时箱体有助于清理套牢、获利及松动筹码，显示出主力的实力。主力在高位维持相对放量，体现在维持震荡而不破，显示强大的承接力量。而且通过多次回踩分时箱体来确认突破的有效性，提供了多个较好的介入时机。综合考虑板块带动、主力游资炒作以及短线情绪等因素，密切关注资金合力的变化以判断是否存在进一步超预期的可能性。

大多数散户希望个股有更高的安全性，热衷于跟随震荡和分阶段突破的方式，而且在拉升过程中能够有足够的换手。个股长期下跌或震荡导致短线资金介入程度低，使得在关键价格点位如八个点以上时，面临的兑现压力较小。此外，在八个点附近没有立即涨停，这意味着给了交易者足够的时间来考虑，不容易出现冲动性交易。选择维持在八个点震荡，表明了主力的态度，如果不想封板，是不可能维持分时箱体震荡的。因此，高位分时箱体震荡展现了主力想要封板的意愿。

当个股短期内没有大量获利盘急于兑现时，可能出现涨停的信号。资金成分复杂的个股意图直线拉到涨停，因其活跃度较高且可能存在获利兑现的需要，部分先手资金可能会选择在冲高时集中兑现，导致短暂涨停后回落震荡。第一次拉升调整后形成分时箱体。如果在分时箱体内保持上攻的势头并且持续放量，说明资金跃跃欲试，具有涨停的预期。

值得注意的是，持续放量震荡的个股出现波动率放大时，需要维持站稳箱体形态不破位，同时要保持持续活跃的状态。若突然在关键节点跌破箱体，则可能导致交易者产生恐慌情绪并选择卖出个股。

个股在经历第一波拉升后可能出现冲高回落，但如果能在八个点处形成锯齿状的分时箱体，并成功企稳在均线上方，预示后续有较大概率突破箱体实现涨停。一旦突破便可直线拉升至涨停，因为只有在箱体位置进行震荡和尝试突破，才能在空间上更接近涨停，使突破效果最大化。而且该位置恰好最接近涨停的价格笼子，同时也是分歧转一致的共振区域。如果在五六个点震荡突破，距离涨停位置还较远，不太可能成功。但在八个点附近的分时箱体突破，并形成共振突破多个前高，较容易达到涨停的目标。

八个点的分时箱体震荡条件可能对流通市值过小的个股不适用。虽然流通市值较小有利于封住部分跟风资金，但可能受到主力更大的影响，不符合充分调整的形态。小盘股的直线拉涨停也是强势表现，可能是主力快速行动以减少兑现反应时间。然而，这同时也暗示主力可能没有足够的实力支撑持续的大规模买入。

个股在操作时需同时考虑左侧判断与右侧确认。个股出现了相对放量的分时箱体，说明有左侧交易的资金不断介入。左侧判断需分析个股是否能成功突破八个点的震荡区间，并以直线拉升的形式逼近涨停。如果至少有三个跟风个股直线拉升集体冲板，可能是右侧确认的买点。但右侧确认向下转向，资金可能会兑现。因此，个股早盘冲高回落可以解读为左侧交易资金离场，获利兑现的离场。而右侧确认则需及时捕捉到分时图上的大单买入信号，即一旦出现几万手的大买单，即可果断跟进以确保在涨停或秒板前成功介入。通过左侧技术形态，如启动过程出现直线拉升，围绕分时箱体持续震荡展开，结合右侧的大单买入信号，找到有效的介入点。

分时箱体震荡时间不能超过半个小时，震荡时间越短越好，代表分歧越小，对上涨越有利，否则人气会涣散。但客观上，盘中震荡时间无法由自身决定，受市场情绪和发酵强度等因素影响。首先，在判断是否跟进时，应依据板块整体发酵情况，需注意是否有足够的主力资金流入进行充分的换手。

其次，震荡时间与个股的体量有关，盘子越小，震荡时间越短；盘子越大，需要换筹的筹码越多，震荡时间越长。既然主力选择在高位箱体震荡，就必须将松动筹码换走才会做封板动作。小盘股最好稍微等待一段时间后再买入，大盘股则应等待更长时间后再买入。五分钟到十分钟的震荡，会给松动的筹码提供离场的机会。等待的时间超过十分钟，可能会错过机会，个股此时早已涨停。此外，经过这段时间的整理，我们可以确定主力的决心。因此，最佳的买入时机应在十分钟以内，以减少等待风险并保持人气。个股震荡时间过长可能导致短期行情节奏改变，此时我们不能仓促打板，除非板块核心个股强势推动。从交易角度看，交易者需注意市场热点变化及板块动态，优先选择震荡时间短、板块发酵强的个股。

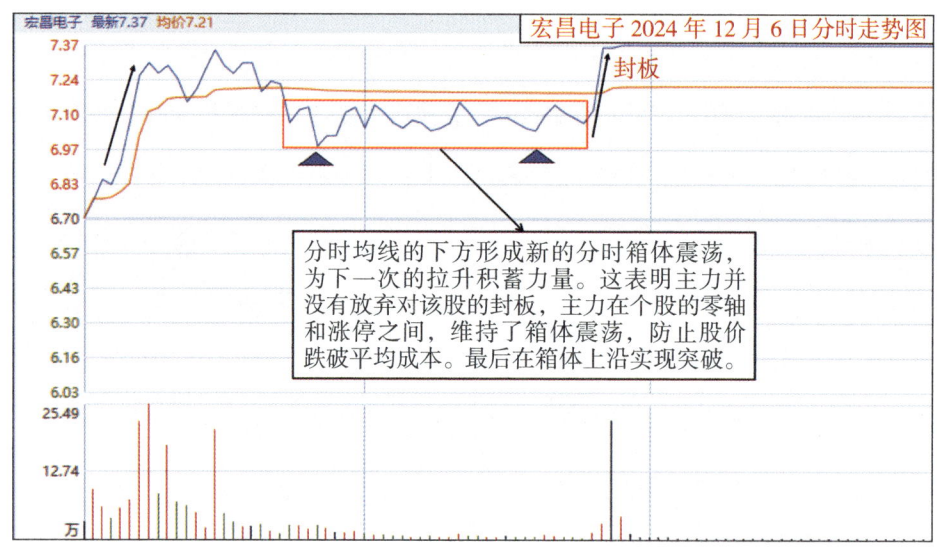

图 3-4　2024 年 12 月 6 日宏昌电子的箱体震荡

如图所示：宏昌电子在开盘后，股价从零轴线迅速攀升，前两次接近涨停板，但均未能成功突破。随后，股价跌破了分时均价线（橙线），并形成了箱体震荡形态。在分时均价线下方，经过 1 个小时的分时箱体震荡，主力资金突然介入推动股价直线飙升并封板。具体来说，该股开盘后即出现两次冲板，显示出主力封板的决心。然而，由于遭遇套牢盘和获利盘的兑现，出现了跌破分时均线的不及预期表现。值得注意的是，该股非但没有继续走弱，反而在分时均线的下方形成新的分时箱体震荡，为下一次的拉升积蓄力量。这表明主力并没有放弃对该股的封板，主力在个股的零轴和涨停之间维持了震荡，防止股价跌破平均成本。最后，在放量带动下，该股突破分时箱体和分时均线，改变震荡状态实现涨停。提示：在箱体上沿可以跟随介入进行打板操作。

3. 分时挖坑战法

由于个股抛压盘居多导致拉得太快而来不及出货,出现摸板后挖坑的现象。分时挖坑表现为个股在较短的时间内经历急速下跌,且幅度较大。下跌的幅度应至少达到三个点,且形状呈现直线形下坠,而非斜向下降形成的碗状,更容易判断为多方力量衰竭。挖坑直线下砸往往是大资金在出逃,个别的小单是不可能出现极端情况的。突然的大卖单砸盘,其幅度不宜超过五个点,需要避免长时间跌破分时均线,否则可能会伤人气。个股不会无限下跌,会有止跌的过程。挖坑结束后会出现一段平坦的震荡期,当板块同步出现止跌时,在半个小时以内会有强烈的拉升以填补此前的坑洞。强势反弹促使股价迅速修复,补坑高度基本等于下跌的幅度。补坑最好直线上攻,即主力表现出快速回封的决心。

分时挖坑战法的关键特征包括深幅、垂直的下跌,随后的平底震荡以及最终的强势反弹涨停。股价快速下跌后形成长时间的横向震荡和后续的放量上涨,旨在兑现获利资金并测试市场承接压力,暗示了主力资金的干预和护盘行为。分时走势中,如果出现快速下杀形态,可能是资金出逃的导火索,但挖坑形态说明主力有快速修复的决心,并预示着次日可能出现较好的溢价和主力继续上攻的可能性。

从本质上来说,分时挖坑是炸板回封的表现形式。与普通的炸板有所区别的是,分时挖坑的幅度较大,宽度也较宽,体现出主力交换筹码的意图,即卖方和买方的交换。当分时挖坑形态出现时,适合进行打回封板。但如果首板出现挖坑形态,则可能是潜伏的资金撤退,此时打板要更加慎重。

当分时挖坑出现底部震荡时,坑底最好越平越好,至少维持震荡,意味着主力要维持股价不破位,最好是沿着分时均线震荡。如果底部不平且深度较大,则难以准确判断介入点。判断分时筑底是否有效主要基于两点要素。

首先，筑底时间的长短至关重要。股价快速修复高开缺口显示了良好的市场情绪和资金活跃度。挖坑完成后，主力能够在半小时内迅速回升，这反映了短时间内空方力量的消退以及多方积极入场。筑底时间太长且出现持续放量，主力资金可能提前被消耗完，导致封板资金不足。若超过半小时内无法成功回封，表明分歧较大且缺乏资金支持，短期内难有较好的反弹预期。如果震荡时间适中，可以提前填单，当出现快速拉升时立即买入。

其次，在快速下跌一波后，维持震荡。一方面是为了兑现获利的资金离场，伴随着充分的换手形成平底形态，表明主力维护底部且市场筹码交换较为平稳；另一方面，可以让主力进行休息，在市场自然承接的情况下，如果能够保持震荡，即使没有主力护盘也能维持高位的承接，那么会获得主力和散户的认可。因此，在缩量震荡后，可能会出现主力二次进场快速修复的情况。

在筑底阶段，应观察成交量以观察主力资金充沛程度及其对未来封板的信心。挖坑筑底的成交量必须适当换手，不能在成交量太低的情况下买入。筑底的过程中成交量相对较小，意味着主力并没有出逃。但成交量太低可能意味着部分松动筹码还未卖出，存在砸盘的风险。所以成交量要适中，但也不能太大，否则次日无法接盘。主力资金需要通过大单来实现，如果挖坑后主力净额仍然超过3000万元，表明多方比空方更强大。虽经历了长时间的炸板，但由于未出现过度放量且底部成交量可控，显示主力尚有足够的资金储备进行后续封板操作，具备买入价值。

炸板后筑底呈现出剧烈的震荡状态，表明其中有资金在争夺主导权，而非简单的平缓震荡。通过观察炸板和上涨过程中的成交额对比来判断筹码流动情况，并结合筑底过程中成交量的变化来推测后期拉升时抛压是否会减小。如果筑底的过程中出现筹码剧烈交换——每分钟成交量达到 500 万元以上，在十分钟内的筑底阶段总成交量超过 5000 万元，如此大规模的量能释放表明市场筹码交换极其激烈，结果有两种情况：一是主力加仓，迅速回封补坑；二是主力资金逃跑导致下跌。这涉及个股的筹码是否干净以及主力是否潜伏其中。

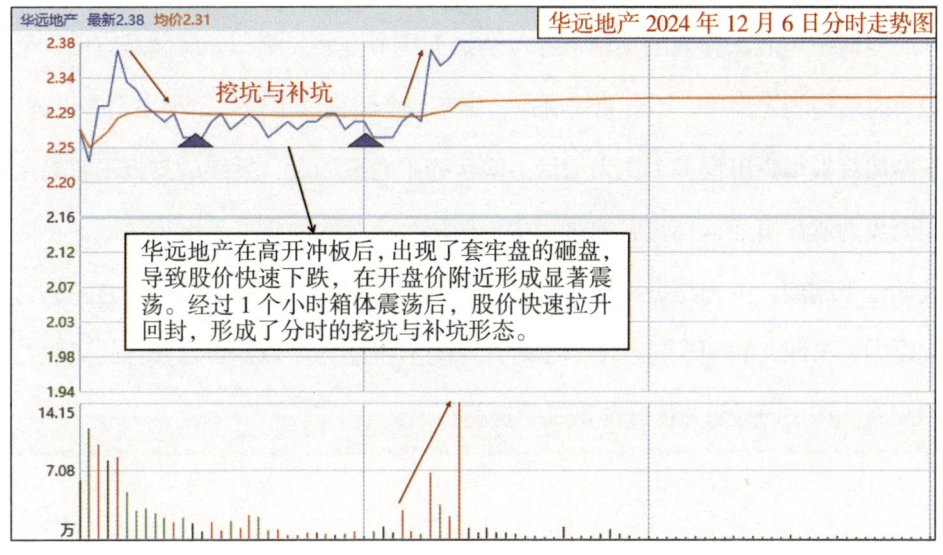

图 3-5　2024 年 12 月 6 日华远地产的挖坑与补坑形态

如图所示：华远地产在高开冲板后，出现了套牢盘的砸盘，导致股价快速下跌，在开盘价附近形成显著震荡。经过 1 个小时震荡后，股价快速拉升回封，形成了分时的挖坑与补坑形态。分时挖坑主要原因在于遭遇强大的砸盘力量以及主力没有第一时间加以维护。在开盘位置即主力的成本价附近，主力才出手维护形成了底部震荡。经过把套牢筹码以及获利筹码的充分替换，在抛压较轻的情况下，主力一把拉升意图封板。如果在拉升过程中遭遇进一步的大幅抛压，主力有可能放弃封板行为。如果在封板前只遭遇少部分抛压，主力会继续完成封板动作。所以在补坑的阶段一定是快速直线拉升，没有遭遇过多的砸盘力量时才能有效介入。

连续上涨的个股筑底过程出现激烈的交锋后，如果主力可能会承受不住压力而离开，会导致个股直接下跌。但个股的首板筹码较干净，这意味着在坑底出现了激烈的换手率，可能是由散户引起的。半个小时的过程中，如果没有出现主力进一步砸盘，可能是主力在第一波时已经离开了。所以会出现空方力量的衰竭而缩量，说明卖方人数减少，个股会迅速上涨。

分时挖坑战法有效的实施条件包括如下几个方面：第一，尽量是首板，个股筹码结构较为简单，不容易被砸盘；第二，个股直线下砸，出现主力的出逃。干净的首板很少出现多个主力潜伏，潜伏的主力离场后，后续的封板不容易出现砸盘力量；第三，在筑底的过程中，伴随着充分的放量换手形成平底，不能波动过于剧烈。主力维护底部已经没有太大的力量砸盘，甚至没有空方主力再次发力；第四，时间不超过半个小时，空间不超过 5 个点。符合条件的可以左侧交易，在个股经过 20 分钟筑底后提前买入。

第四章 炸板量能筹码

一、炸板的基本概念

1. 炸板的时机和时间

炸板的类型包括跟风被动炸板、摸板炸板、横向震荡炸板、大分歧炸板、天地板等。个股涨停后日内是否会炸板是无法预料的,影响因素包括短线情绪、大盘指数的表现、板块指数的表现以及同概念个股的影响等。大部分的炸板源自三种可能性:一是炒作概念被证伪导致的资金撤离;二是纯粹的技术面获利兑现;三是被板块带动或者大盘跳水等市场因素拖累。

个股炸板的时机对市场情绪有重要影响。早盘涨停的个股一般不大容易炸板,一方面是因为开盘期间抛售意愿较强,主力通过快速拉升提前消耗了一部分抛压;另一方面,即使有板上兑现的压力,但由于午盘的交易时间较短及市场交投活跃度较低,主力资金充足可以有效消化部分压力。个股在早盘涨停,还能规避板块竞争带来的潜在风险,增加成功排板的可能性。

如果个股在上午炸板,越快越好,越短越好。因为十点前的资金活跃度最高,早盘炸板有利于快速回封。如果最佳时间节点没有得到适当的修复,说明资金的主动性不够,或者炸板时间太长了,主力不愿意再继续操作了。因此,个股在早盘十点前炸板,尽量在关键的半个小时内完成修复回封。

午盘炸板的节点不太好，因为持筹者担心次日面临板块分歧、龙头分歧以及获利盘、套牢盘双重打击，可能迎来低开而选择提前兑现。若能扛住分歧反包，个股才有机会改变地位。午盘炸板有以下几种情况，包括股性沉闷、地位处于后排、早盘表现弱势、主力资金出逃以及尾盘抢跑等现象，表明散户介入程度不高，尚未进入情绪博弈阶段。多数午盘炸板存在跟风的嫌疑。若个股具备较强的主动性和带动性，其涨停时间应更早，且涨停形态应更为流畅。缺乏板块带动和个股炒作的主动性主要原因在于龙头对市场情绪产生了显著影响，后排的情绪个股属于跟风性质。

资金在尾盘提前抢跑导致的炸板，表明早盘拉升未能充分消化获利抛压，而是在封板后持续出现漏单兑现。强势股尾盘出逃会导致股价快速下跌，缺乏护盘资金。尾盘出逃虽常被视为负面信号，若能完成超预期修复，可能意味着股价走势将有反转可能，但最终确认见顶形态需观察主力是否持续护盘。尾盘资金出逃对于连板股而言，是严重的负反馈现象，会引发持续恐慌，增强下跌力量。次日个股若能高开，主力资金承接了大部分筹码，导致股价迅速加速上涨，则并非结束信号，反而可能形成超预期的强势表现，具备较强买入价值，为高位买点提供了机会。

炸板时间是衡量个股涨势持续性的关键指标之一。炸板的时间长短是由主力决定的。炸板时间不宜过长，应控制在半个小时以内，以免伤害人气。一旦超过30分钟，主力会力不从心，代表着分歧较大，次日的预期有所降低。即使能够回封，次日也没有太大的溢价空间。炸板时间过长、成交量大及幅度过深，表明存在较大的分歧，需要时间来消化高位筹码。但如果是板块中的核心个股炸板后长时间震荡，最终能够完成回封修复并维持板上强势，说明持筹者对概念仍有相当程度的认可和支持。在理想情况下，炸板应在15分钟内完成回封，而且完成充分的换手以减少分歧，避免多次炸板带来的信心流失和成交量过大压力。

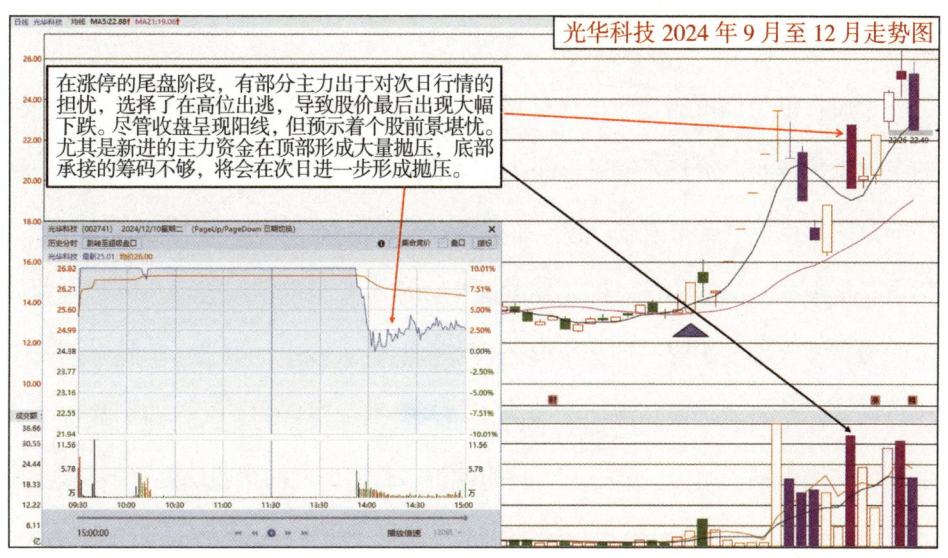

图 4-1　2024 年 12 月 10 日光华科技的尾盘炸板

如图所示：光华科技经历了一轮一字形上涨后，出现了深度调整。之后，该股迅速展开第二轮上涨，突破了第一轮的高点，形成了强势放量的上涨形态，但午盘遭遇了突如其来的打压。主力资金的获利出逃表明在股价上涨过程中资金流动复杂，不仅仅是一个主力在操作。一方面，个别主力通过强力买入封板；另一方面，在尾盘阶段，有部分主力出于对次日行情的担忧，选择了在尾盘阶段出逃，导致股价最后出现大幅下跌。尽管收盘呈现阳线，但预示着个股前景堪忧。尤其是新进的主力资金在顶部形成大量抛压，以及在底部承接的筹码，将会在次日进一步形成抛压力量。因此，炸板通常预示着次日大幅下跌，甚至是跌停。对于炸板时间点靠后，尤其是尾盘炸板的个股，表明其出现较大的分歧，而且选择尾盘逃跑是对次日走势的极度不认可。尾盘炸板回封难度较大，可以选择跟随离场。

2. 炸板的位置

炸板的位置有两种，低位炸板和高位炸板，两者蕴含的意义和应对的交易策略区别较大。

个股在低位炸板后是否应继续持有，取决于以下因素。第一，必须有明确的主力维护信号。价格不能跌破主力成本线，主力成本线有三个关键点位：涨停的大阳起点、中点和顶点。起点是主力守护的底线，中点是主力的平均成本，顶点是板上成交的密集区。即不能跌破主力成本并出现持续放量。只要主力成本线没有被大幅度击穿，那么个股还有资金愿意去炒作。第二，个股必须属于热点板块。个股能否重新涨停，取决于是否有短线资金的介入，而短线资金必须与板块热点紧密结合。第三，个股的地位。有辨识度的个股确定了板块地位，才具备重新上涨的条件。第四，板块预期。如果个股没有板块支持，且形态破位，即使有所企稳，也是强弩之末。

当满足以上条件时，可以判断个股出现低位炸板后可能并未立即上涨，而是经过一到三天的调整后，形成箱体震荡和长上影线，再选择上攻。因为低位炸板会伴随着放量，导致大量套牢筹码，筹码可能需要两到三天才能消化。低位放量炸板后，预期次日会在开盘阶段出现调整，是正常的负反馈表现。但次日的表现出现了拉升，这意味着个股仍然有炒作的空间，资金愿意参与，出现了超预期的形态，属于良性调整。但调整幅度不能太大，否则会伤害人气。而大低开和接近跌停的负反馈实际上是资金出逃的现象。如果低位放量调整失败，会出现连续下跌。次日个股高开意味着主力正在抢筹，可以确认上涨。如果出现堆量明显不同于此前形态且没有缩量，更关键。

高位炸板反映出资金对次日走势不乐观，导致获利盘的不确定性增加，可能引发资金出逃和大盘下跌。大量高位获利筹码被置换出来，意味着顶部的筹码成本极高，低开则意味着散户及主力失去信心，不愿意接手。因此，高位炸板后，个股次日必须高开延续强势，才能吸引散户情绪高位接盘，否则容易导致套牢和信心缺失，不愿意接盘套牢筹码，进一步加剧风险。

高位炸板修复的难度较大，持有高位筹码的风险偏好者在此位置更容易发生抢跑行为。虽然个股高位炸板回封在短期内提供了超预期的机会，但同时也表明了市场的不一致和高位换手，暗示散户进场和见顶的危险。因为个股高位炸板后，炸板回封的获利筹码不多，担心低开导致散户不接盘，主力兑现冲动增强。当高位炸板后出现十字星、锯齿状上升等形态，往往是主力与散户的互动，对合力的形成有较大帮助。在市场合力形成后，只要主力未大规模撤离且散户进场，高位反包的合力板可以视为较稳妥的买入机会。

尽管如此，妖股高位炸板仍有可能回封，原因在于其拥有较高的市场热度，部分资金敢于承接高位抛售。如果炸板后的主力并未全面退出市场，而是选择直线拉升来挽回局面，这也为随后的反弹提供了可能，表现为短期的超预期机会和资金持续参与的表现。如果次日依然低开高走并伴有主力拉升动作，意味着个股尚未触及顶部，主力仍在积极入场自救或维护股价。

高位炸板与高位加速在高位阶段经常伴随出现，可能是见顶的标志。个股出现高位加速导致筹码获利空间大，主力有兑现冲动。如果个股在顶部出现加速，且缺乏足够的市场合力支持，可能会导致炸板现象，这不仅损伤人气也预示着个股可能面临调整。个股高位炸板后，次日在竞价阶段出现资金抢跑，尤其是风险偏好高的短线资金选择在高位出局，这表明市场风险较大。因为主力在高位阶段已经有所撤离，大部分筹码掌握在情绪资金手中，而风险偏好资金的抢跑加剧了风险，导致低开后难以吸引接盘资金，从而结束妖股的行情。

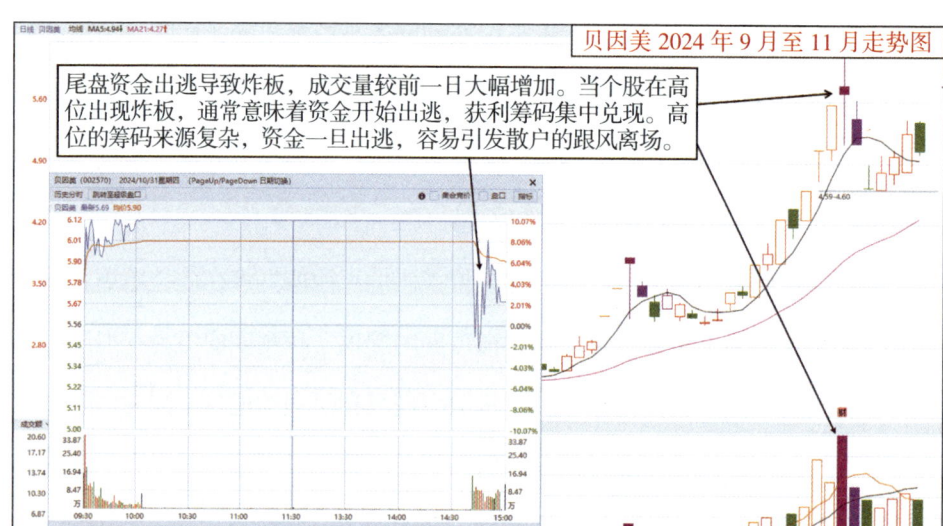

图 4-2 2024 年 10 月 31 日贝因美的尾盘炸板

如图所示：贝因美在经过连续两波上涨后，出现了主升浪行情。在高位涨停的次日，股价继续冲击涨停，但尾盘出现资金出逃导致炸板，成交量较前一日大幅增加。当个股在高位出现炸板，通常意味着资金开始出逃，获利筹码集中兑现。高位的筹码来源复杂，资金一旦出逃，容易引发散户的跟风离场。次日的预期通常是低开收阴甚至跌停；若能高开超过预期，则有可能实现反包，但难度较大，除非该股是具有辨识度的核心龙头，有资金愿意在高位参与冒险。对于一般的高标个股，一旦出现高位炸板，可以选择跟随离场，不宜久留。

3. 炸板摸板

摸板反映了市场空方力量较强及主力急于出逃的心态。该形态出现的原因是个股触及前期高点附近或者逻辑不明，大量套牢盘以及潜伏筹码兑现后引发连续下跌，其中主力被困数日急需撤离的情况最为常见。

空方在板上挂单卖出的行为表明主力预测到将要封板但仍选择在板上卖出，反映了对次日溢价缺乏信心，甚至担忧炸板。个股持续拉升的过程中，如果观察到大资金在涨停瞬间挂单卖出，这表明空方对未来涨幅缺乏信心。从多方角度看，如果未能在短时间内重新封板，反映出多方资金准备不足，且对于空方狙击措施未做好充分准备，对市场的响应不够迅速。

个股直线拉升引发的摸板和炸板回落，源于涨停前未能充分换手导致突发调整，并面临炸板后资金换手压力。所以炸板并不能完全被视为坏的信号，个股良性换手后更有利于次日的拉升。炸板后主力并未进行过多干预，而是任由市场自行消化并再次测试压力，并未表现出单边下跌或无承接，反而维持在均线上方震荡换手相对平稳，说明资金在积极换手。当市场对消息重新认知后，会有再次冲击涨停的强势表现。这种超预期的涨停表明个股具备连板气质。

个股摸板后封板失败，说明存在压力兑现的需求。正常情况下，主力在个股触及涨停时应加大攻击力度以稳固封板，但摸板显示市场和资金对涨停的真实性和可持续性持怀疑态度，暗示个股存在强大的高压和兑现风险。摸板后炸板说明抢筹的资金并不够雄厚，市场可能存在情绪跟风和资金硬顶。因此，摸板风险源于对前期拉升行情持怀疑态度，不确定能否坚决完成封板，给短期带来不确定性，增加资金疑虑。从打首板的角度来说，摸板被定性为不好的信号。

摸板回封的参与价值需考虑主力做多决心、资金实力、筹码结构及概念逻辑等因素。若主力资金决心很大，并具备较强实力，摸板再回封能保障较好的溢价，甚至连板。尽管面临左侧交易资金兑现压力，但主力凭借板块利好及短线情绪成功回封，并有能力打造出一波短期套利行情，交易者应跟随主力意图积极布局。

摸板炸板表明主力拉升力度较大，但也说明个股中有松动筹码急于兑现，存在较强的抛压。我们需要分析个股炸板后分时形态的特点，以进一步确定是否应介入或继续等待。首先，炸板形成的震荡比较激烈，形成了锯齿状的震荡，但并没有形成平缓的震荡。其次，摸板炸板前后三分钟成交量显著放大，随后成交量持续缩减，可初步判断空方力量已大幅减弱，抛压逐渐减少。此时可以考虑提前介入并在个股突破前高时果断买入。

摸板被砸开的幅度不能太大，以免伤害市场人气。炸板幅度较小，没有形成长时间的横向的震荡，可能快速地回封。而且摸板后回落到八个点有支撑，不能够判断上涨结束，仍然保留着回封的可能性。这将为摸板后的回封提供指引信号。在八个点左右秒板的现象往往与最大空方力量提前撤离有关，这减少了后续封板的压力。这种情况下，摸板后炸板时提前介入是明智之举，否则可能会秒封。

摸板后能否打板的关键在于判断其分时拉升的力量和整体日内拉升的节奏是否为最后一波。个股第二波冲高摸板后，连续震荡维持在八个点附近的缩量震荡。第二波上涨并不是最后一波，还有可能有第三波上涨最后封板。如果第二波上涨是摸板的最后一涨，那么板上被狙击后续不会再出现新的力量，上攻无望不再具备封板的意图。

个股摸板后回落，已经不太好参与回封，可能存在主力资金实力不足等问题，从而导致封板失败和次日低开的风险。因此，我们需要分析是否出现超预期的情况。如果板块强度和短线情绪导致摸板后依然有资金进场、依然有主力做多，那么可以对冲摸板的不利影响。摸板的个股并不是不能操作，而是需要结合其实际筹码结构、概念逻辑以及主力资金的动作来进行判断。左侧介入摸板的标的，需要考虑主力净额和占比。只要主力净额超过5000万元，即存在较高的回封概率。个股虽然被散户看空，但左侧埋伏的资金却在等待机会，主力仍然想借此难得的机会来创造一波短期套利行情。结合板块以及个股利好预期，个股获得主力资金的认可，是主力意图和资金实力的体现，我们应跟随主力的意图和方向，做多或者持有个股，而不是被资金的兑现所迷惑。

摸板弊端在于回封失败可能导致资金流失，降低强势股地位，并可能引发次日低开或持续下跌。但摸板并非只有不利因素，也有一定的好处。

一是可以判断主力进攻意愿及力量。斜45度拉升表明主力有明确意图上攻，而摸板的存在则能确认并非散户所为，从而有效地识别主力操控迹象。

二是摸板揭示了个股市场认可度以及整体合力与预期的关系。摸板提供的提前信号侧重于考验个股的市场认可度、市场整体的合力和预期。如果摸板后成功封板，这表明市场整体预期较好，不是资金硬顶或某个主力所能决定的。这意味着将面临更多的考验，能更好地保证溢价。

三是摸板后成功封板，比直接封板的逻辑更经得起考验，当天存在涨停的可能性和次日溢价的可能性。摸板提前传递信号，告诉交易者个股即将涨停，但还未完全涨停，并给予交易者充分的反应和考虑时间，让市场上的短线资金理性思考个股能否成功封板以及次日的溢价，而且回封后的溢价率可能会比直接封板更高。能够成功回封，表明经历了日内的考验并完成了任务，次日的溢价会更好，确定性也会更高。如果回封失败，会加大负反馈。比如冲高回落导致资金离场，脱离强势股的范畴，次日可能会低开甚至持续下跌。

四是清除松动筹码。个股首板涨停前的松动筹码占比较高，筹码的来源一部分是前几天的获利筹码，另一部分是前高时被套牢的筹码。摸板炸板意味着出现了大量套牢筹码的离场，个股后面的压力会大大减少。直线拉升摸板后出现了炸板，说明个股有松动的筹码，而且急于兑现。主力拉升意愿比较强，拉升实力比较大，可以将松动的筹码进行兑换。松动的筹码是最大的隐患，个股封板后能够被砸开大坑，这说明个股中存在大量的空头。如果空头力量不离开，可能会在封板后成为潜在的炸弹。但摸板出现后空头已经提前离开，后面的封板过程会更容易。

从空方的角度来考虑，摸板的负面影响主要原因是资金不愿意在板上等候，体现了空方的力量和迫切的兑现需求，是抢跑的表现。摸板到达了前高的位置，意味着前面有大量的套牢盘，一部分主力已经被套需要尽快离场。摸板后空方可能有两种情况，一是潜伏资金故意在板上停留；另一种是个股拉升过快，到个股涨停前，筹码还没有决定是否卖出，会选择在涨停板上卖出。当个股持续上涨时，空方可能会选择对冲。但是，在涨停板上被狙击表明空方是大资金挂单。如果小资金在板上挂单，会被多方主力消化并顺利封板，而且空方并不在拉升过程中卖出，表明空方资金预料到了封板，才会选择在板上卖出筹码。空方对拉升的力量有所认知，但仍然决定在涨停的瞬间卖出。只能说明其对次日的溢价没有信心，否则完全可以在板上封住后再卖出。

从多方的角度来看，既然已经封住了涨停，但资金却不足以支撑，这是不合理的，如果封一段时间后再砸开，时间较短，说明多方准备的资金不足。当摸板后被砸开时，并没有立即进行回封，表明多方在面对空方的狙击时，并没有做好充分的准备。

从以上两个角度来看，首先，摸板的个股质量是有瑕疵的，打回封板有风险。风险在于不知道空方的力量有多大，因为一旦砸开，无法确定是否还有抛压在板上。其次，摸板后回落不超过三个点的跌幅，一般不会伤及人气。第三，松动筹码需充分离场，且炸板过程伴随放量。第四，回封时最好经过两波或多波拉升，而非秒板回封，有助于逐步清除不坚定的筹码。对于大盘股和小盘股而言，摸板回封的可能性也不同。大盘股更容易实现回封，而小盘股则需谨慎处理。最保守的操作法是观察摸板后的表现再做决定。策略是让个股自由回落，等到更多的松动筹码完成承接后，再选择回封。摸板成功回封后可以考虑继续排板。如果摸板后持续在板上震荡，则需要谨慎观察。

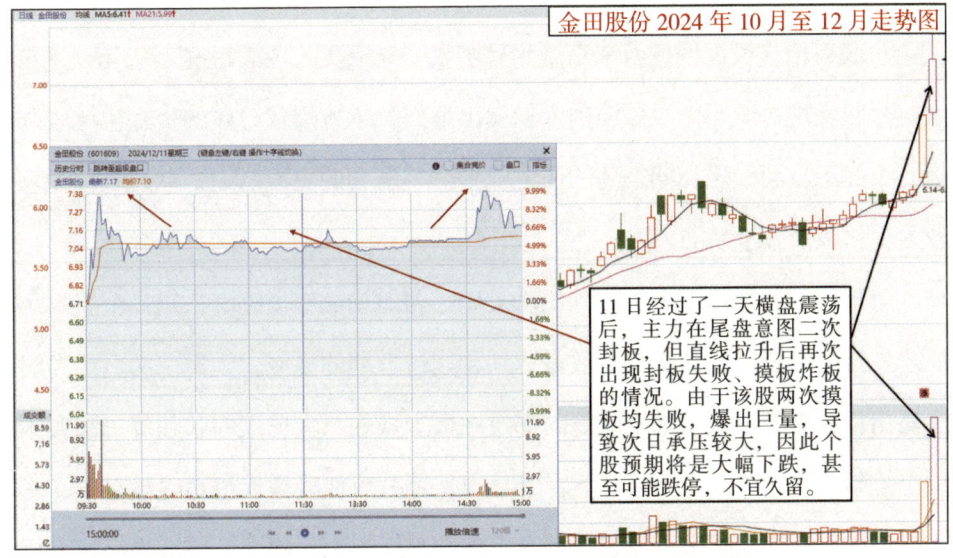

图 4-3　2024 年 12 月 11 日金田股份两次摸板

如图所示：金田股份在经历长时间的横盘整理后，12月10日出现了涨停突破。11日开盘，股价继续直线上攻，但触及涨停板后出现了大量的卖盘，形成了摸板形态。摸板形成后的回落幅度超过了5个点，幅度较大。在经过一天的横盘震荡后，尾盘时主力意图二次封板，但最终直线拉升后再次出现封板失败、摸板炸板的情况。由于该股二次摸板均封板失败，导致爆出巨量，次日承接压力较大，因此个股预期将是大幅下跌，甚至可能跌停。在个股晋级到二板的关键时刻，由于竞争激烈，非核心龙头或非前排个股往往难以突破。在这一阶段，首板的获利资金倾向于次日兑现。如果观察到个股两次尝试晋级二板均以失败告终，那么它进一步封板的难度将会增大。在这种情况下，投资者应当果断离场而不是继续追高买入。

二、炸板量能策略

1. 首板炸板量能

个股首板炸板过程中若成交量明显增大，炸板买入金额超过1亿元，是较大的分歧表现，说明个股短期内大量卖出筹码，承接爆量分歧的资金也比较强势。个股上攻遇到了长期震荡的压力或者套牢解套的兑现压力，存在高位抛压较大、封板资金不足的风险。

首板炸板后爆量有助于去除松动筹码，若逻辑被市场逐渐认知，个股有可能产生持续推升。但首板炸板放量达到和超过近期的高度，则需在次日冲高时逢高出货。因为炸板大部分的筹码都是在板上换的，大量涨停获利筹码都属于板上筹码，次日兑现压力会较大。一旦次日低开可能导致大量筹码被套牢，影响股价表现。如果买入资金选择锁仓，可能持续上涨。因此，首板炸板成交量过大需要后续几天逐步消化高位获利筹码，不会立即形成持续上涨趋势。该股次日可能不会大跌，但至少会出现阴线。只有消化了首板的炸板筹码后，股价才能上攻。

个股炸板当天没有爆量，而是平量，次日的资金压力可能会减轻。首板炸板未出现显著放量，这意味着封板所需资金压力较小，有助于个股更快恢复上升势头。观察次日开盘量是否放大再做打算，如果成交量继续放大，涨停的可能性较大，此时应继续持有。

首板炸板的个股能否强势，关键是次日能否延续其强势，包括高开或秒板，可视为市场分歧被迅速解决的强势信号，这显示出市场的乐观情绪和对个股未来走势的看好。这取决于个股是否已确立其市场地位，有足够的资金支持来维持强势。经过首板炸板的强势换手后，需要把握主力资金是否持续流入。若个股能保持一字板形态，则强势换手现象是看好个股前景的重要信号，应及时买入。

首板炸板常常是主力大资金出逃的表现。面对炸板分歧，个股即便表现出强势，也面临主力资金介入与否的疑问。通过对炸板时间和成交量的分析，可以判断抛压的程度和主力意图。交易者买入时应关注主力动向和适量换手，选择合适的时机下单。

一是首板炸板时间不能太久，超过半个小时会伤害人气，引起观望资金出逃，不利于次日的表现。个股封板的确定性取决于前期的资金态度。如果首板出现反复炸板，说明持有松散筹码的资金会借助涨停或大涨兑现筹码。

二要注意炸板瞬间的成交量，以及一分钟、两分钟、三分钟内的总成交量，以此来估计主力出逃的数量。通过计算炸板成交量占此前涨停成交量比例，可以进一步理解抛售力度是否减弱。个股炸板后的成交量逐渐缩小，尤其是最后五分钟明显减少，意味着卖方抛售力度减弱，为交易者买入提供机会。投资者还要注意观察炸板的分时底部成交量的变化，底部不应放量过多，以免消耗过多资金影响后续封板，过大成交量甚至影响次日股价。在底部出现的激烈交锋可能是主力加仓或是资金出逃，这直接影响着后续股价的走势。个股成交量在筑底的关键时间段内是否有显著增加，是判断市场情绪和主力意图的重要依据。

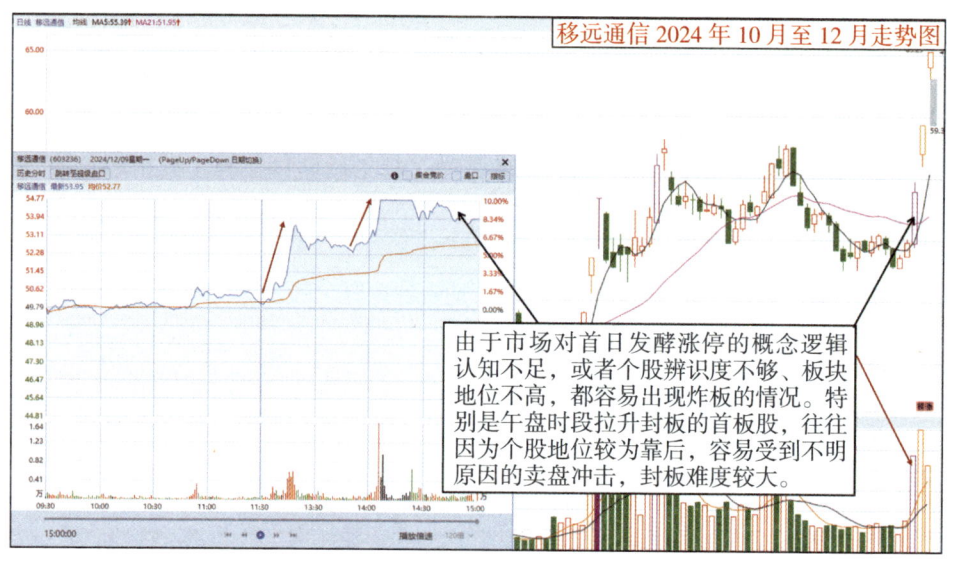

图 4-4　2024 年 12 月 9 日移远通信尾盘炸板

如图所示：移远通信在经历了震荡下跌后，12 月 9 日出现了放量冲击首板涨停，但仅在尾盘时短暂冲板便迅速炸板回落。对于大多数首板涨停股来说，由于市场对首日发酵的概念逻辑认知不足，或者个股辨识度不够、板块地位不高，都容易出现炸板的情况。特别是午盘时段拉升封板的首板股，往往因为个股地位较为靠后，容易受到不明原因的卖盘冲击，封板难度较大。但由于个股在午盘时发力，因此次日可能会有板块的二次发酵推动股价进一步走强。如果个股逻辑经过一晚的发酵，能得到市场的认可，可能会出现反包涨停。一旦次日高开反包涨停，该股有可能迎来后续的连板行情，参与的时机较好。

2. 烂板量能

个股封死涨停而不炸板被视为最佳形态，显示出强烈的上涨意愿。与之相反，烂板的出现成为短线打板选手常见的陷阱。由于强势个股不会产生烂板，且主力也不会让其烂板，烂板代表着主力的决心和筹码的稳定性都不高。

从筹码结构的角度来看，在烂板期间会产生大量高位成交筹码，次日有兑现的压力。但连板个股烂板实际上会提高筹码成本，反而变成有利因素。因为连板需要不断推升成本，才能降低连板压力。如果个股成本太低叠加涨幅过大，中间筹码断层严重，会造成严重的获利抛压。

连板个股出现烂板推升状态表面看似下跌，但实际上是在吸引资金入场，通过震荡推升来维持股价稳定。多空双方获利压力和主力资金的对抗持续存在，游资和短线主力在个股上进行套利，才能维持整体上烂而不弱的走势。只要主力资金护盘，多方占优并保持长期格局，且有连板预期的情况下交易者才能参与打板或套利。其中，高开回落拉回分时均线上方是主力护盘成功的信号。

连板个股连续出现烂板且时间较长，出现伤人气表现，会给市场危险的信号。当烂板的程度超出了正常限度，持续时间过长并影响到交易者信心时，次日的预期往往是低开，在竞价阶段出现了抢跑和地板形态，这意味着当天很难出现超预期表现。

烂板的时间长短会影响个股次日的表现。烂板时间短，秒回封最好，筹码的压力不那么大。烂板时间越长，回封力量越弱，高位成交量也会越多，不能轻易操作。对于涨停后反复打开的个股，若每次打开后成交量逐渐缩减，则可视为相对较好的形态，表明市场抛压逐渐减轻。烂板时间较长、成交额较大的回封板，主力资金多数在板上成交。如果有多个主力同日进场，那么次日多数的主力无法坚守，只要其中一个主力逃离，个股连板失败的概率会大大增加。虽然可以打回封板，但性价比并不高，可以选择不打。但如果有连板预期，烂而不弱的情况下，可以考虑介入。

高位的连板个股出现烂板是危险的表现，包括地天板未封住、烂板后的跌停以及长时间烂板等现象都说明市场分歧较大。在分歧加剧的情况下，个股如果不能顺利转一致来增加参与者的信心，那么散户可能会担心风险而不敢买入，导致资金难以高位承接，个股参与的价值就不高。

烂板在高位八九个点附近有大量的震荡成交，对次日股价有影响。低开意味着板上的资金全部套牢，会加速抢跑。所以烂板回封的个股次日要超预期高开才有安全性。即使当天个股烂板较久，次日出现强势高开以及缩量加速尝试连板，也不会引发当天的兑现压力，不会对短期走势造成太大影响。但如果个股没有高开和加速，无论是冲高回落还是低开被套，都会加大兑现的压力。

烂板回封涉及板块的氛围、短线情绪等多种因素。板块日内分歧较大，个股在早盘摸板后出现了烂板。但这并不代表走势背后的弱势表现无法修复。如果涨停后反复开板形成烂板，可能是主力恐吓底部买入的获利盘出局，意志不坚定的散户在解套后会赶紧卖出。从上涨力量和筹码的角度来看，烂而不弱应符合上涨力量不弱的要求。烂板后反复开板，震荡的时间也较长，但背后的上涨力量并没有减弱。只要板块分歧仍然维持在上涨的预期上，资金合力的方向仍然是向上的。烂板个股次日开盘下砸属于正常反应，随后有所拉升，显示出资金依然看好个股并有超预期的形态，属于良性调整，也能够自我修复维持上涨趋势。在板块强势期可以考虑继续介入，但如果板块本身存在结束的可能性，不必冒险打烂板。

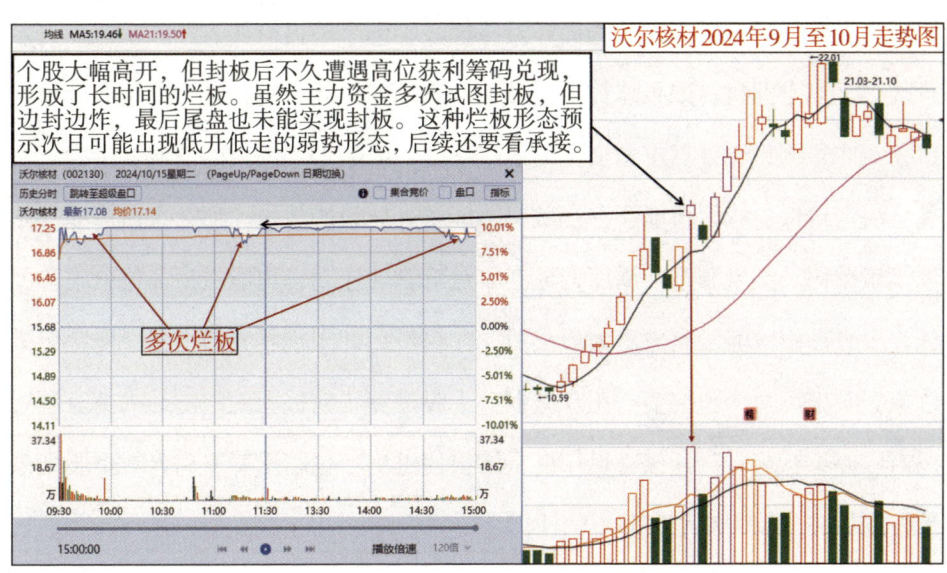

图 4-5　2024 年 10 月沃尔核材烂板后由弱转强的表现

如图所示：沃尔核材在经历大幅上涨后，获得了较高的市场辨识度。经过短暂的下跌调整，个股迎来了进一步的上涨，大幅高开，但封板后不久遭遇高位获利筹码兑现，形成了长时间的烂板。虽然主力资金多次试图封板，仍被多次炸开，并且尾盘炸板未能实现封板。这种烂板形态预示次日可能出现低开低走的弱势形态。如果后续能够持续出现放量的承接，该股有可能会形成烂而不弱的趋势推升。我们观察到个股出现烂板后次日低开，但紧接着出现烂板反包现象。连续两天的烂板反包表明该股形态属于烂而不弱，在分歧转一致的节点上，市场合力将推动其由弱转强。

3. 回封量能

炸板回封是日内资金博弈激烈的表现，显示出市场的复杂性及交易者的分歧。炸板的成交量大小对个股回封起到关键作用，可以提升回封板的确定性。

如果必须进行回封操作，应选择炸板量能较小的个股进行买入。放量较少表示分歧小，易于回封。如果炸板量能较大，表明存在较大的分歧，不仅有大量空单在对冲多头，还存在主力资金话语权不足、影响力不够大的情况，主力无法完全决定封板。背后可能还存在散户跟风买入导致的放量，那么次日可能会出现大量抛售。爆量源于前高压力或套牢盘解套的压力，可能带来高位分歧和抛压。个股在涨停前没有放出大成交量，在封板后却出现了大量交易，资金出逃迹象表明市场对个股的信心正在减弱，个股遭到了封板上的狙击，内部获利筹码对涨停不认可。巨大成交量和资金的快速进出，也暗示着交易者对个股未来价格走势的分歧和对涨停的不信任。

个股早盘持续横盘震荡意味着当时没有异动的消息，此时突然拉升，而整个板块没有出现大规模异动。此时炸板的原因可能是主力操之过急导致短期获利兑现，获利或解套的筹码出现了板上狙击，参与难度较大。如果在七个点左右还找不到上涨的逻辑，可以在炸板时还有机会进行二次思考。往往第一次炸板是短期资金兑现的表现，或者是前期套牢盘看不出封板的逻辑，拉升刚好填补前面的缺口引发了炸板。如果个股属于热门板块，逻辑经得起考验，具备涨停预期和短期套利性质，部分资金在来不及介入的情况下，回封的可能性很大。个股能够回封修复说明短期获利和解套并没有严重影响的炒作概念逻辑和预期，仍然存在潜在的力量为概念炒作而做出的回封动作。如果利好被证伪了，不会有资金和主力愿意去回封。有利好支撑的个股长时间震荡出现了回封，意味着主力看好利好的炒作。所以拉升过快的个股在板上大概率会有一次炸板换手机会，确认放量回封后再打板或排板。

个股兑现能够完成回封属于短期获利兑现，可将其定义为良性的换手，并不是后排弱势炸板。短期获利兑现的个股炸板容易回封，获利资金并没有一次性卖出，而是选择分段卖出。个股在阶梯式拉升过程中出现了持续放量状态，在封板的那一瞬间出现了高量柱。如果是长期套牢的解套，所需要的资金量过大，难以完成修复。短期获利兑现，且炸板后资金依然能够承接，封板意愿强，则可以考虑回封机会。即使出现炸板，只要板块持续发酵走强，仍具备一定的封板可能性和次日高溢价率，后续大概率维持上涨趋势，因此对于启动及加速阶段的个股，仍应保持看多做多策略。

连板股因为其积累了较多获利盘而产生炸板需求。若已确立地位的强势个股在开板后继续涨停，那么这是正面信号，表明其仍具备良好的上涨势头。回封板的买入决策受到市场环境和板块强度的支持，尤其在板块整体强势的情况下，其在封板后高开高走的可能性较大，表现为缩量加速一致上涨，有望延续连板走势，具备打板价值。然而，若出现低开后快速回落等负面情况，则需要规避风险。

炸板回封能否成功，主要取决于两个因素。一是出现炸板。个股在短期内出现过上涨，前期异动后积累了涨幅，存在获利抛压，在涨停板上炸板很正常。因为个股的资金成分复杂，会有很多资金选择在封板后兑现。个股遭遇短暂兑现后，主力会借助板块的利好和短线情绪来实现回封。主力资金不仅实力强大，还擅长利用板块发酵的节点来配合拉升。即使出现摸板回落再回封的走势，也能保证较好的溢价。个股甚至在突破关键点位后出现持续上涨，出现超预期的连板或补涨表现。

二是炸板后资金的承接意愿。炸板后主力资金是否持续流入是决定个股能否进行回封操作的关键因素之一。在操作回封板的交易时，我们主要通过主力净额的大小来判断主力资金的封板意图是否坚决。主力资金在个股中发挥了重要作用，个股短期内获利盘离场不能太严重，特别是在板上的换手方面。如果板上狙击过大，回封难度也会增加。只有持续的主力流入，才能扛住分歧和兑现的压力。

对于炸板时间超过半小时，且回封成功的个股，即使股价长时间震荡，若能成功企稳并维持震荡状态，则可被解读为主力持续发力，独立介入并护盘，具有补坑的价值。个股炸板后又强势回封，表明主力的志向是长远的，其目标是连板或推升股价。尽管存在炸板导致资金出逃的可能，但并未引起内部筹码的一致性离场，而是完成了震荡回升后勉强封板的表现。这表明尚不能确定已有资金集体出逃导致走势结束，需要更明确的信号来确认。

大盘股与小盘股的资金实力和市场影响力不同，在回封的操作上存在差异。当流通值较小的个股出现快速拉升并涨停时，会在涨停后回落再次考验市场信心。我们需要耐心等待其回踩后的承接考验，才能确认此次资金介入的程度。由于主力资金拉动大盘股所需要的资金量较大，没有充足的实力和决心时不会选择大盘股作为进攻标的，所以大盘股的回封概率较大，而且回封的量能也较大。

被动型的后排个股在分时上犹豫不决，自身的主动性较弱，特别是在最后封板阶段犹豫了很长时间，直到尾盘才封板。这表明主力资金的意愿不够坚决，资金实力比较弱，更依赖于板块性的氛围和助攻。而且后排个股容易在尾盘炸板，这是资金逃离的表现，提示交易者对于该股有较大分歧。左侧交易可以回封板上确认，右侧的做法是次日高开确认昨天的不利影响已经被消化，或者次日开盘震荡可以观察等待，等到前期的阻力被消化后，拉升会相对流畅，溢价率比较容易保证。买入时机是在次日高开高走时或者企稳后买入。

尾盘仍有资金愿意回封，出现了烂而不弱的表现，有以下五种情况：一是资金对后排个股强烈的交易兴趣，回封决心非常大，仍然相对坚决地做多，次日的溢价和预期可以相对提高；二是修复当天分时走弱的 K 线。弱势 K 线影响场外资金的买入意愿，回封次日才有资金敢去接盘，有利于前一日被套的主力出货。收盘前异动主要表现在竞价前几秒钟突然拉升进行修复 K 线，次日是大跌的预期；三是主力趁着尾盘卖盘衰竭的时候，提高次日的开盘价，方便次日继续出货；四是尾盘抢先手提前透支次日的预期，次日资金接盘也较吃力；五是个股预期减弱或者调整，尾盘放量拉升超预期标志着调整已经结束，交易者会重新评估次日的预期。如果次日竞价高开伴随放量上攻，则是行情启动的信号。

我们选择打回封板，应优先考虑一次性封板的个股，而非频繁封板。但两拨资金出逃形成双炸板的分歧却具有独特的交易价值。个股在交易日内集中了两次大的分歧炸板过程，将两天的分歧浓缩到一天，是特殊的分歧转一致，次日有高开加速的预期。左侧交易买点是在出现快速的回封板时买入，右侧交易买点则是在次日高开确认时买入。

双分歧炸板与普通炸板有所不同，回封板的买入需要满足空间和时间的要求，即幅度巨大且持续时间较长，形成显著的分歧。而且第二次炸板的时间和幅度都要比第一次炸板要短。在第一次炸板后三分钟内成交量较大，随着时间的推移，成交量不断缩小，意味着抛压逐渐减少，可以判断空方的力量已经减弱。如果第二次炸板时间较长，明显是有资金潜伏。尽管在第二次封板时买入可能有打板的价值，但存在短期获利解套集中兑现的风险。潜伏的资金不再是以前的套牢资金，而是前两天冲高回落的新进资金。

双分歧炸板的回封板表明主力有救场行为，如果最终个股未能维持强势，反而出现加速下跌，次日将面临分歧转一致失败所带来的巨大负反馈。

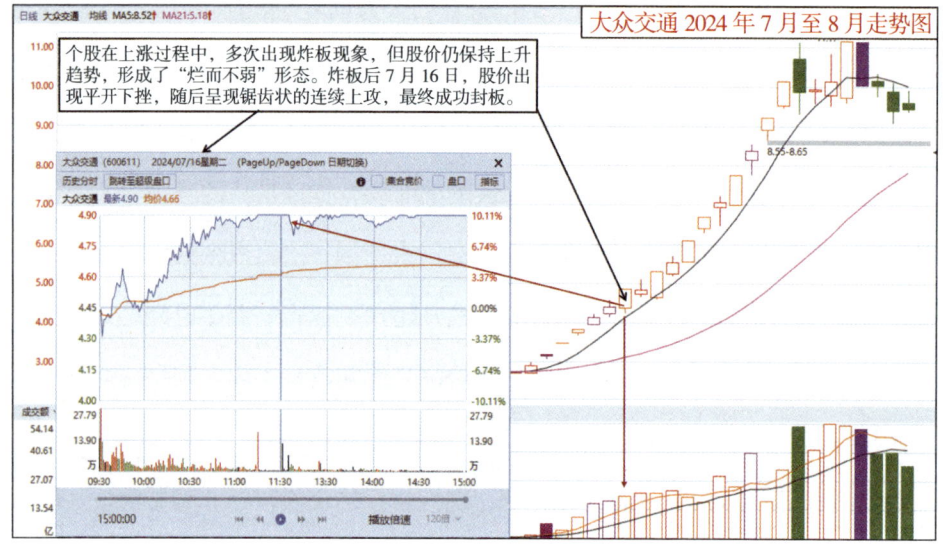

图 4-6　2024 年 7 月 16 日大众交通弱而不烂的表现

如图所示：大众交通在连续放量上涨后，成功获得了市场的关注。尽管在上涨过程中多次出现炸板现象，但股价仍保持上升趋势，形成了"烂而不弱"形态。炸板后的 7 月 16 日，股价出现平开下挫，随后呈现锯齿状的连续上攻。然而，午盘封板后又遭遇砸盘，导致反复开板，形成了烂板形态。尾盘，该股仍实现了封板，这与之前连续炸板的"烂而不弱"个股基因有着较大关联。基于对个股疲软而不弱的判断，可以介入大众交通的烂板进行回封博弈。

总结：在超预期行情中，烂板回封的个股往往具有较强的生命力，并且能够吸引大量主力及散户跟风参与，形成充分换手。在后续的推升过程中若出现烂板或炸板现象，可理解为烂板基因的表现。建议持有该股，不轻易卖出，直到出现明显的分歧，爆量后再卖出个股。

第五章 趋势量能筹码

一、趋势量能策略

1. 趋势股交易方法

决定个股走势形态的不完全是表象，更多的是背后的资金成分。不同类型的资金在市场中扮演着不同的角色，如短线资金引导、长线资金护盘以及中线资金跟随等。交易者面对具有相似概念的个股会有不同的选择，本质上是短线资金炒作的方向以及个股强弱表现的体现。一部分资金偏好短线炒作，通过辨识度的提升快速吸引愿意打板或炒作妖股的风险偏好者参与。而对于想要参与该题材但风险偏好较低的资金而言，其更倾向于选择趋势推动型的个股进行操作。通过对不同资金主体的交易行为进行深入分析，可以更好地解读形态背后的交易机会。

趋势股的中长线资金可能来自机构或长期持股的散户，少量来自主力，其特点是不追逐市场热点。趋势股持有逻辑基于业绩、基本面、行业景气度或板块炒作预期，常常与整体市场节奏不协调，不跟随市场短线情绪，呈现出独立于市场、板块或其他外界影响的走势形态，表现独特的涨跌规律。一旦趋势股开始上涨便形成持续的上涨趋势，调整则表现为连续的下跌，且下跌会持续三到五天，很少出现突发情况导致的股价大幅波动。多数交易者偏好格局，属于持续看涨和长期持有的资金。主体参与者在没有达到主要兑现位置时不会大批离场，而是保持格局等待资金持续抬轿，才会出现低开涨停甚至水下拉回连板的表现。

趋势股的特点是易涨难跌，前期震荡时间长，后期加速力度强。少数个股可以出现连板表现，直至加速见顶。交易者需要充分了解其操作逻辑，在趋势加强点出现时，若能及时介入，相比趋势明确后再介入具有先手优势，获利空间较大。趋势股表现较为平稳，且倾向于通过震荡推升的方式获取更低的入场成本，而非展现强烈的主动性与资金进攻意图。因此，趋势股更适合采取低吸高抛的操作策略。

短线套利资金则以游资和跟风的散户为主，在短期内进出市场以追求短期利润。只有短线资金和隔日套利资金参与的个股，往往表现为首板或者连板。少量的短线资金在日内兑现，次日又有新的资金进场承接。在不同阶段，这两种资金会根据各自的策略和目标进行博弈，共同影响股价走势。

趋势股因其上涨周期较长，翻倍的时间被延长，走势变得较为复杂，不如连板妖股流畅。与快速涨停的龙头股不同，趋势股更侧重于对资金合力方向、板块阶段、打板节奏以及短线情绪等因素的综合判断，而非单纯依靠简单的技术信号或买卖信号。因此，投资者需要在其长期走强的基础上把握买卖点。具体可以结合相对高低点来进行买卖点判断，当日的高开相对于后续的上涨而言仍属相对低点，可以寻找波段套利机会，而不是仅仅盯着短期的涨停板逻辑。这样不仅可以提高准确率，还能在震荡期进行埋伏，在主升期介入，并在高位见顶时实现适时兑现，从而实现更高的收益率和更稳定的交易结果。

判断趋势股能否带来高额回报的标准并不单纯取决于某一天的涨幅，而是看其能否持续产生赚钱效应。因为个股趋势推升形态不依赖单一的涨停表现，而是通过震荡推升和反包修复来推动股价上涨，涨停或者短期加速之后要有分歧。尤其是大市值个股因流通性较大，封板或连续涨停的难度较大，难以出现连续涨停，次日可能是冲高横盘形成震荡，然后在涨停顶部操作箱体震荡，震荡结束后继续推升。关键在于多方资金是否能保持稳定且持续流入，从而形成相对缓和且有持续性的上涨状态。当大体量个股出现超预期且强度较高的涨停时，这是板块利好消息和市场情绪推动的结果。

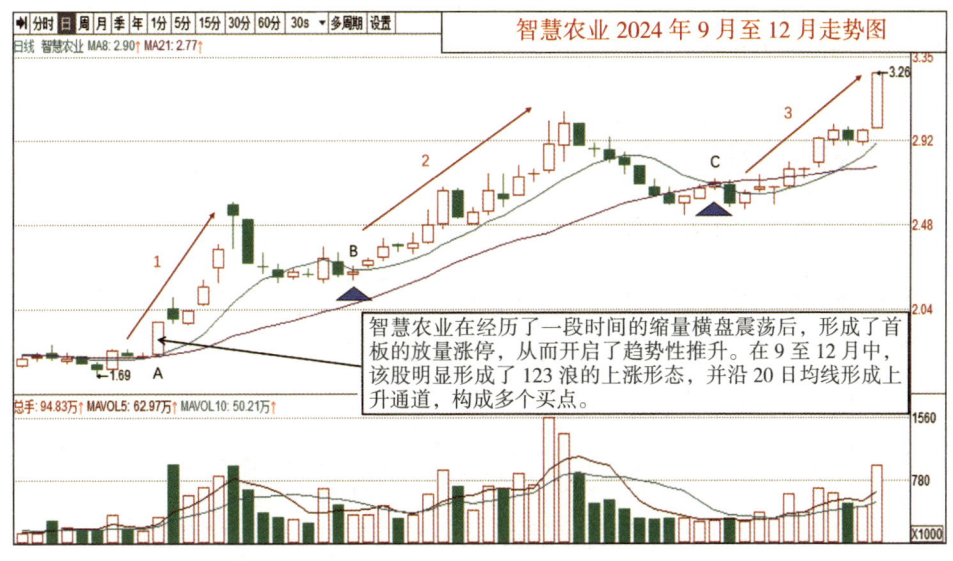

图 5-1　2024 年 9 月至 12 月智慧农业三浪式上涨

如图所示：智慧农业在经历了一段时间的缩量横盘震荡后，形成了首板的放量涨停（A），从而开启了趋势性推升。在这一过程中，明显形成了 123 浪的波浪式上涨形态，使得个股往往能够沿 20 日均线形成上升通道。对于趋势上涨的个股，不需采用打板策略，而应在回踩 20 日均线或 10 日均线的关键点位时实施低吸。每次调整都是阶段性的获利回吐，只要不出现连续阴线、放量下跌并跌破 20 日趋势均线的情况，即可认为该股处于良性调整阶段。个股回踩均线构成第一买点（B），突破前高形成第二买点（C），这是趋势性推升的标志。通常这样的推升伴随着放量上涨、缩量下跌等阶段性特征。只要下跌不伴随爆量，就表明主力资金尚未出逃，交易者可以继续买入。

趋势个股的加速行情是基于资金的积极参与和持续的震荡回踩,尽管分时形态显示有低开和下杀到水下等现象,但这是趋势股的典型特征,参与资金多倾向于长期持有,反映了背后的资金行为和筹码结构。显著的涨幅和波动表现能告诉市场这只个股具有极高的挣钱潜力,从而展现出长期走强的独特吸引力。理想的交易策略是追求大概率、确定性的上涨,而非极端的速度和一致性。因此,交易者应寻求整体适中且稳定的走势。

2. 趋势推升方式

趋势推升是由于参与其中的长期资金不跟随市场热点,而是根据个股基本面和逻辑进行交易,导致其形态具有独立性和趋势性,脱离了大盘影响。针对趋势股的相对独立性和稳定性,投资者应围绕波动率、放量和趋势形态来制定交易策略。

趋势行情中,波动率的高低以及缩放量的程度是决定其走势的关键点。追涨的主要依据在于上涨趋势能否延续,可通过放量和保持高波动来判断。个股在趋势行情中表现出典型的低波动调整、高波动上涨特征。趋势股是中长线资金在操作,缩量预示着底部的确认,放量预示着股价的上涨。个股先通过缩量来确认筹码已锁定,再通过放量来获得资金的辨识度。趋势股缩量和放量的表现应符合地量地价、天量天价的常规量价形态。个股连续多个交易日成交量保持平稳或微幅增加,说明该股并非一日游。趋势上涨时,通过波动率指标判断短期介入点和维持上涨趋势的条件。波动率的相对高低是判断变盘的重要信号。趋势股长期调整的终点很可能是波动率降至极低水平,启动节点的量能无法继续下探,这便为价格的反弹提供了可能。高波动率则预示着顶部调整。

受到中长线与超短套利资金影响,趋势股的主要上涨模式是波浪推升或波段操作。由于长期存在震荡推升趋势，如果出现持续放量大涨的情况，可以追涨介入；但如果出现缩量滞涨信号，则可能意味着趋势上有调整风险，短期追涨风险较高。尤其在零轴附近资金出现抢跑时，持有较高成本的交易者将处于不利位置。一旦判断个股有较强的修复潜力，投资者应尽早降低持股成本或尝试左侧追涨操作，抓住修复过程中的低吸机会。个股形成放量推升和缩量回踩的良性趋势、出现企稳反弹修复新高的表现时，适合介入的点位在短期缩量企稳后的转强点。股价进入加速上涨阶段时，要注意短期获利兑现的需求，及时兑现短期获利，等待下一轮转强机会。

在参与趋势股时，必须基于其长期走强的预期来把握买卖点，调整允许在一周左右，趋势性上涨体现在均线多头和上升通道这两个长期形态特征中。在判断趋势时，不能仅依赖于短期指标，如 5 日均线，而应扩展至更大级别的判断，比如使用 20 日均线作为上升趋势线，只要不跌破此线，该股就是安全的。基于右侧确认的趋势行情，预期个股将维持上涨趋势，只要不跌破 10 日线，就不会打破当前的上涨趋势，短期内可能会出现加速。长期交易者可以考虑等待板块集体退潮，右侧卖点往往出现在未能有效突破和回撤后跌破关键支撑位，如上升通道线等节点，也可在个股形态有效跌破 30 日均线时再考虑卖出。

若股价上涨过快或脱离均线过远，短期内会有一股力量将股价拉回至接近长期均线。因为 5 日均线离 30 日均线太远，可能会需要一次大幅回踩，等待下一次回踩到位的低吸，或者再次启动的机会。当 5 日均线回踩 20 日及 30 日长期均线时，形成买点。同时关注不同级别，如 60 分钟级别和 30 分钟级别的走势变化来决定低吸点位。回调的幅度依据黄金分割率，大约在 0.618 和 0.382 的点位发挥支撑作用，可以借助波浪理论去判断出调整和上涨的关键点。

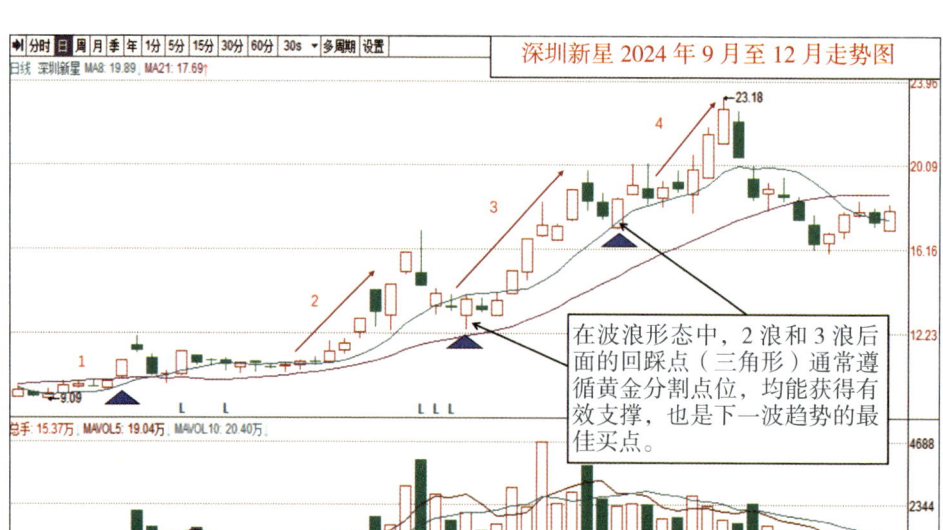

图 5-2　2024 年 9 月至 12 月深圳新星趋势 4 浪的表现

如图所示：深圳新星在 2024 年 9 月至 12 月期间出现了波浪式推升行情。波浪式推升通常表现为 1 到 4 浪的形态。第 1 浪是启动浪，其强度较小；第 2 浪则起到调整作用，其幅度较大；第 3 浪为主升浪，同样具有较强的幅度，持续时间较长；第 4 浪为调整浪，力度较小，较短时间内冲顶。在波浪形态中，2 浪和 3 浪后面的回踩点位通常遵循黄金分割点位，在回踩前一浪的 0.618 或者 0.50 的位置时，均能获得有效支撑。波浪式推升的原因在于个股是由于市场合力推动，参与的资金较为复杂。单一的资金力量无法改变或主导个股的整体趋势行情，每一次的良性调整都应被视为获利资金的适当退出。由于个股的市场合力尚未消散，因此仍将遵循趋势推升的形态。

趋势推升，并非从涨停或某个特定日期开始进入主升阶段，而是经过两波震荡推升的过程，形成三浪推升。在第一浪启动时，短线资金入场点火并进行短期套利。连阳后短线资金因盈利目标实现而集中兑现。但是，中长线资金出于对公司基本面或行业前景的看好并没有因短期获利而恐慌出逃。只有个股出现复杂调整结构时，才会引发高位调整形态。这源于短线资金离场和中长线资金止盈的需求，两类资金的共同离场以及市场整体承接力的下降。

在五浪推升过程中，放量修复和创新高的形态是确认买入信号的关键，个股形态走坏表现为连续缩量、高位滞涨状态。在市场顶部确认时，由于存在高度的不确定性，交易者不能提前参与或因短期转强直接进场交易。右侧交易能够提供更高的确定性，比如观察到第五浪上涨时放量程度较弱、拉升流畅度不佳，以及高位出现多次上影线等交易行为，这些迹象表明市场动能不足，资金不愿追涨，逢高离场，从而判断可能见顶。

3. 趋势股的买点

趋势股的优点在于其易涨难跌的特性，这一特性会持续较长时间，最终演变为加速涨停，直到趋势反转。而且趋势股具有相对独立性和稳定性，意味着我们不需要过分关注大盘或板块题材等外部因素的影响。趋势股在大盘下跌时依然有成交，但持有者不会因为恐慌而卖出。表明散户和机构交易者有长期持有的打算。一旦股价进入特定的上升形态，其走势形态便显示出维持上涨趋势的力量或惯性。

趋势股的走势更多依赖于震荡推升形态，而非单纯依赖于涨停或短期加速行情，在涨停或加速后会有分歧。并且趋势股不容易出现负反馈，因为有坚定的持筹者会持续格局甚至反复做 T，不会轻易卖出。冲高回落兑现是震荡分歧型回落，易涨难跌是趋势股的特点，很少出现流畅快速的下杀。而多数连板情绪个股波动是对称的，加速 A 杀也快，很少会出现持续的易涨难跌交易机会。

对于趋势股，我们需要充分理解和把握其操作逻辑，因为很容易错过趋势推升中的最佳介入机会。趋势股的正确介入点是趋势加强点，一般可作为短线套利的起点。一旦发现个股在底部或前期缓慢推升后突然出现涨停或趋势加速，交易者可以第一时间介入，相较于趋势明确后再介入具有先手优势。趋势加强要有涨幅以及上涨速率的加强。很少出现涨停的个股出现了快速拉升，代表着上涨趋势在加强，交易者可以进行短期套利。

由于长期震荡的弱趋势个股充满不确定性，难以实现高资金利用率，属于盈亏比不高的交易。最佳的介入点是在主升浪行情启动后，即在经过数次箱体震荡及显著放量的超预期涨停后。这时介入取决于交易者对个股长期趋势的看法，若坚信其具有良好的成长性和交易价值，则可在趋势明确向上且出现买入信号，如小级别转强超预期时积极入场。这是机构交易者会在看涨阶段大胆介入，因为他们知道市场仍有望提供多次类似机会。

在趋势加强的情况下，参与的价值在于个股趋势加速后难以停止，只会越来越快，很难再回到之前缓慢推升的状态，直到见顶完成演绎。介入的主要依据是后续还会存在追涨的短线资金进场，具有安全性和确定性，可以参与短期套利。因此趋势股的介入时机是趋势加强点，即短期套利者的起点。

反复活跃且呈现震荡推升形态的个股，交易者应在转强初期、震荡推升阶段或小级别弱转强初期介入。当个股涨停后出现缩量调整时，可以在重新转强并出现高开信号后进行低吸高抛操作。趋势股经过多次活跃的拉升后，其筹码结构相对健康，体现为长期超跌的个股通过拉升形成了堆量。个股踩20日均线作为支撑表明可能有长期资金布局，意味着出现了长短期资金的共振，适合长期做T，次日冲高离场后寻找机会低吸，再推升趋势。这一现象表明个股具有强大的市场需求和安全卖点，同时这也反映了个股价格可能因其良好的表现而在短期内呈现稳健上涨趋势。操作方法可以是低吸或打首板，但不能连续追涨。

第五章 趋势量能筹码

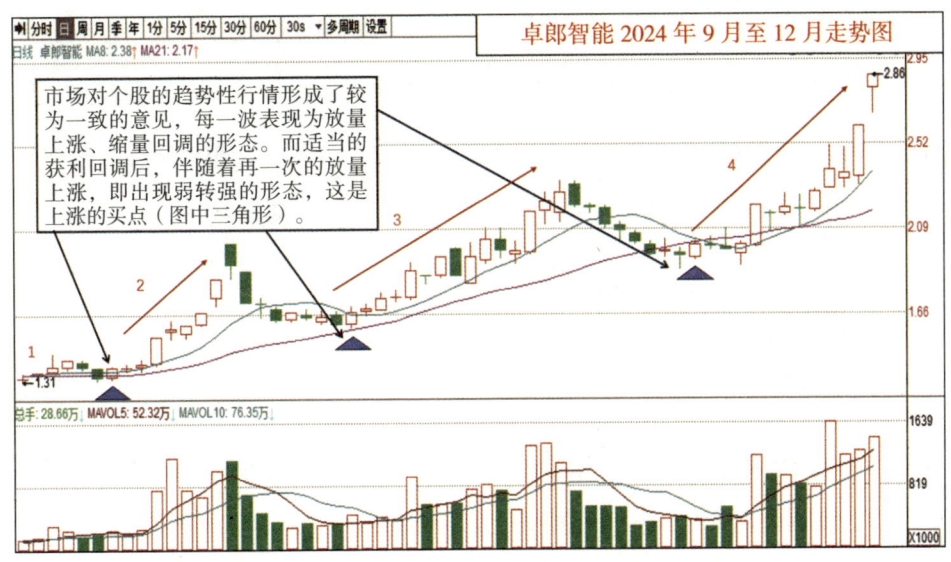

图 5-3　2024 年 9 月至 12 月卓郎智能由弱转强的表现

如图所示：卓郎智能在上涨趋势中形成了多个趋势买点。趋势性行情的特点在于市场对个股的趋势性行情形成了较为一致的意见，表现为放量上涨、缩量回调的形态。适当的获利回调后伴随着再一次的放量上涨，即出现弱转强的形态。图中有 4 次弱转强，对于趋势型个股来说，弱转强是适宜的低吸买点，强转弱即高抛的卖点。另根据波浪理论形态进行分析，如果观察到 2 浪主升浪持续时间较长，则后续 3 浪、4 浪上攻的可能性较大。2 浪末端一旦出现转强，即为趋势性个股的转强买点，应持有至个股完成 4 浪、5 浪走势，且在高位出现放量，这意味着主力资金的出逃引起散户恐慌，此时我们应跟随离场。

在趋势推动过程中，个股容易出现低开情况。低开表明获利拉升后存在抛压，意味着资金在竞价阶段选择逃离市场。而低开往往是由主力资金或大资金所为，表明在每次获利拉升后，有资金对个股前景产生怀疑，从而导致了低开。如果个股出现了低开高走的情况，属于超预期，意味着当天的获利资金是超过十个点，获利空间比打板要大，个股在次日所面临的抛压也会更大。如果低开高走后的次日能够平开或小幅高开并持续震荡上攻，意味着多方力量较强，且有望维持其上涨趋势，体现了市场合力主导下的推升形态。如果出现大幅高开后快速下跌，则表明短期内的做多力量不足以支撑股价长期上行。

4. 趋势股的卖点

在参与趋势股交易时，关键在于识别买入起点，起点的选择应该基于趋势的加强，如涨幅和上涨速率的增加。终点必须是主体资金离场，而非短线资金离场。主体资金指的是前期坚定持筹者。当坚定持筹者离场时，作为后来者的跟风套利的资金也顺势而为，跟随离场。前期坚定持筹者的离场为资金集体出逃，表现为大幅波动、剧烈分歧及大幅回调等。此时我们不仅可以看到个股日内宽幅波动，甚至会出现天地板的日内反复大分歧，二十个点的波动率反转是主力资金或大量持筹者集体出逃的表现。我们需观察日内波动、资金流动和市场情绪来确定卖出时机。主要关注点在于短期内获利资金是否会选择集中离场，以及长期持有者是否选择兑现。

由于趋势股相对独立于外界的影响，具有自身的走势形态，且大部分时间其股价相对稳定，上涨趋势持续较长时间。卖点的关键在于找到长期行情结束的明确信号。股价高位放量换手是重要的预警信号。若个股跟随板块整体分化及持续回落，则表明个股趋势行情可能出现问题。从逻辑角度看，当维持趋势的主要原因发生改变或动摇时，交易者需警惕高位阶段可能导致逻辑消失的风险。通过观察高位阶段的量价结构，特别是量价转变的情况，例如由前期放量涨及缩量跌转变为顶部阶段放量调整，也能揭示背后的炒作逻辑变化，帮助我们判断顶部信号。

随着趋势股上涨进入高位，市场分歧增大，但只要没有重大利空打击人气，趋势不会轻易结束。如果在高位分歧中快速一致转强可能表现为强势形态，但个股面临较大兑现风险。而良好的日内换手可以减轻风险，维持趋势。在趋势股上涨过程中遇到高位见顶或震荡形态时，若出现5日线和20日均线缠绕的情况，表明当前调整力度正在加大，级别的提高预示着长期性见顶信号的确立。一旦震荡结束，大多数情况会转变为向下的趋势。因此，在高位阶段，均线缠绕是判断调整程度和方向的重要参考指标。

对于趋势股而言，资金出逃是否意味着走势的终结？并非如此，只有资金出逃引发恐慌和一致性离场时，走势才会结束。个股早盘竞价低开会有资金出逃，只要没有引起内部筹码的一致性离场，拉回来完成震荡回升封板的可能性依然存在。但当日的分歧程度有所增加，资金一致性离场的概率也随之上升。最终是否形成大阴线是走势整体结束的关键，大阴线代表资金合力在卖出，而不是个别的资金在卖出。因为个别的资金卖出的情况经常可以实现修复，只有当日的离场资金是主力，才会出现分歧较大的情况。如果当日的分歧导致一致性的下跌，那么前期持有个股的交易者必须被短线资金引导一起卖出，才能出现收大阴线的情况。仅凭短线资金获利兑现无法破坏其整体趋势。

趋势股卖出的关键节点需要考验次日格局资金是否会因为满足获利而兑现。大规模的获利兑现一般选择在反弹结束后集中离场，以放量分歧点作为趋势拐点。如果不仅有短线获利资金出逃，而且长期格局的趋势型资金也选择了兑现，很容易引发一致性卖出。我们需要谨防危险信号，包括板上的爆量、竞价低开以及开盘快速下杀等短期的利空分时走势、可能引爆长线资金集中兑现的翻倍节点、见顶级别扩大成为趋势大顶的可能性等情况，说明这一轮上涨趋势见顶，最终出现持续的下跌。整体来看，除了板块和市场情绪因素，格局资金前期获利较大的底部资金选择了集中兑现，那么是趋势行情的终点，有可能会引发大级别顶部。因此，决定个股走势终点和结束的关键因素不是短期兑现资金，而是长期持有者是否达到获利离场的标准。

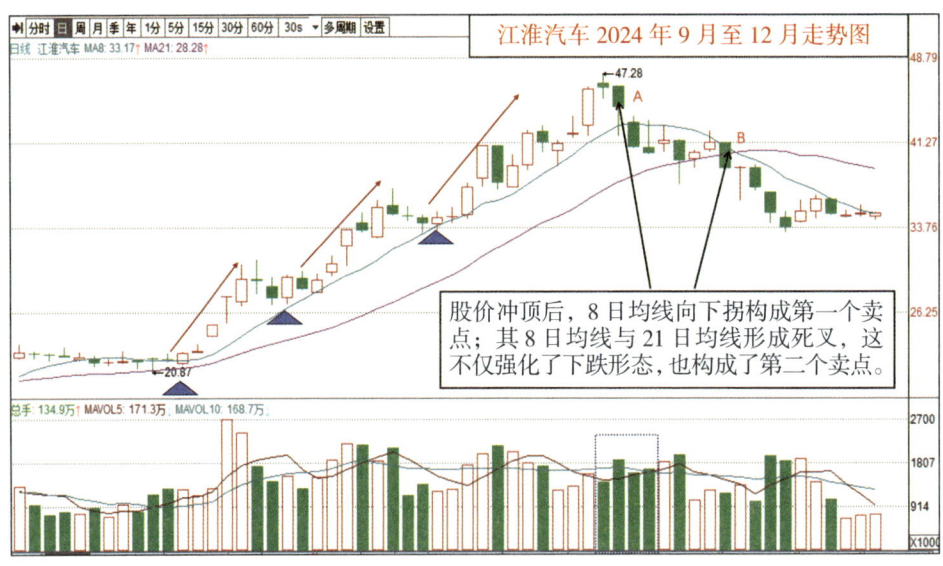

图 5-4　2024 年 9 月至 12 月江淮汽车的趋势卖点

如图所示：江淮汽车在 2024 年 9 月 20.87 元启动后，形成了波浪形的推升，随后的波动率显著提高，成交量持续上升，表明趋势上涨的技术条件已经具备。对于趋势型股票而言，这种形态适合长期持有。图中，真正的趋势卖点在于识别浪形走势的结束。当个股在 A 处出现大幅低开或大阴线，严重损害人气时，可能会导致市场合力的消散，尤其是主力资金的流出会导致散户的跟风离场。因此，对于趋势性卖点来说，关键在于大阴线或大低开严重破坏了投资者的心理支撑位，引发恐慌，A 处形成趋势性第一个卖点。一旦趋势股形成卖点，后续通常难以找到合适的买入时机，还会引发股价进入长期下跌趋势。当江淮汽车的股价 8 日均线向下拐后，其 8 日均线与 21 日均线形成了死叉，这不仅强化了下跌形态，B 处也构成了第二个卖点。一旦股票形成趋势性卖点，便预示着长期的下跌趋势。

二、趋势底部反转

1. 筑底量能

在熊市中，较多散户会放弃卖出被迫成为长期股东，成交量会变得特别低，大部分套牢盘在高位不会主动卖出，空方已经没有筹码再砸，出现地量地价。只要市场成交量缩至近期低点，都有见底反弹的预期。股价往往会发生转折，轻微的买盘都能把股价拉上去。所以缩到地量时开始放量上攻再买入是较为安全的方法。

波动率变化提供了关于市场情绪和趋势转变的重要信息。个股波动率低的异常情况可能是长期下跌或失去参与价值的信号。对于长期下跌的个股，确认趋势的关键在于资金的大规模抄底行为，有效的反转需伴随明显的成交量放大。个股的放量分歧点往往成为趋势转折点，预示着短期下跌可能已经见底。在筑底的过程中，若能维持高波动率和活跃度，则有利于持续上涨并吸引更多人气。然而，筑底也面临各种不确定因素，如市场情绪变化、前期套牢资金的抛压等，需谨慎判断并适时兑现利润。通过观察波动率的变化，可以判断市场趋势和交易机会。个股大幅下跌后放量反弹甚至涨停，可能是短期反转的迹象，甚至是长期下跌趋势的终结。其恢复潜力可能会更大，在合适的时机介入可能会带来较好的回报。

通过长期震荡磨合形成的前低位置作为有效的心理及实际支撑位，反映了机构对个股基本面的长期估值。当股价跌至前低点时，市场心理会产生暗示，认为股价已经触底。只要个股的基本面没有恶化，股价就没有理由跌过前低。因此，有先锋资金可能会尝试通过博弈来推动股价反弹。因此，前低会形成有效的支撑，这时可能会有资金愿意抄底，我们称之为有效的底部。交易者可以通过观察成交量的变化来判断底部的有效性，股价需要经历下跌变成震荡的过程才能出现底部，即底部是经过资金的长时间反复博弈磨出来的。个股经历长期下跌后形成 W 底，并在底部区域出现地量交易清淡，表明筹码结构已趋于松动，具有较轻的抛压。此时，资金点火往往很容易实现涨停，具备较好的启动条件。

处于长期下跌尾声的个股出现持续的放量，可以判断其内部出现了尝试扭转下跌趋势的力量。这可以引发短期趋势的反转，或者是空头力量衰竭的内在修复需求。出现超预期的放量大阳是底部反转的信号，此时可以介入。个股在底部箱体突破确立趋势反转后，预示着将进入上涨趋势。只有出现上涨趋势连续加速，才表明进入主升阶段。走势处于主升阶段，可以加强涨停及次日溢价的确定性。最佳买入点是发现其短期强势上涨迹象时，日内第一波上涨超过六个点，显示出突破短期箱体的意图。也可以等待其在日线上方稳定运行，并出现大单流入快速消化筹码、展现封板意图时进行右侧的跟风买入。

博弈的反转有两个要点。第一，出现放量涨停或者大阳线。最好在第一个涨停时出现三线合一。长期下跌的个股放量但未涨停不足以证明其趋势反转，连续放量表明主力资金正在进入市场，散户很难引起短期的放量。如果个股保持弱势下跌趋势，则不会有大分歧和持续的放量。个股在涨停之后保持放量说明一直有资金尝试进场抄底，扭转整体下跌趋势。只要短期的抛压消耗殆尽，那么后期该股的上涨趋势仍能延续。虽然市场下跌力量已经衰竭，但并没有立即出现修复和反弹的资金，而是震荡消化，等待利好消息。如果没有主力资金的引导和放量的迹象，即使有利好支持，个股的超跌也难以转化为连续上涨,缺乏较好的套利机会。

第二，后续形成持续堆量是对长期底部的右侧确认。个股在底部区间时成交量突然放大但未致大幅下跌，这可能是市场情绪即将发生变化的信号。个股在首个涨停之后，在涨停上方形成了箱体。在该箱体的调整过程中，出现了多次上攻。尽管箱体的震荡幅度不大，但出现了持续的放量。堆量是对底部以及之前涨停的确认。宽幅震荡后会起到两个作用：第一是对长期下跌趋势的修复；第二是激发短线资金和短线套利资金的参与，从而提升个股的活跃度和辨识度。

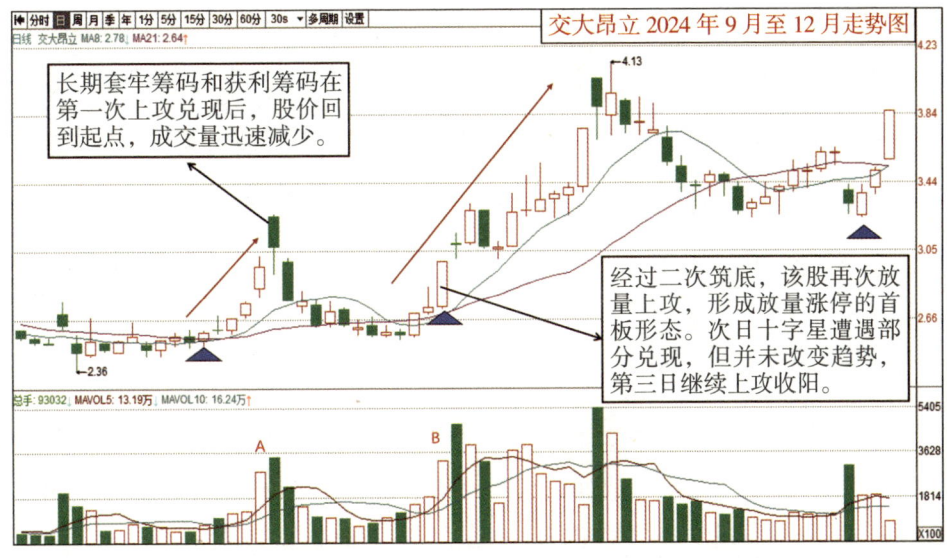

图 5-5　2024 年 9 月至 12 月交大昂立的两次上攻

如图所示：交大昂立在经历长期下跌后横盘震荡，随后 A 处放量上攻形成第一次堆量。长期套牢筹码和获利筹码在第一次上攻兑现后，股价回到起点，成交量迅速减少。经过二次筑底，该股 B 处再次放量上攻，形成放量涨停的首板形态。次日首板获利兑现，出现放量十字星，第三日再次放量形成大阳线上攻，随后虽量能有所回落，但形成堆量形态，并以大阳线突破前高压力位，开始主升行情。

总结：个股经过长期底部震荡，形成底部筹码密集形态，任何的拉升都面临着获利盘的兑现。只有经过持续的堆量把松动筹码清除完毕，主力在进行拉升时才可以不受筹码的拖累，拉升较为轻快。当个股筑底量能出现二次堆量、两次上攻并突破前高，基本可以断定主力的拉升意愿较为强烈。突破前高即买点，只要量能不大幅萎缩，保持平量或适度缩量，都可以捂盘不卖，直到出现放量大阴线，主力出逃后才跟随卖出。

确认底部的关键标志包括但不限于连续放量大阳或涨停，以及涨停后出现堆量现象。底部的确立还需观察后续是否有足够资金持续跟进支撑股价上涨，而非仅由个别短炒资金推动，表明市场对低价筹码有较强的吸引力和信心。交易者需关注右侧信号，如主力持续流入以及涨停板确认等来决定介入时机。

2.MACD 背离

趋势反转形态主要包括两种情况。第一种情况是快速反弹，个股在调整期未跌破长期均线，并展现强势连板现象，可能成为市场转折点。同时，利好消息和重组、收购等活动也可能刺激股价上涨。快速反弹的参与价值在于初期的第一波反弹，交易者应结合市场情绪和基本面进行综合判断，寻找合适的介入时机。

在高辨识度个股持续下跌后企稳并出现主力持续流入的情况下，可以考虑博弈反弹行情。修复反弹不仅容易拉升，而且能够获得较好的溢价，因为会有很多资金去博弈接力，有过大涨的个股次日溢价会较高，具有较高的安全性。

第二种情况是震荡见底。个股在底部震荡整理后出现反弹级别扩大，交易者可在底部右侧确认时介入。个股长期趋势出现了跌无可跌，量价形态出现了背离，包括 MACD 也逐渐从水下拉回，符合 ABC 三浪的下跌形态。如果个股出现 ABC 三浪下跌后的尾端底部反弹，且伴随放量的震荡推升，可能存在主力资金推动下的长期修复趋势。

长期下跌但突然放量的个股发生趋势反转时，往往伴随着重要的基本面变化，关键是观察背后力量的强弱变化。可以通过MACD的底背离和量价形态来辅助分析。个股经历了长期下跌后的反弹修复或者企稳后，MACD指标与价格走势出现了背离，即股价创新低、MACD指标却出现了上涨或触底反弹的迹象，是趋势即将反转的信号。这意味着个股长期下跌已无力支持反弹，下跌力量衰竭。MACD出现触底反弹，揭示了下跌力量的减弱，进入支持反弹的节点。因此，只要板块出现反弹或上涨，个股很容易跟随板块出现修复反弹。正是长期下跌力量的减弱，使得短期做多力量得以表现，或者足够消化抛压实现涨停，实现放量大阳的表现。此后，MACD黄白线回踩零轴企稳并出现红柱迹象，呈现出持续性较强、确定性较高的长期震荡推升走势。

个股经历了长期下跌后的震荡调整阶段，其K线显示经历明显的ABC浪结构，已经到了筑底的C浪末端，出现了放量筑底和最后的调整，形成了W底。在W底末端时出现了快速下跌后的回稳震荡，收了十字星，这意味着个股已经处于筹码没有继续卖出的状态。量价背离、MACD指标上行等底部信号显示出下跌力度的衰竭及趋势反转的良好形态，该股具备长期下跌后的反弹潜力。

MACD背离是典型的趋势反转信号。只有MACD黄白线在零轴企稳后，才出现真正的反转或确定性更高的右侧信号。MACD黄白线仍在零轴以下，意味着反弹确定性还不高，不是百分百的趋势反转。MACD黄白线已拉回到零轴附近且未创新低，结合板块利好等因素，其涨停有信号作用。由于个股经历了长期超跌，MACD底背离出现，底部堆量明显，形成了明显的趋势行情。即使无法形成连板效应，但低位放量震荡特征表明主力资金正在积极建仓或换筹。

MACD背离滞后性较强，我们还可以通过放量涨停的技术特征来判断趋势反转的短期有效性。从MACD底背离来看，个股下跌力量没有加强，反而出现了反弹的契机。涨停节点存在下跌力量极弱的表现。涨停的节点出现在下跌中途时，反弹阻力较大。即使有主力资金进入，也难以达到涨停。对于长期下跌的个股，真正的反转形态要有涨停。因为抄底越厉害，前期套牢解套的力量越强，形成恶性循环。因此，个股只有涨停才能确认底部和趋势反转。这是避免抄在半山腰的重要方法，也是判断超跌反弹节点的有效方式。

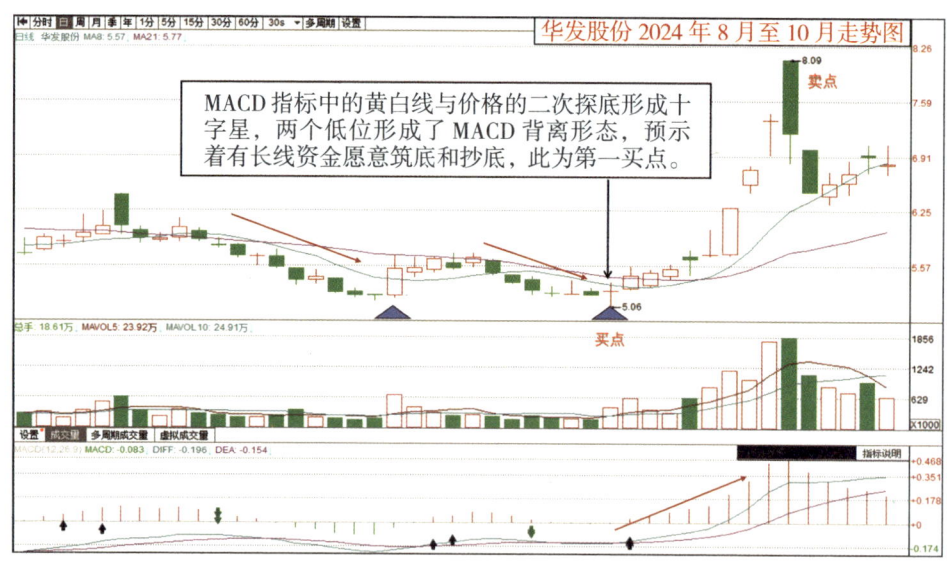

图 5-6　2024 年 8 月至 10 月华发股份的筑底买点

如图所示：华发股份经历长期下跌后，在筑底阶段出现小阳反弹（第一个蓝三角），但力度较小，形成了二次探底形态。其 MACD 指标中的黄白线与价格的二次探底，两个低位形成了 MACD 背离形态，预示着有长线资金愿意筑底和抄底，此为第一买点。当价格突破前高和出现放量首板时，标志着个股开始进入主升行情。此时可参考 MACD 指标中黄白线上穿零轴，作为中长线资金介入的时机。由于 MACD 指标倾向于右侧交易，若叠加放量首板和指标上穿零轴的信号，则可进一步确认筑底反弹的有效性。相反，若出现放量大阴线，尤其 MACD 黄白线下穿零轴则应及早卖出。

在 MACD 背离节点介入，我们需要分析概念炒作类型，抓住小级别转强节点买入更为稳健。依据分时形态判断主力资金介入迹象，根据主力金额大小在价格超过八个点时跟进参与。基于板块发酵利好的背景、低位放量箱体的良性换手以及分时 N 字形拉升等形态是 MACD 背离确定的进场点。

3. 超跌反弹量能

个股经历了长期的下跌，并且在过程中形成了多次反弹。然而，反弹失败未能突破长期均线的压制，导致了进一步的下跌。个股经过长时间单边下跌后，反而会使内部筹码变得更加稳定，底部位置带来的收益大于风险。当空方能量积累时，即使短期内表现为退潮状态，其实蕴含着巨大的势能。势能在一定的条件下会转化为多方能量，表现为反弹或连续涨停，从而出现较好的机会。

个股处于跌无可跌状态时，长期的筹码沉淀使得抛压较小。一旦出现涨停，暗示抛压轻且抄底意愿强烈，个股可能存在持续性的上涨潜力，出现超预期的反弹。个股低位异动后持续放量震荡，显示出了极强的上涨势头，主力资金会利用稳定的筹码结构进行抄底操作。尤其是流通市值较小的个股，更容易被主力资金操控。一旦抄底成功，带来两到三天的套利行情。买点在箱体震荡突破回踩并保持上涨势头时出现。操作超跌反弹的个股具有显著的价值，一般具备两个关键特征：

一是经过长期下跌后形成的 ABC 浪型的下跌趋势，但不会无限下跌至谷底。空头衰竭且已跌无可跌的个股，内部持筹者与外部资金共振推动其上涨。

二是确认反弹标志的涨停。放量涨停是通过上涨分时平稳拉升方式测试个股的抛压，将最后一点松动的筹码进行替换。这会导致出现倍量的形态，但并不是爆量。放量涨停体现主力利用突发性利好消息的资金运作意图，在底部区域由下跌转为震荡确认底部，可能是短期反转或长期下跌趋势终结的信号。如果分时震荡反复消化后出现连续涨停，那么会出现更流畅或更轻松的上涨，上涨过程中的压力会相对较小。个股放量调整和分时均线缠绕形态反映了短期多空激烈博弈的状态，内部出现了尝试扭转下跌趋势的力量。只有短期抛压消耗殆尽，且维持上涨预期，才有可能延续上涨趋势。如果套牢盘解套的压力较大，那么上涨会受到限制。

个股具备超跌反弹的逻辑，但仍然无法凝聚市场合力。长期下跌趋势中的反弹力度受到多种因素的影响，包括市场消息和炒作概念的短期驱动等。政策刺激下，个股经过长期下跌后的第一次有效反弹会比较具备弹性。消息推动的反弹尽管短期内可能出现显著的效果，但长期下跌趋势对短期套利有较大影响。由于长期趋势的力量较大，长期下跌走势具有较强的持续性，在下跌过程中的反弹往往难以持久，更难以逆转下跌趋势。即便短期利好消息的发酵推动了反弹走势，从炒作概念的持续性来讲，短期利好消息由于缺乏想象空间和持续发酵的预期，无法改变长期下跌趋势。个股要持续反弹走出板块行情，必须等待大盘流动性回暖或持续反弹。如果长期下跌的板块能够跟大盘指数完成筑底共振反弹，等待箱体的构筑，甚至在反复回踩确认支撑有效的情况下，后续的行情将迎来机会。

如果短期内遭遇小级别反弹却面临高位压制，主力资金会迅速离场，避免接手已被套牢的筹码。从背后炒作力量来看，我们并不能主观地判断股价已经见底，一旦无法打破趋势的压制，有可能再次回到弱势震荡甚至下跌趋势。但长期下跌趋势并不影响短期套利，我们只能采用套利的思维模式。一旦出现强势反转，会有数天的反弹周期。然而，由于下跌趋势的压制，资金难以持续进行大额炒作，反弹高度和背后的炒作力量有限。此外，对于寻求通过反弹进行套利的交易者而言，长期下跌的个股虽然可能提供套利机会，但由于趋势的压力和市场的不确定性，成功的概率相对较低。

个股的超跌反弹需要无大幅抛压才能持续上涨。经历长期下跌后，筹码已经较干净了，此时的拉升会较轻快和方便。在拉升过程中若出现过大的抛压，则会导致冲高回落或上涨遇阻后被资金砸盘，进而引起谨慎观望情绪。如果前期套牢抛压较大，但在关键时刻未能得到有效兑现，在短期内会出现快速、大幅的拉升。其快速流畅的拉升方式符合短线套利资金的操作模式，便于资金获取超额收益。

长期下跌后的底部震荡是否为大级别底部或者仍在下跌的半山腰，取决于反弹的强度。持续反弹要看题材的发酵，以及前期套牢资金的兑现欲望。个股经历了长时间的下跌，要改变长期趋势的难度很大，需要很强的做多力量。超跌反弹的堆量表明已经开始有资金进场博弈，资金交投活跃度提升，波动率也开始上升，右侧确认了底部并呈现反弹级别扩大的迹象。

个股在底部震荡过程中伴随着明显的企稳与放量上攻迹象，表明其已具备短期反弹修复的坚实技术条件。个股涨停前两天出现放量且小幅高开的现象，往往是主力资金试盘和洗盘的迹象。高开不是散户行为导致的，因为长期超跌的个股在短期内很难大幅高开。高开和随后的震荡上行表明有主力资金介入，并利用板块红利进行操作。尤其是个股出现连续放量以及价格短期冲高的现象，尽管未形成涨停，但足以反映出做空力量的衰竭。如果个股在拉升过程中没有出现预期中的抛压或炸板，可能是前期试盘效果良好。因此，对于形态良好的长期超跌个股，在确认主力进场后，可以考虑提前介入。

个股只有完成长期下跌趋势的扭转，才能在小级别短期反弹中保持连续性。趋势反转要求同级别的上涨力度与下跌持平，若下跌是长期的，趋势反转需走出长期上涨走势。个股底部放量后缩量涨停，连续的涨停显示出了强烈的反弹意愿，但其后的分歧揭示了资金短期套利行为。个股天量天价波动率放大，导致短期内积累的获利盘及套牢盘集中兑现，终结了连板走势。这意味着过度一致的获利兑现可能导致资金逃离出现恐慌性下跌，而非形成良性承接，出现小级别换手所需的分歧点或中位箱体过渡，因此难以维持上涨趋势的持续性和稳定性。连续上涨虽然已止跌或确认底部，但尚未达到长期上涨的标准。此时只能定位为反弹延续，投资者需等待其反弹级别扩大并演变为长期上涨后再介入。

如果个股在大幅反弹后第二天出现承接问题，短线情绪再度回落，这将影响依赖市场情绪的个股。此外，前期被套牢的资金，没有被洗下车的持股者会等待这次反弹作为主要的离场点。一旦市场出现不利情况或上攻乏力，前期套牢盘解套的压力会显现，特别是上方存在筹码断层时，会对内部筹码构成考验。一旦持续上涨触及前期的筹码压力，就会引发兑现的不确定性。若资金出现集中兑现，很有可能会快速终结个股的这一波反弹走势。

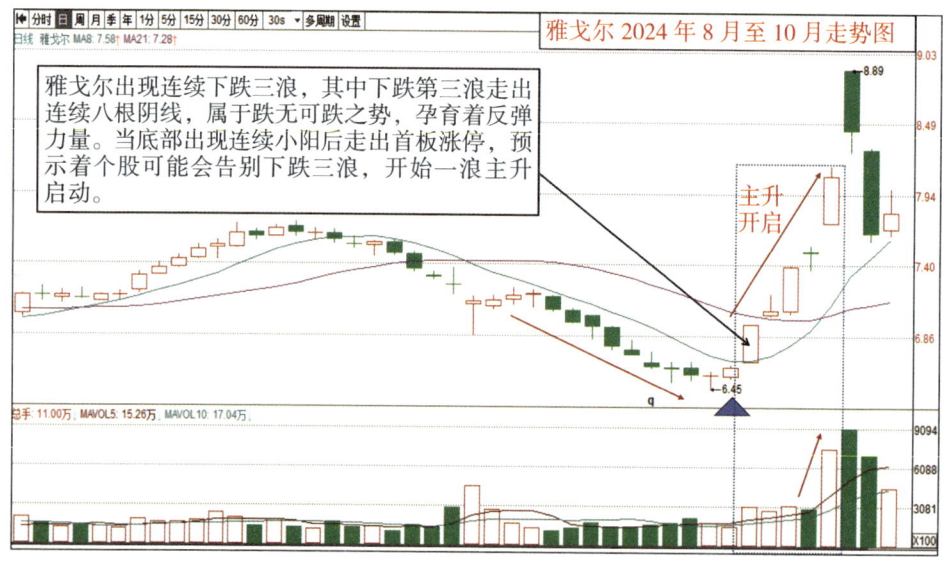

图5-7　2024年8月至10月雅戈尔的表现

如图所示：雅戈尔出现连续下跌三浪，其中下跌第三浪走出连续八根阴线，出现跌无可跌之势，此时已开始孕育反弹力量。当底部出现连续小阳后走出首板涨停，预示着个股可能会告别下跌三浪，开始一浪主升启动。确认一浪的关键在于首板涨停后，次日的获利兑现需为良性调整，没有出现大规模的首板获利筹码兑现，量能适度持平，表示筹码愿意守仓。随后再有大阳线上攻，量能开始持续放大，说明主力加大进攻力度，并在连阳过程中出现少量十字星阴线，显示少部分获利筹码已兑现离场。这并不影响个股依然保持反弹的大趋势。经过一浪反弹后，虽然出现阴线调整，但只要能够在前高位置止跌，说明属于良性调整，后续有望继续反弹。

三、趋势量能战法

1. 连阳倍量超预期战法

个股经历长期的横盘整理，突破底部区域后，形成量价齐升，出现至少三连阳。随后出现了适当的获利调整，但没有跌破连阳的最低价。个股经过调整回踩后出现低吸机会，倍量突破盘整区间，突破后形成连续的上涨趋势。这种形态的操作方法，我们称之为连阳倍量超预期战法。

虽然低位连阳累计涨幅并不大，但连阳天数较多，表现超预期，显示出主力建仓的意图，表明短线资金开始博弈。打破横盘的显然不是散户，散户没有能力形成并维持持续上涨的趋势。在个股连阳推升过程中，尽管幅度较大但没有出现阴线，这表明并非散户力量形成了连阳的拉升，更可能是主力、机构或私募资金在维持股价上涨。连阳持续的放量暗示着有消息泄露或外部资金介入布局。个股当日的强势拉升，特别是高开拉至涨停，显示出主力的强烈意图及实力。在连阳推升之后的调整过程中，还出现了主力资金的离场迹象以及达到前高位置时资金分歧的表现。

倍量的突破表现往往是主力反弹纠错或修复错杀逻辑的结果。个股突然加速连板更多是因突发消息引起的，并非主力常规建仓手段，涉及主力前期偷偷摸摸地建仓。所以堆量后的调整具有洗盘作用，并有利于低位个股进行后续拉升，同时会降低短期内的抛压，在缩量回踩后表现尤为明显。实施该战法，有以下三个要点。

第一，在多头趋势下，均线发散斜率向上排列，并且至少要有三根连阳的K线，这三根阳线的累计成交量是前面交易日的两倍左右。获利的资金经过充分换手出局，接盘成本会抬高，不会有大量的盈利筹码去砸盘，新进接盘的筹码没有盈利。

第二，连续放量换手上涨后紧接是震荡，但不能跌破连阳K线的最低点。如果股价震荡跌破最低价，表明跌破了主力的最低成本。主力的平均成本在股价一半的位置。做多意愿坚决的主力不会允许股价跌破主力建仓的最低成本，也就是所有阳线中的最低价。放量下跌比缩量下跌要好，因为大部分资金集中在某一段时间放量下跌，把风险全部释放，后期反弹的抛盘会稍微减轻。缩量下跌处于加速的状态，后面往上反弹会被套牢的筹码大量砸盘，反抽容易被直接砸下。

第三，低位吸筹和放量突破。个股出现了堆量连阳和缩量下跌的形态，买入逻辑在于个股的中线涨幅。个股在突破连阳后会出现调整，等到股价回落到连阳最高价附近时进行低吸，是第一买点。止损位设在突破连阳的最高价附近。如果收盘跌破连阳倍量阳线的最低价位置，可以直接离场观望。第二买点是在缩量回调企稳后出现的一根大阳线。大阳线标志着调整结束并将继续上涨。如果没有主力介入，不可能出现超预期的上涨。拉升后看到了缩量的三连阴，这是较好的洗筹状态，抛压没有那么大。

连阳倍量超预期战法常常适用于超跌个股，尤其是处于三线合一反弹阶段的个股。一方面，游资和主力的大量介入带来了股价强劲上涨的动力。另一方面，连阳放量并不大，说明个股还有很大的上涨空间。连续上涨的原因在于缺乏抛售压力或资金流出，前期被套牢的资金或持股者并未卖出，而是选择持有或格局。因此，多空双方形成了配合，多方持续买入，空方格局持有，这使得上涨一致性较高。

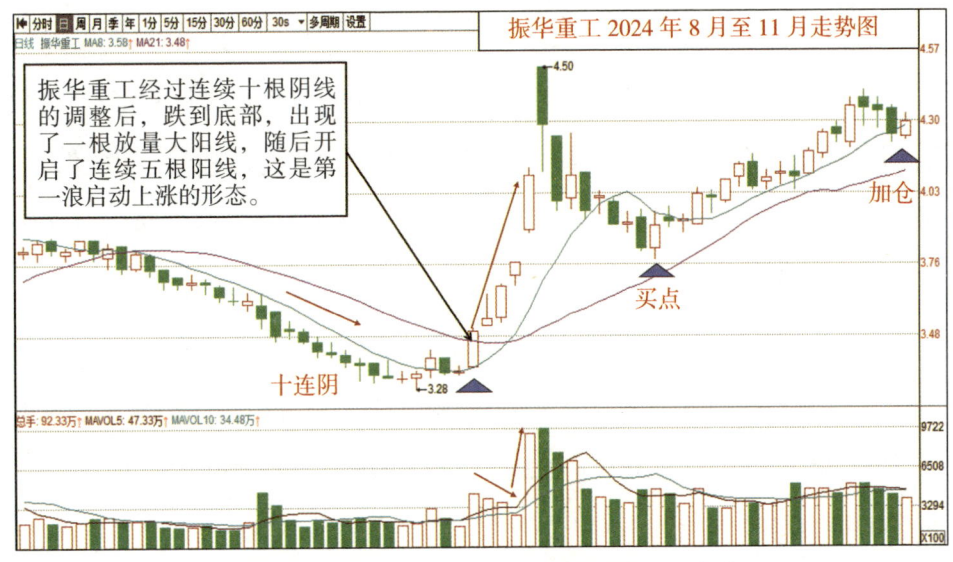

图 5-8　2024 年 8 月至 11 月振华重工的连阳启动

如图所示：振华重工在经过连续十根阴线调整到底部后，出现了一根放量大阳线，随后开启了连续五根阳线并伴随缩量上涨的形态。这表明超跌的筹码并未选择在上涨过程中大幅流出，而是选择锁仓，随后形成了缩量上涨的形态。连续阳线属于超预期的现象，预示着个股走出超跌形态，启动第一浪上涨行情。买入时机可关注连续阳线放量、缩量换手、在持续超预期上涨后获利盘选择兑现的第二浪启动阶段，以及调整结束后第三浪启动阶段。只要第一浪的主升段启动，任何后续的买入机会都可视为加仓点。这表明，连续阳线超预期为个股反弹奠定了基调，是中长期资金及主力资金强势介入的标志，投资者可在主升段大胆参与。

2. 连阴反转战法

连阴反转战法适用于个股在经历连续下跌后的反弹过程中，尤其是当量能呈现出从放量到极致缩量的转变，并伴随跌无可跌、卖无可卖的状态发生时。个股必须通过一根放量大阳线作为反转标志，表明主力资金开始介入，成交量急剧放大代表着市场能量的转变。

连阴反转战法的买卖点主要在首板当天或次日。在确认放量大阳线有效企稳、均线出现三线合一的背景下，左侧买点可以选择当日大阳或涨停时买入，而右侧买点则需在次日承接完成后再买入，确保有足够的市场辨识度和资金跟进以维持个股后续堆量上涨趋势。应用连阴反转战法需要满足三个核心条件：

一是连阴反转应在 C 浪或 C 浪延长浪的最后一跌位置出现，并处于前低位置且成功站稳。连阴发生在成交量刚开始下降时，伴随着极端缩量的情况出现，标志着跌无可跌、卖无可卖的状态，表明短期内下跌力量可能已经衰竭，并存在超跌反弹的机会。

二是个股必须出现明显的放量大阳并有效企稳。缩量连阴筑底过程后，个股显示出明显的反弹潜力。对于左侧交易来说，任何反弹都必须有信号作为标志。确认反转时会有放量大阳线出现，意味着个股的能量发生了变化，主力资金开始介入。当天出现了放量涨停，形成了三线合一和双底结构，这预示着可能告别跌无可跌的状态。

三是放量大阳的次日呈持续堆量承接现象。放量大阳后的次日能够持续放量，并形成堆量，有望带来持续的上涨趋势。放量大阳线后面临承接问题，若次日能持续放量堆量则表明反转有效性得到确认。如果没有人来承接，那么大阳反转无法确认，可能会变成套牢抛压。

连阴形成的原因是短期上涨的力量衰竭或多头衰竭。在连阴的初期，量能可能会稍微放大。但是到了连阴的后期，随着持续的下跌，成交量会迅速萎缩，直到出现极致的地量，甚至会出现跌无可跌、卖无可卖的情况。跌幅大小也会影响修复空间。如果跌幅大，则股价有修复空间；如果跌幅不大则说明长期下跌力量较弱。因此，结合超跌逻辑和下跌空间大小，可以针对连阴形态制定超预期策略。

连阴的位置也较为关键。第一种位置是连阴前经历了长期的上涨或大幅的上涨后出现的 A 浪下跌。这种情况下的连阴不具备介入价值，因为可能会在短期反弹后形成进一步的 C 浪下跌。

第二种位置是 C 浪或 C 浪的延长浪中。其特点是个股经历 A 浪下跌、B 浪反弹和 C 浪进一步下跌后，出现了跌无可跌的状态。但即使跌无可跌，最终仍有可能经历反弹并继续下跌，形成 C 浪延长浪。一旦出现利好，不管是业绩利好还是板块利好，都容易出现下跌力量空头衰竭的强力反弹。因此，个股在企稳后小幅高开容易出现涨停。个股长期下跌后的首板反弹放量是资金大幅进场的标志，当天是相对放量甚至倍量的表现。一方面是在下跌过程中，成交量会持续缩小，交易不活跃。另一方面是主力介入后，会促使前期被套牢的筹码解套离场，出现相对放量的情况。

对于 C 段尾段下跌后出现的首板，我们应该及时对日内表现包括冲高以及回落震荡是否能介入做出判断。分时形态基本分为三次拉升。第一次拉升是小幅高开后震荡推升，出现快速直线拉升。主力资金大幅进场，对短期上涨形成强大上冲力量，最终第二波拉升达到涨停价位，形成摸板形态。个股经过炸板适当替换不明所以的筹码，完成第三次拉升封板的动作。

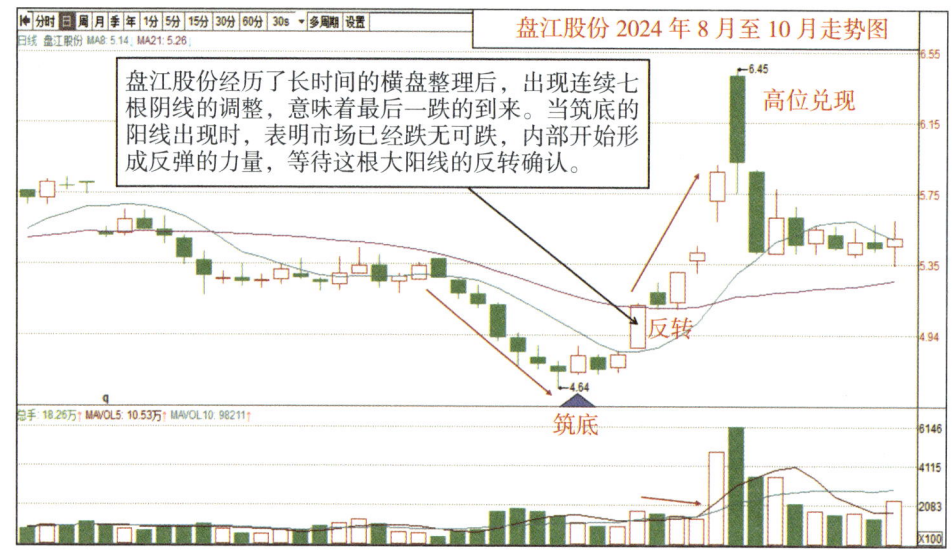

图 5-9 2024 年 8 月至 10 月盘江股份的筑底反转

如图所示：盘江股份在经历了长时间的横盘整理后，出现了连续七根阴线的调整，意味着最后一跌的到来。当筑底的阳线出现时，表明市场已经跌无可跌，内部开始形成反弹的力量。随后出现一根放量大阳线，预示着个股即将告别连续阴跌的趋势，迎来缩量上攻和放量高开的走势，标志着该股连续阴跌的反转确认。

总结：当个股经历长期横盘后的连续阴跌，市场可能会解读为对个股的错杀导致的超跌现象，偏离了其正常的价值预期，通常会伴随着急速的放量上攻。由于连续阴跌积累了大量套牢盘，因此在大阳线反转上攻时，需要适当放量来消化上端的套牢压力，才能继续上攻。尤其是当进入前高点的筹码密集区域时，更需要放量确认替换筹码。如果量能不足，可能会导致在反弹的启动阶段后劲不足，遭遇之前套牢筹码的兑现，形成大阴线。因此，我们看到盘江股份在启动浪结束后出现两根放量大阴线，这正是由于在拉升过程中筹码替换不足所导致的，对人气造成了较大的打击，需要经过长时间的二次调整才能再次开始上攻。

连阴反转的首板不适合放大量。因为首板放大量会增加次日的承接压力，导致高开低走甚至直接跌停。因此，连阴反转战法的个股，左侧买点是在当天大阳或涨停时在板上买入，右侧买点则是在次日承接完毕后买入，博弈的是后续的持续上涨。在次日，要形成相对的堆量。个股不能是脉冲式放量结束，要有持续的市场辨识度去吸引资金进场，才能出现堆量上涨。否则，该股当天涨停后会沉寂下去，后面可能没有资金愿意去承接。

战法中连阴的特殊情况是连续跌停，发生在个股缺乏板块地位或市场短线情绪不佳时，表现为近乎无人参与的状态。当个股连续跌停并伴随放量特征时，这意味着尽管遭遇抛售压力，但仍存在部分资金入场抄底。这表明在加速跌停过程中，越来越多的资金开始尝试买入，形成了分歧较大的市场信号。个股股价连续多日放量跌停不仅揭示了市场对其当前价格认同度较低，更说明尽管股价受到巨大抛售压力，跌至出现成交量放大时交易者仍进行交易。同时也表明已经有部分资金逐步进入抄底状态，试图在低位布局。此外，若随后出现小阳线及直线上攻的表现，则可能预示着该个股已接近底部，并有可能因市场情绪好转或其他利好因素促使资金重新青睐该个股。即使个股处于下跌通道中，只要其辨识度较高，且经历了较为急迫的超跌调整，便有机会吸引资金抄底。因为个股往往具有上涨逻辑基础，在基本面或板块驱动下具备反弹潜力。

3. 挖坑补坑战法

趋势股在上升的过程中会出现适当的获利回吐进行调整，其中出现挖坑补坑的行情较为常见。挖坑补坑有三个特征：一是个股快速下跌且幅度较大。挖坑形态表现为价格的直线下跌，但幅度不宜过大以避免市场信心受损。一般而言，一根大阴线垂直的下跌七八个点以上，再加上一两根小阴线，整个挖坑的幅度达到十个点左右；二是出现底部震荡，且坑底越平越好，最好能维持在均线上震荡；三是一次性拉涨停或大阳线进行补坑，补坑的高度约等于大阴线的幅度。补坑应显示主力快速回补的决心，反映了强烈的主力操作意图和股价上涨潜力。如果我们缩短观察的级别，在分时图中也会出现挖坑补坑的现象。

坑的形成是由于市场恐慌、错杀或资金大量流出等因素引起的。随后，当市场经历一段时间的震荡后，可能出现超过预期的补坑行为。但这往往会再次引发新一轮的下跌，形成第二个坑。这说明补坑的资金流中存在巨大的分歧，即部分交易者试图通过补坑来获利，但同时也暴露出其在盈利后急于兑现的需求。

双坑结构在上涨趋势的末期阶段尤为显著，表现为经历大幅拉升、箱体震荡和超预期涨停等形态后出现的两次深度回调。双坑的形成源于短期内资金博弈激烈程度提升，即多方进攻和空方抵抗间的动态平衡被打破，导致股价波动加大、快涨快跌。极端波动反映出特定事件刺激、市场情绪炒作等因素的影响，并在一定程度上揭示主力资金对阶段性上涨高度的限制和认知分歧。单坑结束后，往往趋势还能进一步上涨，而双坑后往往标志着趋势行情进入尾声，其高点应在前一轮上涨顶部附近。

做多的力量可能会在第二个坑的补坑过程中消耗殆尽。突破前高并进一步上攻将面临双重抛压：第一重抛压来自第一个坑的上沿，即前大阴线的高度；第二重抛压来自第二个坑的上沿，即个股首次挖坑带来的套牢盘，其长期上冲的压力会较大。第二个坑比第一个坑稍微小些，原因在于前一波的下跌已基本清除了大量的套牢盘和获利筹码，使得后续的反弹更加容易和迅速。

圆弧底是挖坑的一种特殊形态,出现在长期横盘后股价出现跌停板、形成向下寻底的过程。与常规的平底状态不同,圆弧底在下跌过程中会有连续阴线下跌形成弧度,并且筑底时间较短,可能在缩量两三天后开始小阴小阳推升,最终缓慢向上反弹形成圆弧状。圆弧底呈现的弧度调整及快速缩量反弹是对错杀逻辑的修复。圆弧底部反转的关键条件包括两个方面:一是需要有基本面的利好支持,以便趋势反转;二是右侧形态需要小级别的趋势反转扩大为大级别的反转,表现为低位反弹后加速走强,直至涨停连板出现,这是健康且具有较大参与价值的表现。

挖坑形态会补坑,补坑位置处于前高位置经常出现放量炸板回封的情况,量能比昨天增加了五六倍。因为补坑到达前高区域面临着前高的套牢盘,补到上边缘后会有调整,且股价接近前高,面临高换手带来的压力。因为大阴线的起点是前高和历史新高,前面有获利盘要兑现,后面有解套需求。需注意三个主要压力:坑的上沿、高位套牢盘和板上换手的高危筹码。特别是前面出现的长上影线和抛压的套牢盘,当天板上换手带来的高位筹码和底部拉升的获利筹码。因此,补坑的次日个股将面临三重压力,尽量避免低开。如果出现低开,会导致当天板上的大部分换手的资金被套牢,会加大风险。如果个股高开高走,会面临兑现的问题。因为当天出现了炸板,次日可能会有资金要抢跑。因此,高开可能会有资金想要抢跑,导致个股下跌后再上涨。所以在补坑过程中,资金倾向于在达到大阴线的上沿,即套牢盘最多的位置时选择退出,以避免被套牢。

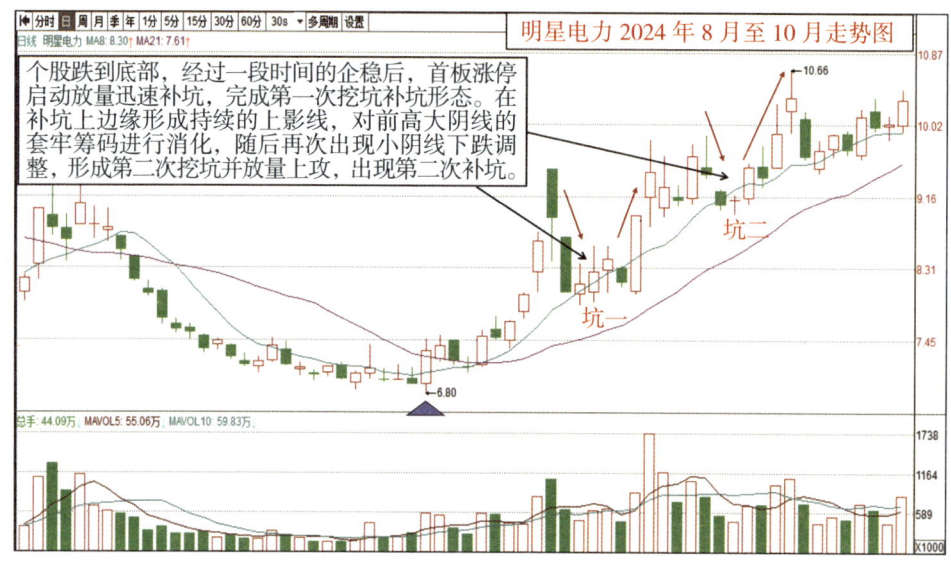

图 5-10　2024 年 8 月至 10 月明星电力的两次挖坑补坑

如图所示：明星电力在经历了长期的筑底过程后，形成了底部的反弹，但在前高点的压力位附近遭遇了大量卖压，形成了大阴线放量下跌。随后迅速企稳，出现了挖坑筑底的形态。经过一段时间的企稳后，首板涨停启动放量迅速补坑，完成挖坑补坑的形态。在挖坑的上边缘形成持续的上影线，对大阴线上沿的套牢筹码进行消化，随后再次出现震荡调整，形成二次挖坑并放量上攻，出现二次补坑。经过两次挖坑补坑形态后，个股的套牢筹码基本消耗完毕，有望开启持续上攻的趋势性行情。挖坑补坑是属于在个股筑底以及启动阶段替换套牢筹码的有效形态，往往出现放量缩量的主力介入行为，预示着个股获得市场主力以及散户的持续关注，只要挖坑补坑结束后没有出现大阴线放量下跌，主力确认没有离场，都可以去参与后续的趋势性行情。

在挖坑的过程中，个股经常出现大阴线或者跌停形成的缺口。由于缺口是离开标志，但如果能通过超预期的方式回补，如放量涨停，则预示着可能出现超预期的上涨行情。跌停缺口的回补也是重要的参考指标，一旦实现超预期回补，则可能导致股价进一步攀升。当个股出现放量涨停补缺形态时，若未能突破前期高点并持续上涨，反而出现连续跌停，这被视为伤及人气的表现，说明市场合力正在消散，部分资金不愿入场接盘。尤其是当一波连板拉升后紧接着出现三根大阴线，其中包含跌停，这意味着市场的预期并未得到满足，且主力资金对后市走向产生分歧，从而导致下跌压力增大。

第六章 主力量能策略

一、主力行为

1. 主力买入行为

在市场行为中，无论资金实力大小，只要操作的个股不符合市场整体风格，交易者就很难在交易中获利。对于特殊走势的个股，在不充分了解市场资金行为的情况下，投资者尽量不要盲目参与。市场行为中，无论是主力资金还是散户资金，过多的主观判断或英雄主义会导致交易失败。由于背后资金成分的不确定性和主力意图的不确定性，需要充分了解市场资金行为后再参与交易，否则可能面临较大风险。只有当个股符合交易条件、环境、模式有效等标准后，才能考虑介入。即使个股消息再好、题材再有想象力，如果没有明显主力流入的强势表现，表明市场对其认可度不高；反之，即使个股题材普通，只要有主力的资金流入，则说明具有短期套利价值。

在判断主力资金介入的个股时，不仅要关注日内强势和封板的确定性，还要注意主力资金的行为意图。主力选择拉升个股，肯定是有所准备，不可能是临时起意。无论是开盘后错杀修复，还是零轴启动的直线拉升，或者盘中出现突发性大单买入点火，都不是散户行为，而是主力或者机构大资金的操作结果。如果只是散户抄底，个股股价不会保持流畅上涨。分时走势与大盘下跌相逆的个股，主力资金进场力度较大，次日突破创新高的可能性较大，可以立即跟风介入。保险起见，交易者可在分时放出近期内相对较高的成交量后再跟随，因为无量拉升容易遭遇资金兑现。拉升过程中我们应仔细观察成交明细，等待整数大单介入作为信号。交易者应在大单买入经过承接后再买入，以留给空头时间去释放抛压，并观察主力如何应对抛压。

主力点火必须考虑跟风盘的合力强弱：合力强可能顺势发动一波大行情；如果合力弱，主力可能反手出货。通过持续放量且高位震荡，主力资金实际上是在增加市场活跃度和洗筹，而非简单的锁仓持股。交易者参与此类个股需采取低吸或打首板策略，避免连板追涨。因为主力风格倾向于中线偏长线的操作手法，进行反复的低吸高抛，来推动股价呈上涨趋势。此类主力不是追求短期快速连板获利的情绪资金，而是有中长期交易的计划、建仓成本考虑和长期盈利目标的机构资金。机构大规模买入则是强烈看好，短期内不论涨跌都不会轻易卖出，是坚定的多头。但机构不具备快速拉升股价的能力，如果是游资主力行为，股价波动会剧烈，而机构拉升的分时呈现稳步上行的节奏。一般而言，机构建仓都是中线看好个股，短期走势还是存在不确定性。

强势个股没能封板，主要原因是资金不足，没有主力参与，而是以散户操作为主。因其盘中表现并未显示出主力介入的强势拉升信号，故不适合直接进行打板或短期套利操作。如果主力曾借助板块优势出现试盘行为：努力把股价拉到高位，但个股不继续封板，冲高回落形成长上影线，不及预期次日会被套牢——这说明有潜在的上涨力量，但没有得到良好的资金支持。由于市场关注度低，个股上涨逻辑不明，如果次日板块继续发酵，主力可能会选择锁仓等待趋势反转，或者选择缩量整理或继续拉升，该股有继续上涨的潜力。

大盘情绪对主力的介入行为有重大的影响。当市场情绪、板块氛围不支持时，主力也不敢进场拉升。尤其是大盘股在短线情绪较弱的环境下，主力实力不够是不敢轻易地去高位追涨或者高位点火，进行直线拉升。多数情况下，个股即将涨停时，主力需要等待大盘情绪回暖来完成封板动作。从侧面来看，这表明个股表现较弱，容易受到市场情绪的影响。强势个股的特点在于遵循独立的逻辑，不受板块和大盘的影响。

主力的预热搭台动作是为了等待后续的资金介入和推动，意图是成功发酵个股逻辑，让市场上更多的资金关注该股，待出现炒作预期后进行拉升涨停。因此，对于很多早盘冲高四五个点之后又有承接的个股，很容易出现类似的搭台动作。个股经历中继平台整理并出现明显主力净流入迹象后，交易者可结合当日热点情况和市场情绪进行买入。在搭台阶段，主力资金意图通过吸引越来越多的资金关注并挖掘其利好，从而实现个股逻辑的发酵和炒作预期的形成。个股的利好消息发酵后，市场会热烈反应，主力资金会持续流入并拉升股价，最终完成搭台唱戏的全过程。

个股在前期有较强的跟风上涨，展现出能够涨停或成为日内资金主要进攻方向，其在开盘后横盘震荡直至十点半左右出现持续的资金进攻，这表明背后产生了做多力量，主力进场意图明显。资金开始挖掘利好后，散户从不太清楚逻辑到协助封板，完成转变。大多数的直线拉升都是非理性的资金疯狂抢购。个股快速上涨可能是大资金开始集中进场。个股拉升接近秒板的强势表现，是主力很明显的抢筹意图。但是个股开盘后先震荡再拉升，这已经不是简单抢筹，而是主力资金经过理性思考后认为个股的概念和逻辑正宗，选择适当换筹码后的理性行为。主力资金正是利用了分段拉升，然后引诱松动筹码获利兑现，借机消化潜在抛压以及拿到足够的筹码。主力这样做不仅能消化掉潜在的抛压，也拿到了足够的筹码，并且在板上成功封板，博弈后续的高溢价。主力并非一时兴起，而是经过深思熟虑和精心策划。随着板块整体形成相对完整的连板梯队，具备一定持续性后，许多潜在的买盘希望介入板块进行套利。

个股低开并迅速涨停、精准回踩均线等现象，可以看出其具有较强的独立强势形态，背后可能存在主力资金引导的超额修复和套利预期。因为市场合力难以精准地控制承接点位以及直线拉升。只有主力能够大幅影响的个股才会出现较为标准的调整和拉升形态。个股炸板震荡回落后，由于主力资金强大的维护修复能力，仍可认为是上涨趋势中出现的小级别分歧，而非弱势表现。主力资金护盘的决心和需求将成为推动行情加速的重要因素。

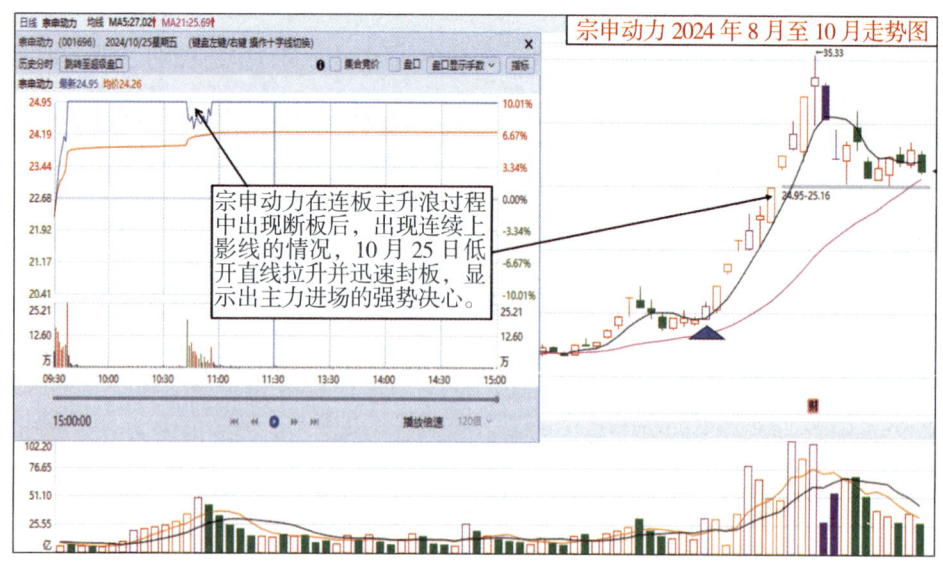

图 6-1　2024 年 10 月 25 日宗申动力炸板回封的决心

如图所示：宗申动力在连板主升浪过程中出现断板与连续上影线的情况，10月 25 日低开直线拉升并迅速封板，显示出主力进场的强势形态，与前两日的断板长上影线情况截然不同。虽然存在阻力，但个股主力进场的决心很大，炸板后迅速完成回封动作，形成由炸板分歧的连续长上影线转变为快速封板的强势表现，是弱转强的典型形态。这标志着主力已完成替换，且主力上攻意图明显。此时，交易者可以跟随主力回封打板，博弈后续的连板行情。一般而言，主力介入后通常会有 1 到 2 个板的获利空间，出现爆量分歧后，再选择避险卖出。

个股存在股性差、活跃度不高、换手率低、人气不足等硬伤，在市场持续放量拉升的情况下，表现出了主力介入的迹象并成功封板，这并不代表其会持续强势涨停。即使有良好概念和逻辑支持，该股也难以形成稳定的套利行情。主力进场所致变盘预示后续可能的资金动向有两种：一是资金继续介入导致股价上涨。主力看中的是个股长期筹码的稳固性而选择介入；二是集中兑现而短期见顶。若股价迅速分歧，表明筹码不牢固，主力目的未达到。如果能经过连续两天的抛压测试和资金试盘，显示个股整体没有表现出太大的上涨阻力。只有主力持续进攻，且前期套牢资金持筹者坚定格局，个股才能实现快速、流畅的涨停。因此，个股需避免过早分歧，应先缩量后放量以确认筹码锁定，提升资金辨识度。如果个股出现缩量加速或连板，将是散户介入良机。反之，若该股不能实现连板，则需确认上涨趋势。

2. 主力卖出行为

成交量与股价的上涨并非直接相关，而是更多地反映了市场的交易活跃度和资金动向。在分析成交量背后的逻辑时，我们应当从主力的视角出发，通过观察量价关系变化来揭示出资金合力方向。主力流向由原来的买入变为卖出，卖盘和抛压增加，集体获利盘加速兑现。这些信号表明市场情绪转向，交易者对原逻辑的信任度下降，预示个股长期趋势可能结束。

主力在个股跌停或者涨停时是否出货，也可以通过量能来判断，较前期快速放量，才是出货，尤其是达到最大活跃量。只有新的主力资金来接力才能维持原有走势，否则个股前途堪忧。高位放量被视为主力出货的潜在条件，表明有大量交易对手参与其中。因为多数个股在高位放量时，往往预示着市场顶部的形成，这反映了在高位区间依然有大量资金在进行激烈的博弈，从而为主力提供了出货的条件和基础。然而，当空方力量接近衰竭，市场中的砸盘力量消失后，若个股仍然展现出强劲的冲板动作，这表明主力在积极做多，此时的点位或可视为个股的潜在买入点。

通过控制价格策略，有助于主力资金在低位累积更多的筹码。随着主力资金持有的筹码数量逐步增加，市场上的流通筹码相应减少。当主力资金完成筹码的积累后，其将利用公司发布的年报、季报等财务报告，以及业绩超预期等积极信息，引导散户交易者积极购买剩余的筹码。当个股达到顶部时，遭遇了集中获利兑现，主力资金带头出逃导致早盘快速回落。天量天价意味着主力资金正在出逃，而散户则在接盘。因此，无论是启动还是见顶，我们需要从主力资金的行为中寻找原因。最初的导火索往往是主力资金的持续流入，随后是主力资金的持续流出，导致了行情的开始和终结。

在缩量的市场环境下，板块没有太多的助攻，个股容易失去散户的支持，主力一旦跑路，没人接盘，行情就会结束。个股只有度过关键的节点，表现出连续的超预期表现才能让散户愿意接盘。次日的走势至关重要，不能放出天量，个股需要有散户进场，才能实现参与度。如果个股在主升浪新高位置收出一根大阴线，但成交量却同比萎缩，这表明当前成交量不足以支持主力的大量出货需求。在此情境下，若无大量出货，市场后续在顶部区域可能会出现持续的震荡走势。为了维持震荡推升的态势，市场需要保持主力持续流入状态，同时散户跟风形成合力，共同推动股价震荡推升和补涨。如果主力撤退，必须有新的主力接手，否则散户是不会参与的。

第六章 主力量能策略　137

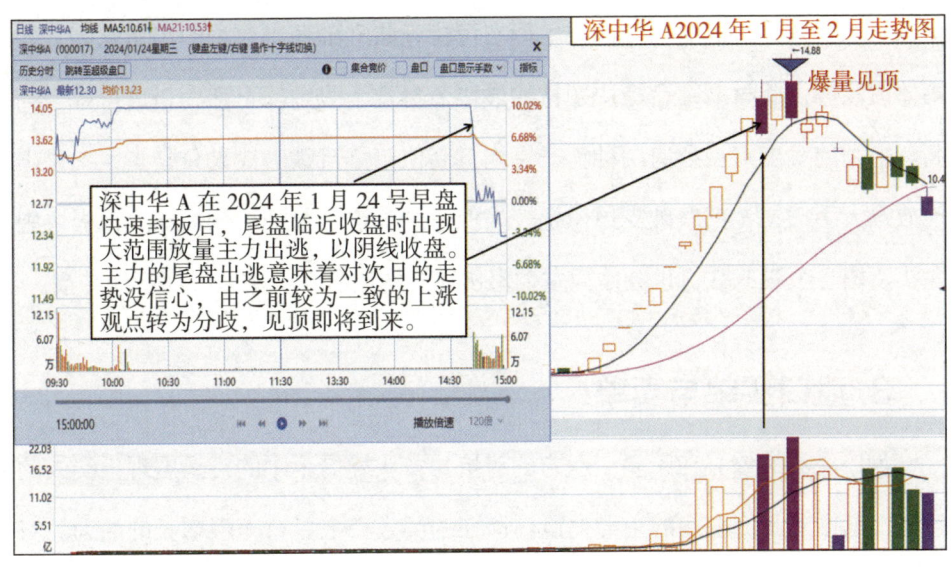

图 6-2　2024 年 1 月 24 日深中华 A 的主力尾盘出逃

如图所示：深中华 A 在市场相对弱势的情况下形成了抱团妖股。前期连续的一字形上涨并未提供太多买入机会。当中后期出现爆量换手时，意味着各路主力及散户借机买入，形成市场合力推升，个股由一致型转为分歧换手型上涨，资金的成分由简单变复杂，个股也进入到情绪博弈阶段。此时的买点比较容易判断，判断卖点要看主力是否出逃。该股在 2024 年 1 月 24 日早盘快速封板后，尾盘临近收盘时出现大范围放量主力出逃，以阴线收盘。主力的尾盘出逃意味着对次日的走势没信心，由之前较为一致的上涨观点转为分歧。虽然次日能够弱转强封板成功，但此时的主力已经如惊弓之鸟，纷纷离场，高位接力往往是情绪化的散户资金，此时参与价值不大。第三日再出现炸板的爆量，形成天量天价，宣告行情结束。

判断主力卖出信号通常需综合考虑个股量价关系和技术形态变化。上涨过程中出现放量大阴线，以及在第二次上涨阶段通过连续阴线，揭示股价上攻乏力并呈现负反馈的趋势，往往是主力见顶出货的标志。若个股所在板块正处于大级别调整或下跌阶段，同时个股也表现出高位滞涨现象，则进一步强化了见顶信号的有效性。此时单纯的技术形态可能无法准确预判主力的出货意图，如箱体震荡等，此时需结合板块题材的炒作节奏及个股内部上涨力量进行综合判断。主力的卖出点主要有两种：一是构筑高位箱体且跌破最大分歧点；二是出现放量大阴线，尤其跌破支撑位是较为保守的卖点。若板块行情结束，板块内龙头及核心个股下跌，也会作为主力出货完毕的信号，标志着整体行情结束。

3. 盘口买单与卖单

盘口交易的核心在于多空双方的对抗。多头凭借手中的资金展现出买入的态势，是推动股价上扬的主导力量。潜在的买入资金具有无限增长的潜力。空头作为多头的对手，掌握着个股卖出趋势，构成股价下跌的动因。然而，个股的卖盘力量是有限的。随着交易活动的展开，多头不断投入资金购入个股，而空头则持续出售其持有的个股。多头会不断承接空头的筹码，直至空头将手中所有的筹码全部抛出，无法再行卖出。若个股仍展现出冲板迹象，且大资金主力有意做多，那么顺势进场操作的成功概率将显著提升。

在观察盘口的过程中，首要关注点并非买卖盘的规模大小，而应着重分析买卖盘的瞬间变动幅度。此外，投资者需要对每笔交易的成交量进行细致观察，即交易是出于砸盘行为还是主动买入。特别是主动买盘往往预示着股价可能迎来大幅上涨。当主力在较高卖价位挂出大额卖单，但股价仅呈现小幅波动时，这往往意味着主力可能正在利用挂卖单的策略进行吸筹，未来可能会选择时机突破。相反，若主力在较低的买价位挂出大额买单，但股价并未上涨，这则可能是主力为吸引潜在卖家而采取的挂单策略。

盘口对于判断买卖点至关重要。交易双方在盘口出现大量挂单，表现出委托总买量和委托总卖量相差不大，委买前五和委卖前五分布也是均匀的状态。

买一到买五大单平均分布显示出资金买入的冲动,然而股价并没有出现显著拉升,甚至是横盘,这可能是主力的诱多出货行为。只有出现大单往上消化拉升时,交易者才可以顺势跟随。如果是卖一到卖五平均分布显出筹码争先兑换,但是股价却保持震荡并不下跌,可能是主力制造盘口恐慌来洗出不坚定的筹码,一旦建仓完毕可能会出现持续的卖单被快速消化,迅速完成涨停动作。若在大卖单出现的同时出现大量小买单维持股价,可能是主力在持续进货。同样,出现大量的卖盘而股价没有大跌,可能主力在出货。而卖单不断增加而买单不断减少,导致走势不断下行,此消彼长的盘口形态,我们只能尽快止盈。

在个股的总卖盘压制总买盘的情况下,大卖单需要有大买单挂单承接。买方在开盘价、竞价低点等关键位置具有承接意愿,买方主动吸纳卖方抛出的筹码,通过持续的买入操作,促使股价在承接中呈现出放量上涨的态势。当承接快完成时,买方采取引导点火策略,发起一波大额买单,此举旨在吸引场外观望的资金共同进场,从而成功封板。关键位置的卖单被突然出现的大买单消化,会迅速吸引跟风资金推进股价。

若股价直线上升并伴随着卖方突然涌现的大量卖单,交易者应保持关注。当多方力量消耗殆尽、市场呈现疲软态势时,即为卖出信号。这一信号在盘口表现为股价在快速上冲至某一临界值后,不再维持先前的强劲势头,而是出现犹豫徘徊的迹象。此时,市场涌现大量卖方订单,而买方订单则多以散户为主,呈现散单状态,此时即为理想的卖出时机。尤其是卖盘存在大量均匀分布的卖单,且成交量显著放大时,需保持谨慎。在交易执行的过程中,我们需结合盘口大单成交及委托情况,重点监测大单成交后是否有后续大单跟进。价格的变动主要受到大单成交的引导,散户由于资金及交易策略的限制,往往无法单独引导价格走势,而是跟随市场主流趋势进行操作。

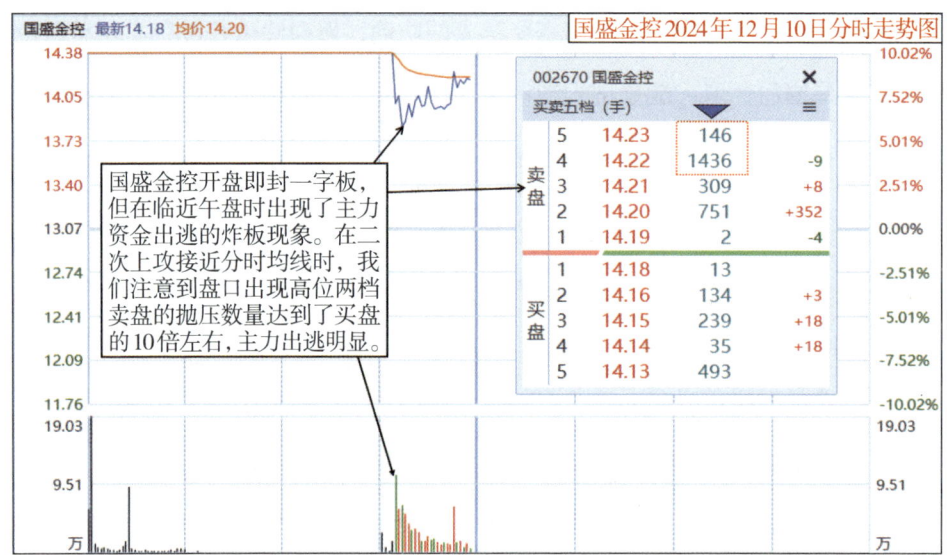

图 6-3 2024 年 12 月 10 日国盛金控的尾盘炸板

如图所示：国盛金控开盘即封一字板，但在临近尾盘时出现了主力资金出逃的炸板现象。在二次上攻接近分时均线时，我们注意到盘口高位两档卖盘的抛压数量达到了买盘的 10 倍左右，意味着在分时均线上方形成了显著的卖压，市场对其是否能继续上涨有分歧。面对这样的盘面，有两种可能的情形：一是主力资金采取大单买入的方式积极吸纳卖盘，这种情况跟随的价值较大，通常能够成功封板；二是主力缺乏信心，面对卖压时无力吸纳大单，导致股价形成高位震荡形态。在第二种情况下，盘口的买盘挂单会迅速减少，股价出现快速回落，使得该股失去打板的机会。

通过盘口还可以判断资金流入流出情况，当盘口显示主动性买盘大于卖出，则为资金净流入；当盘口主动性卖盘大于买入，则是资金流出。内盘是主动卖出，外盘是主动买入。外盘大于内盘，说明交易者愿意以比卖一价位更高的价格买进，看好后市。当个股出现量价齐升时，后市继续看涨。若股价不涨反跌，则是主力在拉高出货。外盘小于内盘，说明交易者愿意挂比买一价位更低的价格卖出，不看好后市。当个股出现放量下跌时，交易者需要离场。若股价不跌反涨，可能是主力在低位吸筹。外盘与内盘相差不大是多空双方激烈博弈，股价即将出现反转。内盘外盘接近而且较小，个股小幅上涨，说明主力已锁定筹码随时准备拉升。

二、主力资金

1. 主力净额

主力净额是衡量主力进出情况的重要指标，尤其在排除市值影响的情况下，通过查看主力净额排名可以了解哪些个股受到资金的强烈追捧。个股在板块内交易活跃，并伴随明显的放量现象，其活跃度较高吸引了较多散户资金的参与，从而让主力能够相对容易地控制股价。

主力净额高可以反映出两点：一是个股启动阶段强劲有力，显示出个股受到主力的关注和操作，背后存在炒作优势，可能预示着连板潜力；二是所属板块或阶段中有较强的正反馈效应，表明其具有较高的市场关注度，对于封板有利。没有大量卖出，主力不断买入，从而使得主力净额大幅提升。而主力净额比较小，且后面板上可能会有部分波动，更容易炸板，次日的溢价可能也不会高。

主力净额对于日内分时走势的影响也至关重要。个股拉升秒板会造成板上的分歧较大，主力会选择分段发力，将调整时间缩短到最短，减少分歧后在涨停板上不会有太大的抛压。因为快速的上涨和过度犹豫的上涨都会有抛压。个股在刚开始上涨时没有强势的表现，说明资金并不急于求成，而是主力在试探底线。分段拉升且每一段拉升的分歧较小，上涨过程中的流畅度会提高，主力净额往往会逐渐提高。

在个股拉升阶段，难以精确预知个股能否涨停，但我们可以通过观察主力净额的变化速度来辅助判断。例如，当主力净额短期内急剧飙升至某一较高数值时，可能会暗示个股即将涨停。此外，结合上涨速率以及与前涨停个股间的间隔时间，如 5 分钟内流入净额超过 3000 万等情况，也可以预判其涨停概率会提高。

在观察成交量和主力净额的关系时，若没有同步放大，可能是由于主力资金话语权不足，无法完全决定封板，表现为既有空单对冲也有大单买入的现象，导致主力净额不高。即使存在主动买卖大单相抵的现象，但如果个股仍能连续涨停或强势上涨，那么介入价值仍然较大。前提条件有三点：首先，在拉升过程中，特别是高位的成交量较大，且拉升能顶住阻力，显示主力坚决做多；其次，无明显大单抛售，形成一边倒的多头优势；最后，经过主力间的激烈博弈后，多空对冲后的结果将带来股价上涨的动力。多头获胜并使主力净额上升，存在后期上涨的可能性。

当短线情绪极端走强的时候，应首选主力净额最大的相关个股进行介入。尤其是主力净额的支持对于个股能否保持高位至关重要，只要主力资金达到 3000 万元，即使板块整体氛围不够强势，也能促使个股维持高位并有效封板。也可寻找在创业板或者北交所的平替个股进行操作，此类个股弹性更大，更容易在超级行情中获得更大利润。

在开盘后，当整个板块都出现了放量拉升，表明已经有资金开始尝试挖掘核心个股。此时，我们可以跟随主力挖掘值得介入的潜在核心。首先从 K 线上看，个股如果长期处于超跌或者震荡状态，符合主力试图拉升的目标。其次，从分时上看，个股如果经历了开盘后的震荡推升，抛压已经被有效消化，有利于主力的抢筹拉升。最后，个股的主力净额达到 3000 万元以上，符合追涨的条件。

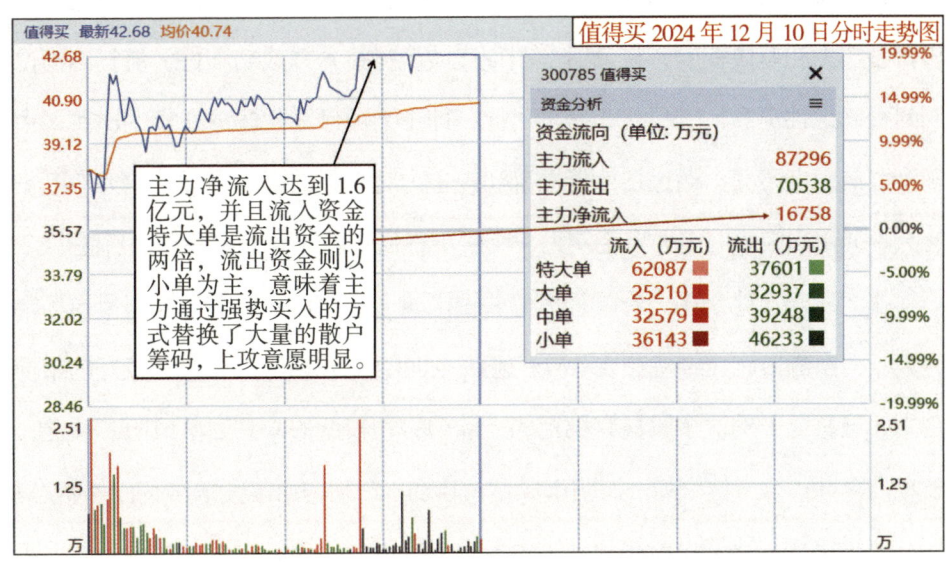

图 6-4　2024 年 12 月 10 日值得买主力大单封板

如图所示：值得买开盘高开，在适当调整后快速直线拉升。但由于市场对个股逻辑尚不清晰，遭遇了潜伏筹码的抛售打压，迅速回落，在分时均线上方长时间震荡。随后主力二次上攻并封板，但在板上再次遭遇狙击，出现了炸板回封的形态。这表明主力封板决心也较大，但资金消耗较大，在整个震荡及封板过程中伴随着主力资金大幅流入。我们看到主力净流入达到 1.6 亿，并且流入资金特大单是流出资金的两倍，流出资金则以小单为主，意味着主力通过强势流入的方式替换了大量的散户筹码。我们跟随主力回封板打板介入，次日溢价具有较大概率。

2. 主力净额占比

交易者在选择交易标的时应重点考虑主力资金的动向，优选资金实力强大的个股进行短线交易。选择个股时，主要参考两个标准：一是分时流畅度，代表资金实力和坚决程度，在分时上出现三波流畅拉升并成功涨停，流畅度高说明封板确定性更高；二是主力净额占比，即主力净额与整体成交额的比例，由于个股流通值不同，通过占比能准确比较主力对个股的影响力度。主力净额占比大，显示出较强的主力资金实力，个股更容易获得封板确定性和次日溢价。

主力净额占比是主力影响程度的关键因素之一，可以更准确地衡量市场合力。主力净额占比应维持在15%～30%之间，往往表明个股具备较好的市场合力，这有助于确认个股具有稳定的上涨趋势和较低的冲高回落风险。反之，若主力净额占比未达阈值，说明市场合力较弱，短期内可能无法维持涨停状态。

主力净额占比不仅能够反映主力资金流入情况，还能揭示主力做多力度及方向，在打板的关键时刻保持高位可以增强封板的确定性。需要通过三个阶段去分析：第一阶段为主力资金主导且净额占比高，可能超过15%甚至30%，在封板前，主力净额较大。但在第二阶段震荡期间，比例会有所下降但仍需保持在15%左右波动以体现其持续影响，让市场自然承接震荡。实时的主力净额占比下降也是合理的，但不能低于15%太多，甚至低于10%，我们要求主力净额占比维持在15%左右的波动范围内。否则说明主力的影响在下降。第三波封板阶段，主力净额占比需达到较高水平以增强封板概率。理想状态下，主力净额占比稳定在20%甚至30%以上，并长期维持极强的状态，表明主力做多意愿和实力较强，将大大提高封板的成功率。

成交额较高的个股容纳了大量主力资金，反映出个股在市场上的稀缺性和炒作优势，预示着可能的短期炒作机会，显示板块性利好对其有正面影响。成交额高的个股虽然主力净额较大，但主力净额占比没有显著的优势。如果个股成交额较小，相对于板块内的其他个股显示出较高的主力净流入，呈现出主力净额占比较大，其可能是主力资金的次选标的。

主力净额、流通市值、主力净额占比等指标在预测个股涨停概率中有重要作用。其中主力净额占比在打板策略中扮演着关键的角色，主力净额占比较高的个股其封板成功率也较高。尤其是在打首板时，我们需要查看主力净额占比，判断是否有主力资金介入或者情绪炒作。只有主力资金大幅介入时，才能看出主力的意图和足够的实力来实现涨停目标。可以通过分段拉升的分歧程度来决定是否追涨买入。良性的快速拉升有利于产生好的溢价，而不是盲目和情绪化的拉升。通过以上的方法解读出主力操盘手法后，可以规避过大的冲高回落风险。相反，以板块轮动消息刺激的高开秒板行为，带有情绪资金非理性，更容易冲高回落。

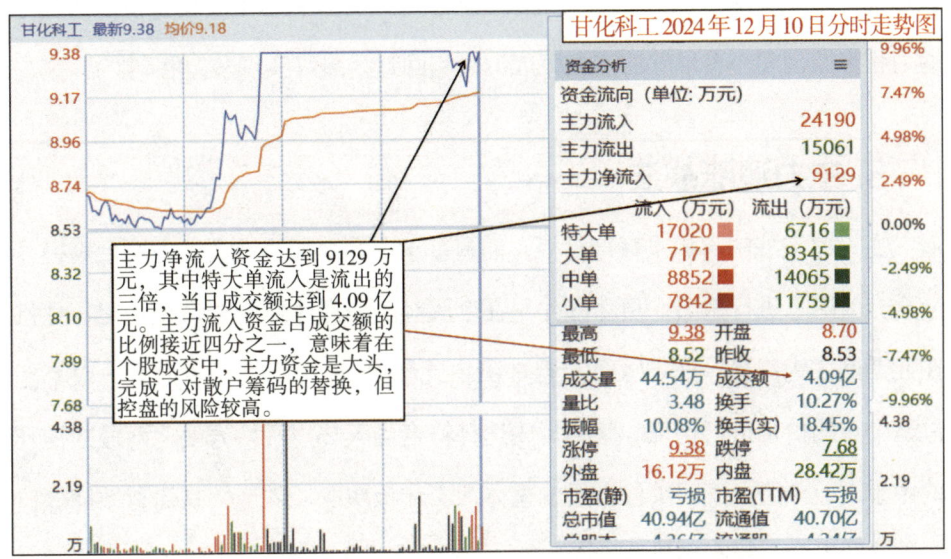

图 6-5 2024 年 12 月 10 日甘化科工的主力控盘明显

如图所示：甘化科工小幅高开，在调整之后，主力资金立即直线拉升，随后进行适当的分时中继调整，成功完成二次封板。临近午盘时，该股虽一度遭遇炸板，但主力迅速完成回封，表明主力封板意愿较强。从主力资金流动数据来看，主力净流入资金达到9129万元，其中特大单流入是流出的三倍，成交额达到4.09亿元。主力流入资金占成交额的比例接近四分之一，意味着在个股成交中，主力资金占据了较大比重，形成了对散户筹码的替换。在这种情况下，个股往往存在回封的可能性，交易者可以跟随主力进行回封板打板操作。然而，对于主力净流入占比过高的个股，其面临的主力控盘风险也相对较高。如果次日主力资金大幅流出，个股容易遭受主力砸盘而失去晋级机会，此类个股次日通常需要高开高走才有上涨空间，除此之外都要迅速兑现，以降低持仓风险。

可以根据流通市值超过80亿元、主力净额超过1亿元或主力净额占比超过15%等条件来规避打板过程中可能出现的风险，提高个股封板的概率。因此，在筛选还未涨停的个股时，若占比能达标，则可将其纳入涨停监测范围内。尤其是曾经连续多次封板并伴随次日强势上涨时，可以认为个股具备较强的涨停潜力和市场合力，有足够的实力完成上板和回封，最终实现多方胜利。

3. 主力追涨战法

主力追涨战法不追求直接打板，而是基于主力净额占比及主力资金规模，结合分时形态进行选股。具体操作是在个股经历一段中继平台调整阶段，并且在此期间主力净额大于5000万且净额占比超过20%的情况下介入，以不超过五个点的价格进行追涨。策略优先选择符合当天热点板块异动、两段式拉升的中小市值个股，同时关注市场的整体节奏和板块联动效应，从而有效捕捉日内涨停的机会，提高交易性价比。

通过分析主力资金流向来判断市场动向，旨在捕捉后续上涨潜力大的个股。只有当分时图流畅时，才能说明主力进攻意图以及上涨力量。利用主力净额占比，结合分时图进行追涨是左侧追涨交易方法。我们需要在日内确定方向，通过揣摩资金意图来进行左侧交易。左侧交易并不完全是主观的，而是需要根据已有的市场信息来判断后续市场行为，需要判断资金实力、封板难易程度或上冲力量的强弱，然后跟随主力买入。

对于追涨策略来说，难以判断涨停、冲高回落或趋势推升，整体的交易难度较大。关键在于设定较为严格的交易标准和策略框架，实施主力追涨战法需要满足以下条件：

第一，个股具有良好的股性和长期底部逻辑。个股经过长期下跌或横盘震荡，没有过多的短线埋伏资金。当主力开始拉升进攻时，由于没有主力流出，往往出现直线拉升。而近期活跃或者反复涨停的个股，很有可能会被先手资金兑现，容易出现冲高回落。因此，在分时表现缺乏主动性的情况下，我们要求个股没有过多获利盘来破坏走势，才可以去执行半路追涨。

第二，出现重要的分时形态转向信号。当股价从水下拉到分时均线和零轴上方时，是转强的重要信号。随后，如果继续保持高斜率快速的拉升，那么存在超预期的可能性。最终我们需要借助主力净额来判断背后的资金情况。如果是散户在介入换手，个股无法快速转移到斜率较高的上涨趋势中。只有当有主力介入或者引导资金、点火资金进入时，个股才能有足够的强势表现，可以提前判断其具备追涨的交易价值。

第三，分段拉升且有中继平台进行调整。主力采用两段式拉升，第一段拉升与当天的热点有关，由板块异动引起的直线拉升。如果个股的第一波上涨是直线式，那么大部分情况下都是主力干的。当消息传出时，可能同一板块内出现多个首板。对于无法介入直线拉升的个股，交易者可以在其中继平台上介入，但不要进行超过六个点的追涨操作。避免在股价瞬间大幅拉升时介入，而是选择在经过一段时间的中继平台整理后，当主力净流入额较大且主力净额占比高的情况下进行买入。

我们在中继平台上大概有五分钟的时间来考虑买入。中继平台会适当地替换获利盘或套牢盘，这将有助于第二波上涨。中继平台的位置也至关重要，应在合理范围内波动，避免因位置过高导致的冲高回落风险。20厘米个股的中继平台在8%左右，而10厘米个股的中继平台则在6%左右。如果个股出现冲高回落，从高位跌落到中继平台并不会对日内的利润造成伤害，次日低开除外。

第四，追涨需要基于板块题材的支持，注意短线情绪和市场氛围，目的是减少抛压。必须符合当天的热点，即突然出现的板块性异动，而不是只有个股异动。个股表现出较强的上涨势头，但由于整个板块并未出现大规模异动，前期套牢盘较多，在缺乏明显买入价值的情况下，贸然追涨可能带来较大风险。交易者需要了解和把握个股的竞争对手、同身位个股和龙头之间的联动关系。个股联动的逻辑在于借势，避免个股拉升时被对手攻击。如果短线情绪板块龙头和中军出现异动，主力会选择跟风后排个股拉升，获利筹码选择锁仓而不会去兑现。

第五，通过主力净额辅助判断。我们追涨市值较大的个股，会跟随大资金市场合力的方向。主力净额超过3000万元，主力净额占比超过15%以上可以排除许多无效信号。小市值个股符合主力净额超过5000万，净额占比超过20%，即可判断个股有较强的主力买入，且没有太多主力卖出。个股的市值越小，当天封住的可能性越大。在第一波上冲后的震荡调整期间，需要达到主力净额占比20%，进一步筛选出符合标准的标的，才能提高向上突破的可能性，降低因选择过多导致的风险。

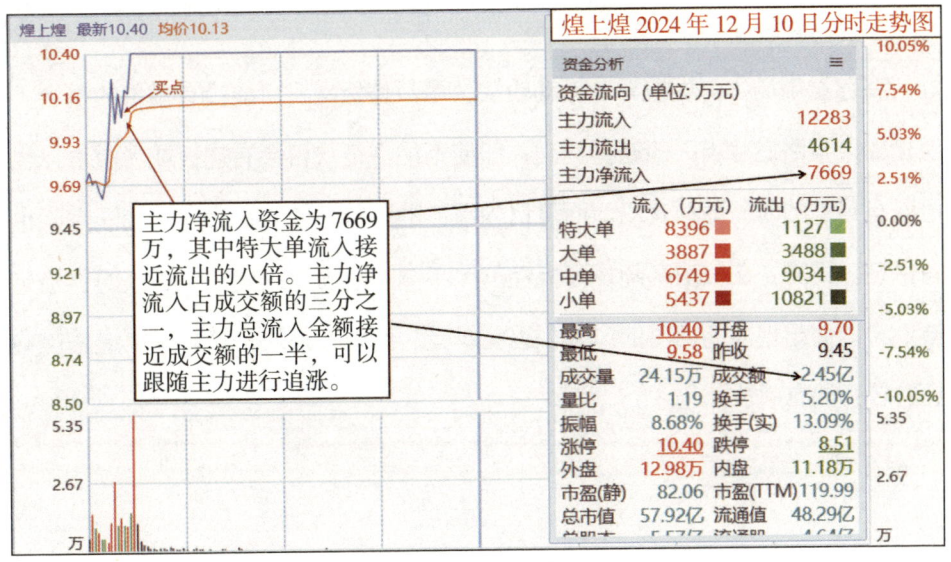

图 6-6 2024 年 12 月 10 日煌上煌的快速封板

如图所示：煌上煌在小幅高开后，迅速以两段式直线拉升封板。经过分时中继平台适当替换松动筹码，主力成功封住涨停板。主力净流入资金为 7669 万，其中特大单流入接近流出的八倍。主力净流入占成交额的三分之一，主力总流入金额接近成交额的一半，可以跟随主力进行追涨。跟随主力追涨的买点在分时的震荡中继平台第一波拉升后的回调之时。分时中继形态是属于良性调整，面对主力的强烈封板意愿，跟随主力追涨介入的价值较大。

主力追涨战法的有效性依赖于市场环境、情绪板块、概念等因素，以及背后交易对手的资金行为是否符合策略。为避免追涨失败的风险，可以加入主力净额和净额占比作为决策依据，以及转强反包、分歧转一致等技术形态配合。因主力行为变化多端，交易者难以预测其持续性，追涨策略虽具有可行性，但交易难度较大，人为操作易出现判断失误。交易策略失效可能是因为个股选择错误，即选择了不适合短线资金炒作的个股，如该股资金结构复杂，难以判断主力的交易思路等。

在存量市场中,板块异动轮动较快,多数首板次日可能没有溢价的机会。但是如果半路追涨当天能获得利润,即使不能保证次日会有连板或者溢价,也可以有足够的时间随时卖出。而且日内涨停的可能性较大,日内的利润空间也有保证。同时,在板块高潮日打板性价比不高,追涨只需要确保买入的价格足够低,即使出现冲高回落的风险,也能承受。所以在板块轮动阶段,追涨策略会有较强的有效性。

第七章 箱体交易策略

一、低位箱体策略

1. 低位箱体震荡

个股出现见底并磨底后,会形成低位箱体。低位箱体需要箱体上沿和下沿两个关键价格相互确认,具体是通过震荡产生的高低点、冲高回落以及回踩支撑进行确认。个股第一波上涨后回踩箱体上沿证明支撑有效,回到箱体内部受到箱体下沿的支撑是对下沿的确认。

箱体震荡与前期走势的区别在于换手和市场情绪的变化。箱体震荡揭示个股具有很高的市场关注度,吸引了大量资金参与交易,且换手率较高。个股与板块相配合出现箱体内连续异动,但未能持续上涨,主力可能在尝试控制市场情绪。个股经过低位持续放量震荡后具有较高的套利价值。其优点在于反复活跃,有充足的时间走出节奏,并且容易出现弱转强的套利机会,避免出现买不到或卖飞踏空的现象。但难点在于需要判断其是否为纯粹的跟风以及是否具备过硬的概念逻辑。如果自身具备主动性,则不会出现严重的破位。

合适的箱体震荡时间对于积累市场认知度至关重要。箱体的震荡时间不应太短,而是应适当地积累市场辨识度,引起资金的注意。如果个股长期处于箱体震荡状态,则意味着其存在较多的获利盘。因箱体内部争夺激烈且参与者均为实力强劲的势力,个股在顶部被拉高,次日面临套牢盘和获利盘的双重压力。

低位箱体震荡背后的主要含义有三个。第一是趋势反转。个股长时间超跌后,通过底部的堆量来确认构建底部反转。当股价脱离箱体后,会引发后期的上涨,较快进入主升阶段。确认趋势反转有两个条件:一个条件是放量的大阳或涨停,作为指示性标志;另一个条件是堆量,这意味着在超跌或长期横盘时,资金开始关注概念或个股。个股长期震荡下跌后出现堆量迹象,显示出资金对其关注度上升且横盘幅度小、量能持续放大,暗示资金在抄底。堆量的低位箱体交投活跃意味着个股实际上存在资金埋伏的情况,在箱体内中线资金出现了建仓。

第二是新概念的发酵。新概念题材在初期往往会经历资金的一致拉升或涨停试盘,随后可能会进入箱体震荡阶段,考验市场的理解和耐心。在这一过程中,重要的是观察箱体震荡的时间长度以及市场对概念的认知程度。一旦市场形成了充分的理解和认知,并且箱体调整到位,个股可能会出现连续上涨的行情。

第三是个股的地位不高。个股持续的低位堆量或放量震荡是受到板块热度提升的带动,可能是跟随板块充当跟风和补涨的角色。只要板块还活跃,就会有资金在反复折腾。当市场时机成熟时,具备明确逻辑支撑的个股能够快速一致性上涨,即便面临外部刺激也能迅速启动并展现出较好的套利价值。当板块整体表现不佳、动力不足以将做多力量的资金引导成资金合力时,由板块带动的资金难以形成合力上涨。

箱体震荡往往代表着交易者相对较低的预期。若个股经历长时间的箱体震荡,正常预期应是完成适当调整并继续上攻,但若其选择继续低位调整,则代表市场对个股短期和中期走势持谨慎态度。当个股经历超预期的涨停突破箱体时，表明个股已得到资金认可，并且在此之前已有中长线资金逐步建仓布局。

个股表现出低位箱体形态，通过观察堆量形态及平台整理，可判断主力正在进行建仓。经过建仓阶段后，个股会进入较长时间的震荡形态，旨在清洗浮动筹码。低位箱体的大阳线的起点是主力的成本位，因此主力不会让股价轻易跌破此点位，会尽量维持。虽然洗筹的大阴线有可能伤及人气，只要主力成本不破位，就为次日的反包留下了希望。个股经过箱体整理后的反包涨停标志着主力做多意愿及板块情绪高涨，放量现象显示资金强力介入。主力建仓换筹的动作结束后，有可能在未来出现突破和超预期的涨停。虽然我们不能确定是否能够展现出连板的可能性，但通过良性箱体震荡，形成了稳固的筹码结构，提供了短期套利价值。基于技术形态的左侧判断，即在股价震荡区间内观察是否可能出现直线拉升至涨停。当股价突破震荡区间，并伴随大单成交时，视为右侧确认策略介入的信号。

主力利用低位箱体来增加辨识度并清洗浮动筹码的过程包含两个阶段。第一阶段，个股缩量筑底。个股没有足够的成交量支撑，已经处于跌无可跌的状态，卖盘较稀缺说明没有卖方压力，抛压较轻，可以较快拉升。当个股地量见地价配合利好的点火修复，此时的买盘意图是抄底。缩量低位箱体震荡具有博弈的盈亏比，具备修复和易于反弹的筹码结构，当叠加消息刺激时，会吸引主力资金去挖掘。

第二阶段，个股上攻放量涨停和随后适度调整。具有较高辨识度的个股经过长期下跌后，进入底部震荡阶段。如果保持持续的缩量阴跌，跌至前低位置，显示卖盘稀缺。个股一旦有消息面的刺激带来的资金点火，短期内出现了止跌企稳并伴随板块修复的现象，高开时容易涨停。个股低位震荡后出现放量异动，意味着其从弱势震荡转变为股性活跃，易于拉升和涨停，显示了主力的参与和资金的活跃。个股首次箱体突破后虽经历回撤，但再次涨停，显示出较强市场参与度和辨识度。此时，我们可以利用箱体震荡进行买卖决策。因为个股经过箱体震荡后，没有大的抛压，剩下的是一致看多等待上涨的持筹者。

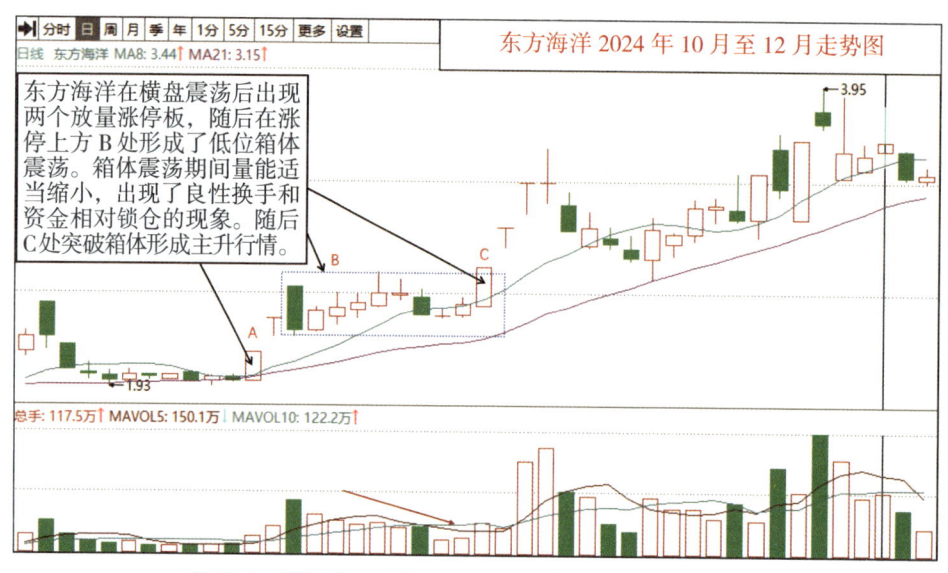

图 7-1　2024 年 10 月至 12 月东方海洋突破箱体的表现

如图所示：东方海洋在横盘震荡后出现两个放量涨停板（A 处），随后在涨停上方 B 处形成了低位箱体震荡，箱体并没有跌破涨停线的上方。箱体震荡期间量能适当缩小，出现了良性换手和资金相对锁仓的现象。随后，个股通过放量涨停的方式突破 C 处箱体上沿，引发连板主升行情。B 处箱体的出现，体现了主力明显的建仓意图。通过低位箱体的震荡，主力成功替换掉了前期松动的筹码，为后续的拉升行情打下了基础。一旦出现放量上涨，后续的连板走势往往容易形成一致性行情。因为低位箱体中松动的筹码已被替换完成，并经过获利调整，这将有利于主升浪行情的形成，通过放量进一步出现涨停并推动趋势性上涨。

2. 低位分歧型箱体

低位分歧型箱体震荡形态明显异常，表现为成交量大、时间长、分歧较大、结构不稳定的特征。箱体内存在跌停与涨停的频繁切换，并保持较大成交量，激烈的多方博弈反映出强烈的分歧和不稳定状态，但市场合力并未因涨停或跌停而瓦解。其形成源于个股长期超跌导致大量套牢盘，在首次涨停时部分套牢盘得以解套，但前期松动的筹码并未离场，使得连续放量的获利盘需要兑现。因此，低位分歧型箱体表现为箱体内较大的分歧现象，且由于位置较低，具有显著的短线炒作价值。

箱体内的涨停是主力行为的结果，表明主力资金正在维护该箱体的价格稳定。涨停后的维持进一步证明箱体内部存在主力资金，并非简单的短线上冲或下跌。这个特点有助于判断市场合力是否存在，尤其是箱体内波动率高、涨停与跌停交替出现，显示出游资密集参与其中，资金复杂且换手率极高。对于低位箱体内夹杂着涨停的个股，在高开时确认主力抢筹，确立了该个股活跃易动的特性，并为后期走势奠定了基础。

分歧型箱体形态的存在，反映个股在市场上的高度活跃度和被广大交易者期待的大涨预期。参与箱体内低吸高抛的方法存在较大的难度，因为箱体随时可能因市场多空分歧激烈而结束。个股涨停后的跌停现象频繁发生，导致不确定性高，难以判断市场会产生何种反应。针对反复涨停的现象，未来可能出现两种方向：一是主力控盘成功后会选择突破箱体，以获取更多的追涨效应，并配合相关消息发布，从而实现股价大幅上涨；二是主力可能会在箱体内反复做T套利。因为其涨停后往往伴随着较长时间的回调，并非持续强势。主力资金通过每波上涨带动成交量，使市场对其产生关注。即涨停后回调几天再拉涨停，因为个股存在利好因素，使其具有较高的投机价值。

低位分歧型箱体的特点是波动率增大，一致性不高，但同时也增加了判断市场走势的复杂性。箱体内部的剧烈震荡往往伴随着较大的分歧，使得股价难以突破箱体限制。虽然分歧的扩大可能导致误判，但也提供更多反应时间和交易机会。分歧加大了股价突破的难度，但也增加了突破后股价上涨的力度。活跃的小资金和意图深挖的大资金在箱体内争夺主导权，试图获取超额收益。分歧的存在导致每次涨停都成为套利的机会。

低位分歧型的箱体有利于拉升，主要的原因在于低位分歧型箱体拒绝下跌，并在相对低位形成，能够充分交换筹码，避免短期内大幅下跌的风险。在箱体震荡调整期间的持续性和波动率的变化是判断个股走势的关键因素。个股经过长时间横盘震荡而不下跌，股价异常坚挺，显示主力可能在等待合适时机试探市场抛压。当波动率开始放大且箱体内部出现资金博弈时，意味着个股正处于关键时刻，此时交易者需要密切监视其动向，以决定是否入场交易。一旦个股持续放量就会获得资金的关注度，吸引散户认为个股具有短线炒作的价值。

低位分歧型箱体可以分为有效箱体和非有效箱体。有效箱体是指能够在市场动荡中保持稳定的震荡形态。箱体内的力量强大且有韧性，主力会通过多次涨停或大幅拉高等方式干预市场，促进箱体内部筹码的广泛交换。由于有主力精心维持其价格，即使面对突发利空，也不会轻易崩溃。若发现个股有多波涨停及冲高现象，且成交量较大，这是主力在操作箱体，因此可判断个股背后有主力在积极维护。相比之下，非有效箱体由于内在力量薄弱，容易受到主力离场的影响而导致崩盘。有效型箱体形态奠定个股的活跃和易涨停的性格基调，为后续走势打下基础。

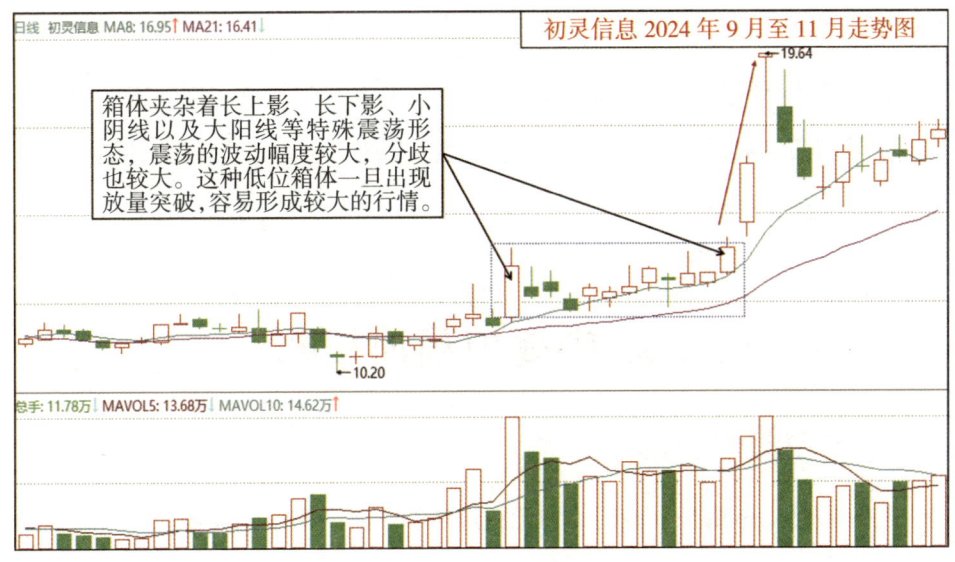

图 7-2　2024 年 9 月至 11 月初灵信息突破箱体的表现

如图所示：初灵信息在长时间横盘整理后，出现了一根放量大阳线冲高回落，在大阳线形成的区域内，股价继续进行横盘震荡，形成低位箱体，并在该箱体内持续放量。同时，箱体夹杂着长上影、长下影、小阴线以及小阳线等特殊震荡形态，震荡的波动幅度较大，分歧也较大。这种低位箱体一旦出现放量突破，容易形成较大的行情。在突破分歧型箱体时，出现跳空高开的大阳线形态，预示着对低位分歧的终结，有明显的主力拉升意图，投资者可以跟随介入，后续容易出现持续的连板行情。

箱体的稳定性依赖于其内在的力量，有效的箱体由主力资金维持，具有较强的抵抗力。通过观察箱体内的股价变动、主力的操作手法，如多波冲高涨停等，可以判断箱体的有效性及主力的动向。个股第一波直线放量拉升是对箱体放量换手结果的检验。如果个股直线上涨遇到巨大阻力，导致冲高回落没有承接，说明换手失败。出现箱体震荡冲高回落是该强不强，即个股并不强势，容易被市场抛弃。若个股在跌破均线后能稳住，且在次日展现出冲高的意愿，即使经历了较大跌幅也能稳定住，这意味着主力正在积极抢筹。但如果个股上冲之后能够有效承接，并且完成封板，那么代表着换手成功。交易的关键在于观察直线拉升后的承接情况。

二、中高位箱体策略

1. 中位箱体震荡

中位震荡箱体是在个股内部力量激烈斗争下的产物，代表多空双方对抗局势未明朗时的价格波动状态。箱体结构的振幅、成交量的变化以及极端形态，如实体大阴线、反包修复等均可以反映出该阶段市场的情绪波动、主力资金的意愿及市场合力的维持。在经历换手加强和分歧加大的阶段后，中位箱体的意义在于提供时间窗口，让交易者观察局势并判断长期上涨趋势是否能延续。当局势明朗且价格上涨通道得以确认后，交易者才可做出买入或卖出决策。

在中位箱体震荡期间，市场面临着上涨中继或减弱的选择，箱体走势结果取决于多方与空方的力量对比。一旦个股突破箱体上沿，将面临巨大分歧。若多方获胜，则可能促使个股出现连续涨停或连板拉升。在板块整体利好背景下，产生了新的做多力量。这股力量需要突破或消化上方的上涨阻力，阻力主要来源于箱体的激烈换手和放量分歧。

个股在上涨的趋势中，如果缺乏中位箱体有效消化获利盘时，市场可能因抛压而下跌，中位箱体起到空中加油的作用。空中加油形态是典型的中位箱体炒作二波的模式，即先由第一波上升连续加速建立地位，然后在中位箱体中进一步释放流动性，并实现二波套利。操作形态具有很高的可复制性，特别是在第一波行情后仍存在大量资金踏空的情况下，第二波换手炒作更可能引发市场的深度追捧。因此，中位箱体调整过程中，主力与散户维持合作态势是二波走势延续的关键。交易者应重点关注调整期间的超预期表现以及调整幅度、合力是否消散，以此作为潜在买入时机的重要参考指标。投资者需警惕分歧过大导致散户出逃的情况，建议在良性分歧时再考虑介入。

在第一波上涨后的中位箱体属于调整阶段，突破后的个股处于上升阶段。无论是在调整阶段出现上涨，还是在上升阶段出现调整，都是大级别趋势中的小行情。个股在中位箱体中经历适当缩量的窄幅震荡，随着时间推移，其波动率开始放大并呈现健康上冲与缩量回踩，表明整体看涨预期并未改变。尽管短期内可能存在获利兑现，但其波动率放大仍有开启二次上涨或突破箱体并转向更强状态的可能性。

中位箱体的形成关键在于板块主升阶段时个股出现冲高回落以及箱体调整。个股处于箱体调整的期间内具有辨识度高、筹码结构相对稳定的特点，而且前期涨幅不大，还有拉升空间，因此容易选为拉升的对象。中期箱体恰好对应板块内分歧阶段，然而其并未随板块整体疲软而大幅下跌，反而凭借该弱不弱的姿态迅速转向并拉升。尽管第一波拉升采用换手拉升手法，但第二波拉升却未出现加速现象，这是因为市场共识仍较为分散，加上板块内部核心个股共存导致资金竞争加剧。

中位箱体出现强势上攻，即使突破失败或成为假突破，也会对后续的第二波行情产生强烈的指引作用。因此，为了保证安全性和参与价值，次日中位箱体修复必须继续保持主力流入强势的表现，才能有可能上升到右侧确认成功突破，交易者可以采用右侧等待的方式，或是结合左侧预判，在确认二者相互印证后介入。

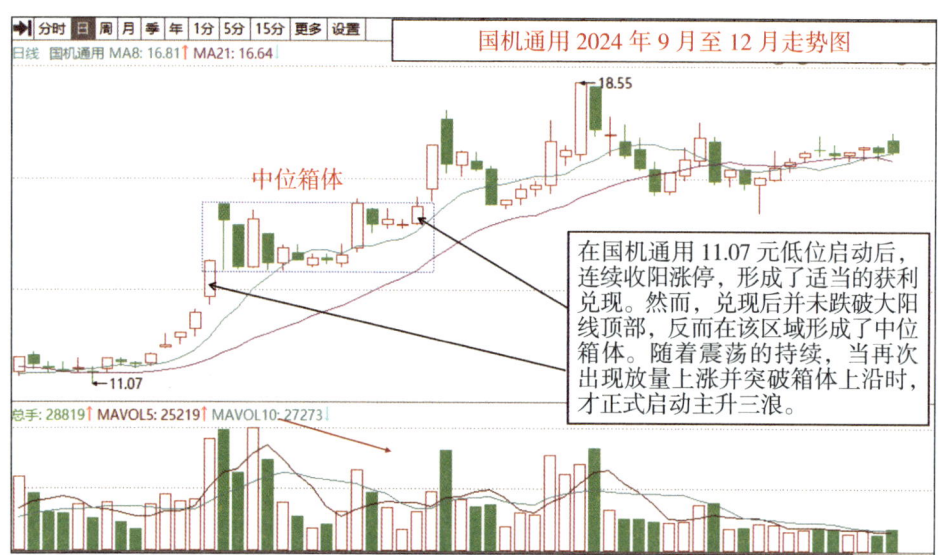

图7-3 2024年9月至12月国机通用中位箱体的表现

如图所示：在国机通用9月11.07元低位启动后，连续收阳涨停，形成了适当的获利兑现。然而，兑现后并未跌破大阳线顶部，反而在该区域形成了中位箱体。随着震荡的持续，当再次出现放量上涨并突破箱体上沿时，才正式启动主升三浪。这种中位箱体震荡调整被视为个股上升过程中的良性调整，表明该股具有较强的承接能力。与波浪推升中的二浪调整不同，箱体调整的幅度较小且支撑力较强，预示着开启主升浪的可能性更大。可以认为，中位箱体是二浪调整的一种特殊形态，当中位箱体得到有效支撑时，个股往往能够完成后续的上涨趋势，交易者此时跟随打板或沿10日均线进行低吸都是较好的选择。

中位箱体内的资金波动可能导致短期内出现异化走势，如果个股展现出强反弹或市场充分支撑，可能是好的交易机会。如跌停后快速止跌甚至反包修复，体现该股资金波动率增大和市场心态的复杂性。交易者只要把握好多空力量对比，看资金是否能有效地承接抛压并震荡消化，就能判断第二波行情的趋势是否维持上涨。

在经过中位箱体的超预期突破后，若出现分歧过大、成交量和换手率增加，以及短期多空力量快速转换的现象，可能是个股大级别见顶的信号。中位箱体结束后，市场可能出现两种情况：一是出现缩量涨停后一致向上发展，若伴随着缩量涨停及跳空高开，则意味着市场选择结束箱体并转向主升行情；二是持续震荡或下跌。

2. 高位箱体震荡

高位震荡个股虽然具有良好的市场辨识度，但在经历充分的高位换手后，如果没有足够的板块助攻，会导致上涨乏力或高度不足，资金认为这一轮换手行情已经接近尾声，缺乏继续接力的动力。由于缺乏板块的支持，在连续上涨至高位后遭遇阻力，从而形成箱体震荡局面。

在高位箱体期间，市场会对个股的交易价值进行再评估。当大盘股临近高位形成宽幅震荡时，往往意味着主力资金已大量进入，此时主力持仓权重较大，参与价值较大。小盘股在短时间内经历集中买入导致的宽幅震荡后，如果没有后续上升动力，可能是筹码松动的表现，表明此时的持仓可能较为分散，形成散户扎堆的情况，参与价值较小。

高位箱体的特点有三个：第一，高位的预期分歧。高位箱体反映出两种截然不同的市场预期——一种是交易者期望在此位置再度发动一轮新行情，另一种是由于板块整体态势疲软导致上攻乏力，进而引发主力出逃，从而结束当前行情。第二，高换手率。由于大量筹码存在兑现需求，伴随着高位换手，导致股价波动。资金进出活跃有助于清洗早期参与者的获利筹码。第三，资金广泛参与。整个市场情绪、热点题材、板块与个股之间存在着复杂的互动，资金也会在其中进行激烈的争夺，导致股价呈现出震荡格局。资金介入的必要条件是换手后的无套牢状态和高辨识度，为后续拉抬创造条件。

放量震荡和持续堆量的现象是板块活跃以及资金主动的信号。个股即使成功启动多波上涨，也需要放量才能实现突破。若缺乏持续的增量跟风资金，也可能因二次上涨力度不足而出现调整和箱体震荡，错失再次拉升的机会。个股受限于高换手状态下新增资金的有限性和卖出的高度分歧，最终导致突破难度加大，使得持续上涨行情未能形成。

高位箱体优势在于反复活跃且易于出现弱转强的机会，但难点在于准确识别其是纯粹跟随板块还是拥有独立概念逻辑，往往成为市场中常见的交易陷阱。当个股经历了一段时间的上涨后，在接近或触及高位时，可能会出现连续大阴线的顶部信号，但实际上是维持高位震荡而非右侧确认顶部。只有修复失败后的二次确认大跌，才是见顶的标志。因此交易者判断个股走出箱体震荡并实现趋势逆转的难度较大。

个股在天价附近持续震荡而不突破，尤其是未能如预期形成反包阴线并继续冲高，可能会暗示次日市场的不确定性增强，甚至可能出现大分歧。交易者应谨慎对待高位分歧带来的下跌可能性，并及时调整交易策略，避免盲目跟风操作。如果个股上涨达到高位并出现阶段性调整需求，但没有出现高位箱体，而呈现日内箱体形态，次日可能面临较大压力。高位箱体震荡后的频繁分歧表明当前并非合适的买入时机，应等待分歧化解且股价回归一致后再入场。

高位箱体震荡的个股出现缩量下跌和放量反弹，这表明做空力量逐渐衰竭，做多力量开始积蓄，从而扭转高位整体风险，形成良性的高位筹码结构。而强势股高位时资金一致性太强，容易引发大涨大跌，缺乏增量资金，难以实现高位套利。在高位箱体震荡阶段，即使出现阴线回调，只要成交额仍在增加，就表示人气并未因阴线而消散，这有助于我们更好地把握买入与卖出的时机。当个股连续涨停并带量突破高位箱体时，具有短期套利价值，这是高位箱体比低位箱体参与度高的原因。

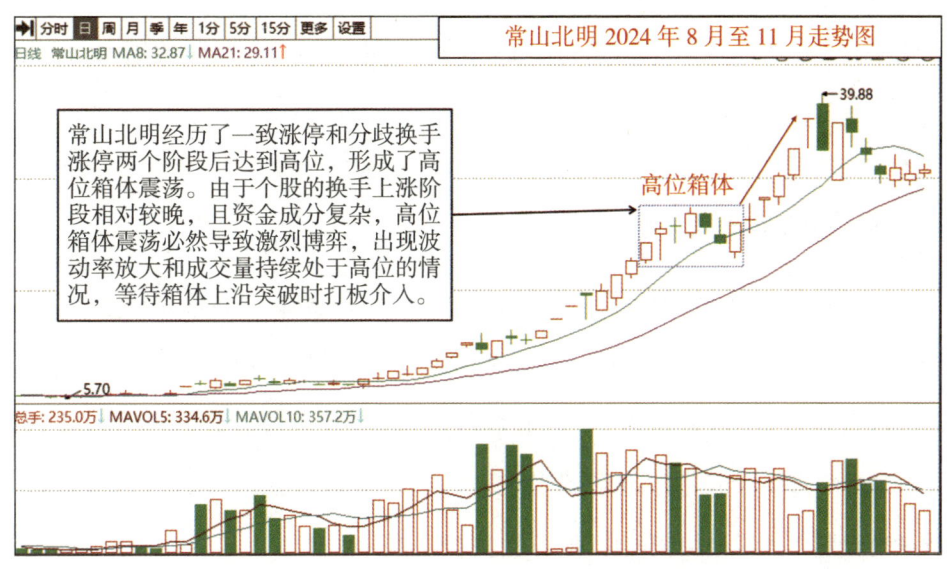

图 7-4　2024 年 8 月至 11 月常山北明高位箱体的表现

如图所示：常山北明经历了一致涨停和分歧换手涨停两个阶段后达到高位，形成了高位箱体震荡。由于个股的换手上涨阶段相对较晚，且资金成分复杂，高位箱体震荡必然导致激烈博弈，出现波动率放大和成交量持续处于高位的情况。由于高位箱体已进入情绪博弈阶段，大多数主力资金会选择在此离场，而进场博弈的主要是散户资金和少量高风险游资。常山北明在高位箱体震荡末端形成一致性突破，继续放量上攻，表明参与的资金量大，力量强劲。同时，成交量并未出现大幅缩减，这意味着个股不太可能因个别资金出逃而引发大幅下跌。因此，这种形态大概率会形成较为明显的头部结构，这将进一步激发情绪资金在高位疯狂追涨。我们可以在高位箱体上沿突破时，跟随打板介入。

由于高位上涨后的正常预期会出现分歧,个股能否有效抵抗住分歧至关重要。高强度的高位箱体形成了巨大的分歧,多方力量为了获取更大的收益而不愿止步于箱体边缘,而是积极寻求突破。由于资金间的分歧较大,个股高位震荡伴随高额换手率,每波涨停后都有部分短期获利资金离场,形成了类似"烂板出妖股"的形态。这说明前期一致持有的资金已被大部分释放出来,新的资金进来接手的筹码几乎等于新的起点,这对于后续资金来说更具吸引力,具体买点需等待分歧结束后确认。

3. 高位箱体结束

在主升浪后期,个股通过构造高位箱体来进行调整。透视高位箱体震荡背后多空对决的资金行为,能预示后续套利机会。当箱体构建完成后,若能成功转向或突破,则代表趋势延续;若箱体难以承压并快速跌破支撑,则可能存在见顶风险。随着个股箱体内调整时间变长,下杀力量增强,箱体有效跌破标志着调整级别扩大,个股长期见顶的可能性随之增大。

投资者在个股处于高位箱体时介入存在风险。只有当个股以高开方式离开箱体时,才可确认其为介入的价值点。所以高位放量震荡转向上后的套利机会具有较高的价值,提供了充足时间让交易者思考,此时股价较少受板块或利好影响,可避免出现买不到或卖错位置的情况。一般而言,个股离开高位箱体后的预期涨幅不会太高,可能仅有两到三个板左右,因为高位箱体本身意味着较大的风险,个股回归常规模式后其涨幅会受限。

个股进入高位箱体调整后,继续上攻存在一定难度,多空双方在箱体内频繁买卖争夺主导权,竞争很激烈。若个股在高位箱体期间保持较高识别度,出现缩量回踩、放量反包等反复震荡现象,并成功吸引资金的追捧,将潜在买单有效转化为实际的市场动力，能够蓄积一致向上的做多力量，有望开启新一轮上涨。判断个股高位箱体介入时机的关键是个股主力净额，例如超过 3000 万元的信号明确表示存在较大的封板概率。因此，在箱体震荡中，交易者可以稍微提前介入，并且左侧交易者应在九个点时果断跟进。

箱体震荡与前期走势的区别主要体现在换手和市场情绪上，反映多方与空方力量的博弈。高位箱体形成后，由于分歧过大，出现多次上影线表明上方阻力巨大，这反映出市场并不认可更高价位。若多次试探失败且上涨阻力持续增大，那么其上涨的可能性相对较小，反而下跌可能性较大。交易者在面对箱体分歧较大的情形时，采取保守策略尤为关键。

高位箱体出现时，虽然不能断言股价无法站稳，但更多时候交易者倾向于认为该形态已接近行情结束阶段，高位调整下跌的可能性大于上涨的可能性，尤其是当箱体中包含涨停、跌停以及跳空缺口等特征时，其参与价值更不被看好。高位箱体震荡的个股面临较大风险，需注意量能变化，应考虑人气和板块因素对股价的影响。高位分歧若未达预期，个股容易出现大幅调整，其原因在于缺乏自身走势的主动性及受到板块题材走弱的限制。个股若出现缩量跌停，可能是多方力量衰竭的信号。

在高位箱体内，个股若能在题材板块维持热度的同时展现出放量上攻和缩量回踩的良好特征，即下沿快速修复而非拖沓震荡，将体现其重新凝聚上涨合力的可能性。当个股高位跌破下沿且叠加其他热点明确抢占资金的信号时，意味着板块合力正在消散，股价一旦出现流畅下跌且无法有效修复，则可能预示着人气消散和大级别下跌的到来。

高位箱体的存在有助于确认上攻机会，若在股价上升的后期出现高位箱体，往往可视为市场转折的信号。因为高位箱体多数对应的是板块主升之后的分化阶段，会出现大规模的分歧。延后出现高位箱体容易引发交易者对个股后续走势的怀疑。若直接形成高位后置形态，可能会提前结束上升趋势。

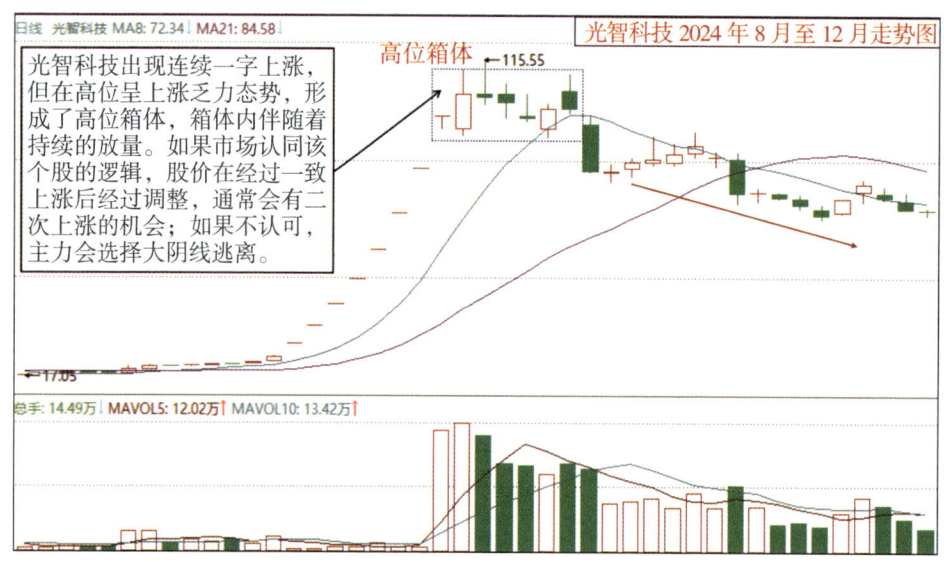

图 7-5　2024 年 8 月至 12 月光智科技高位逃顶的表现

如图所示：光智科技出现连续一字上涨，但在高位呈现上涨乏力的态势，形成了高位箱体，箱体内伴随着持续的放量。如果市场认同该股的逻辑，股价在经过一致上涨后经过调整，通常会有二次上涨的机会。然而，如果市场对该股逻辑不认可，则在高位箱体震荡之后，导致行情的结束。观察光智科技的走势，我们发现在高位箱体震荡时突然出现一根放量大阴线跌破了箱体。这表明主力资金选择了出逃，人气的消失使得该股不再具有参与价值。尽管后续仍有资金尝试以小阳线自救，但由于其通过负反馈脱离高位箱体的形态，已基本丧失参与价值。小阳线后继续出现大阴线，主力出逃形态得以延续，该股转入长期下跌趋势。

高位放量震荡虽然表示板块热度上升，但面临降温后资金难以撤出的问题。如果板块整体走势已趋疲软，高位箱体震荡可能导致资金流向其他热点板块，使得单只个股面临的压力增大。当个股失去原有板块的支持后，继续向上突破的难度增大，负反馈形成下跌压力，出现 A 杀现象。我们需要关注板块整体趋势及高位震荡信号，谨慎评估上涨性质及板块联动性，等待其他板块明确热点后再进行板块切换操作，避免盲目追涨。

三、箱体离开策略

1. 突破箱体

箱体打破是判断市场情绪和资金动向的重要指标。箱体走势相较于流畅连板单边上涨更为复杂，需要针对不同情境制定相应的交易策略以确保交易价值的最大化。针对箱体形态，交易者需综合考虑箱体下方支撑位的反弹需求、箱体上沿突破位的有效突破等买入信号。其中突破箱体上沿的涨停打板是左侧第一买点。个股箱体突破回踩后，保持放量上涨时为右侧第二买点。尽管箱体内有震荡和冲高回落的现象，但整体仍属于上涨阶段的小级别调整，只要判断趋势未走坏，板块修复则标志着右侧第三买点的到来。判断个股有效脱离箱体必须满足以下条件：连续两天右侧确认脱离，而且突破了前期的高点，并打开了上涨趋势。后续是否仍有买点取决于其能否继续保持震荡推升趋势，并经历必要的技术调整与动能积累。

个股经历长期下跌后，形成箱体筑底，随后经历了连续小阳线和十字星的底部放量，在经历了多波冲高及缩量阴线的调整后形成有效突破，这意味着主力介入并极力维持箱体稳定。大阳线或涨停板突破的出现标志着其有较大的上涨潜力，走出了超预期的表现。个股经历了长时间的箱体震荡并最终选择突破，暗示有中长期资金介入超跌反弹，突破后的首板具有介入价值。如果存在炸板分歧，只要成功反包显示较强的做多力量，表明短期内有加速拉高的可能。随后的拉升、测试抛压决定继续攻击或调整。如果个股连续涨停突破前高点，市场合力和超预期结合在一起，这时出现的超预期涨停预示着个股将开启新的上升趋势，为后续爆发行情提供了基础。

个股通过低位持续放量震荡有利于洗筹，成功突破可以快速提高辨识度，容易启动连板行情，是趋势转变的信号。低位连续加速以及随后的分歧测试是确认个股地位和识别龙头的重要指标。理想的介入时机应在分歧得到主力而非散户承接，需要保持形态稳固且人气不衰。在经历一系列考验后，若能成功吸引散户参与并实现高位涨停，则标志着个股进入了新的高度。

个股经历了小级别的弱转强，并跳空高开成功突破低位箱体，强势涨停是主力的行为，特别是通过一字板向上拉升，这可能是个股即将进入上升趋势的积极信号。在经过洗盘松动筹码经历市场考验后，个股一字板并强势突破箱体，表明主力操盘决心强且洗盘过程充分，市场上存在着强烈的资金做多意愿，对上涨的一致性很强。一字板成交量过大表明市场对顶一字的资金不太认可，但是能够封住没有炸板，说明个股封板力量和主力意志较强。在低位箱体经过一段时间的调整后，是洗盘的过程，脱离箱体是洗盘结束的标志。通过极端的一字板突破脱离箱体充分体现了主力操盘的决心，可以实现套牢筹码、获利筹码和松动筹码的替换。

我们要关注其后续是否能保持良好的弹性及充分的换手，以保证上涨动力的持续性。若个股在箱体内突然强势涨停突破，需警惕主力是否存在硬顶操作。如果没有板块支持和清晰逻辑，强势涨停往往是不可持续的。若随后出现较大跌幅的负面反馈，表明市场对此并未达成共识，缺乏有效的对手盘支撑。

由于个股在长期箱体震荡过程中积累了获利盘和套牢盘，所以在突破后必然会导致交易者寻求兑现利润，从而形成巨大的抛压，甚至可能导致连续下跌至接近跌停。即使后续有所反弹，但由于套牢盘过多，股价无法有效站稳。个股虽面临前期入场资金被套以及当日拉高的获利资金双重抛压的风险，但在次日很有可能进行自救以应对抛压。若个股自救成功且有板块助力，在箱体上影线的压力位附近出现冲高回踩，可能会进一步突破箱体上沿，成为短期内介入的最佳时间点。若未能突破，还需继续观察并等待合适的介入时机。

突破箱体后的震荡推升和放量上涨走势，表现出健康上升的量价关系，表明个股在技术面上具备市场合力。一旦成交量达到 30 亿元，也是短线个股较大的成交额换手标准，主力净额达到 5000 万元以上，说明背后形成的力量较强劲。其技术面特征显示出主力资金引导和市场合力的良性互动。走势预计有两种可能：一是强势突破形成新一轮上涨趋势，在板块热点发酵时可适当跟进介入；另一种是在封板价位附近构筑第二个平台，蓄势突破前期高位压力。若个股能够成功构筑第二个平台并伴随放量突破，则是新的介入点。

在个股高位箱体震荡的情况下，强势放量涨停往往被认为是好的信号，表明主力继续介入。但即使突破也并不代表这就是好的买入时机，因为此时上方阻力过大会制约突破效果。若突破大阳涨停出现炸板，或者炸板后午盘不能回封，可能反映出走势严重不及预期，导致次日开盘可能出现低开下砸的动作。这意味着市场合力可能遭受严重打击，将大大考验市场合力和散户参与度。通过关键节点的炸板再封板脱离高位箱体，说明抛压已经被充分消耗，使得高位介入相对安全，预示着可能的二次上涨趋势。高位涨停虽然显示出主力和市场合力较强，交易者仍需警惕前期获利盘兑现。因为高位箱体累积了大量获利盘，一旦以涨停突破的形态出现，容易引发获利盘的集中卖出。相反，个股在箱体处于中位阶段突破更具操作价值。个股脱离中位箱体调整，一旦市场认可并有主力资金推动，通过涨停确立辨识度后，次日继续涨停的可能性较大，因此具有较高的介入价值。

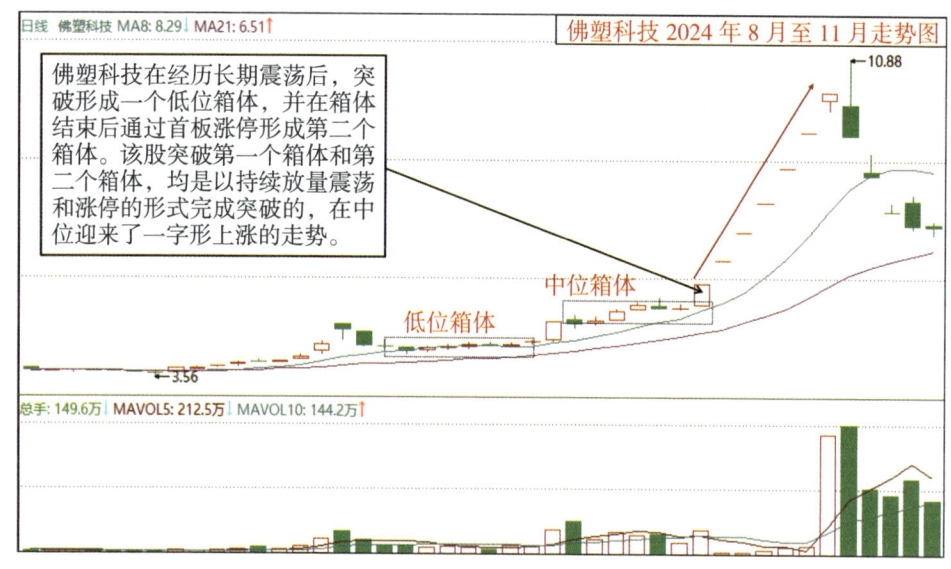

图 7-6　2024 年 8 月至 11 月佛塑科技连续突破箱体的表现

如图所示：佛塑科技在经历长期震荡后，突破形成了一个低位箱体，并在箱体结束后通过首板涨停再一次形成第二个箱体。该股突破第一个箱体和第二个箱体，均是以持续放量震荡和涨停的形式完成突破的，在中位迎来了一字形上涨的走势。低位箱体震荡是清除松动筹码的有效方法。个股突破低位箱体时，通常伴随着大阳线或涨停放量。佛塑科技在首板涨停时以倍量涨停形态脱离箱体，可以跟随打板介入。随后第二个箱体持续放量震荡，表明该调整属于良性调整。在第二次以涨停形态脱离低位箱体时，可以继续以打板形态介入。两次低位箱体震荡可以有效清除获利筹码，为后续的一字形拉升打下基础。有效的突破箱体最好是能够以放量的强势形态并以涨停方式脱离，好处是既能充分观察到主力的决心以及涨停放量的形态，又容易吸引市场合力共同参与。

2. 跌破箱体

箱体内复杂的形态变化，包括涨停、分歧、大阴线等，表明市场资金较为活跃且抱有不同目的，交易者需要在箱体下沿的关键位置进行观察，等待后续资金推动和主力的助攻。一般而言，箱体的下沿支撑位可以引发市场的合力，无论是主力资金还是散户都可以保持看多的预期和策略。而一旦跌破箱体的下沿，则需要结合概念贴合度和市场热点来判断跌破的真实性。

受到短线情绪的拖累，个股出现快速下杀，跌破了震荡箱体底部。错杀会被市场解读为抄底的机会。向下假突破是低吸和抄底的机会，机会在于跌破后会有内在的修复需求。快速有效修复可以将股价拉回零轴或者分时均线上方维持震荡。一旦箱体震荡进入稳定状态，自身修复的力量使其形成了较强的支撑，引发市场修复反弹的需求。假突破大概率是短期的最后一跌，也是修复反转的参与机会。

判断跌破箱体的有效性，要关注市场情绪最敏感的时间点的量能变化。即个股跌破节点是否有效需要看其是否放量。无论是有效跌破还是修复，都需要带量的动作。缩量下跌无法判断此跌破的有效性，只能认为是假突破。股价跌破箱体底部后，若能有效修复，则视为假突破。经历缩量阴跌后，若次日个股出现高开或小幅上冲容易导致涨停，存在低吸抄底的机会。个股在跌破关键支撑位时存在着内在的修复需求，需利好配合刺激才能成为导火索，吸引交易者参与。即短期的假突破箱体需要有短线资金来修复，真突破需要伴随着放量。

当个股到达箱体底部时，在板块和龙头股的影响下平开低走跌破箱体下沿，但随后在尾盘阶段经历了一次显著的资金拉升，表明有资金尝试修复。主力已经开始介入市场，意图改变个股处于箱体破位边缘的状态。尽管次日个股因弱势导致低开，只要部分资金并未撤离，仍然预示着主力试图自救。股价在箱体上沿的关键时刻将面临较大压力，次日预计将遭遇三重压力测试：前日被套资金的解套需求、自救行为后的短线获利资金的抛压以及长期形成的高位套牢盘。

个股出现大阴线跌破箱体是个需要警惕的信号。低位箱体和高位箱体的大阴线应对策略有所不同。尽管大阴线跌破箱体看似伤人气，但低位箱体的安全性在于阴线的大涨起点或涨停终点是主力的成本位，主力不会轻易让股价跌破此位置以免亏损。只要大阴线未破位，也为次日的反包保留了希望。但下跌级别的负反馈不能扩大，需要维持原有的调整结构。一旦出现破位，再有利好也难以对人气和上涨预期进行较好的修复。由于砸盘的主体不同，可能带来的影响差异巨大。如果砸盘力量来自主力、机构等强势角色，那么跌破可能预示着市场风险加大，而非单纯由散户行为引起的波动。

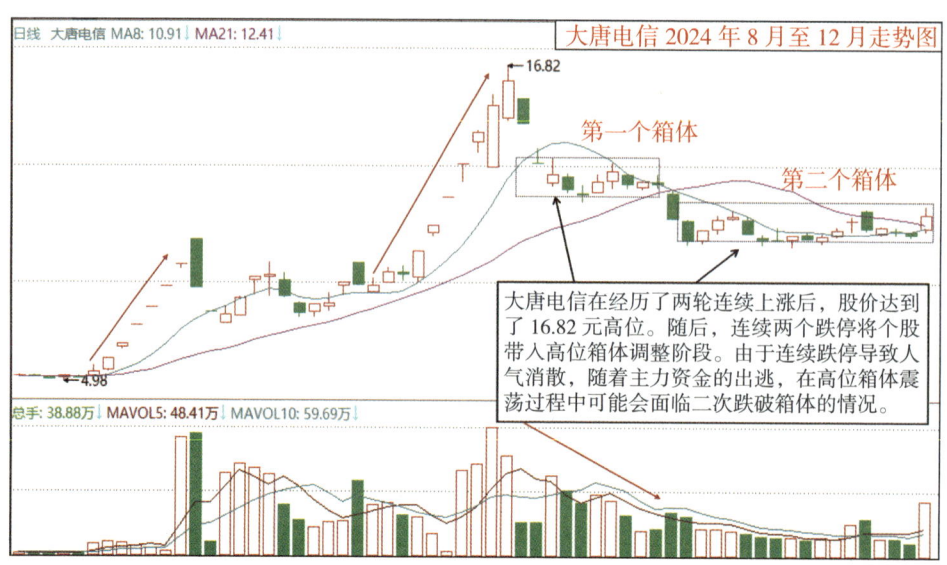

图 7-7　2024 年 8 月至 12 月大唐电信连续跌破箱体的表现

如图所示：大唐电信在经历了两轮连续上涨后，股价达到了16.82元高位。随后，连续两个跌停将个股带入高位箱体调整阶段。由于连续跌停导致人气消散，随着主力资金的出逃，在高位箱体震荡过程中可能会面临二次跌破箱体的情况。我们注意到大唐电信在高位箱体震荡后期出现了连续放量。当股价跌破箱体预期的支撑位时，表明个股再次面临阻力位的抛压。尽管第一个箱体后端两根大阴线跌破后可能会迎来一定的修复，并形成新的第二个箱体，但由于第一个箱体中积累了大量筹码，使得个股在向上突破时面临较大困难。此时，个股不仅承受来自第二个箱体获利盘的抛压，还面临第一个箱体中套牢盘的抛压，所以该股的参与价值有限。一旦第二个箱体被有效跌破，通常会以大阴线或放量跌停的形式出现，反映了主力资金的出逃以及人气的消散。交易者应尽快跟随离场，不应抱有幻想，期待主力自救或市场修复。

个股出现高位箱体的大阴线是破位离场的重要标志，尤其对于妖股而言更为敏感。高位箱体中大量获利筹码的存在使得主力在达到盈利目标后，筹码兑现压力增大，从而引发大阴线。若高位箱体在有效跌破支撑位后伴随着成交量的加大，这意味着主力资金已出逃，短期调整级别扩大，可能存在长期见顶的风险。交易者通过对个股下跌幅度和时间窗口的观察，可以辅助判断人气的消散及顶部的形成。跌破高位箱体符合个股见顶的特点，可以预测在高位箱体可能向下破位，而非盲目等待创新高。如果板块内核心中位个股持续调整下跌，板块性修复缺失，板块拖累可能导致个股黄金分割位支撑失效。因此，高位大阴线跌破箱体提示交易者高位筹码兑现的可能性较大，应视作离场信号。

3. 首板箱体战法

个股经历涨停后形成大型底部箱体调整，展现出主力建仓及拒绝下跌的特征。涨停后的横盘伴随着高额的换手率，反映资金在参与过程中存在的较大分歧。尽管个股上涨至涨停线上并展现出价格认同及主力维护意愿，但市场上仍有许多资金认为当前价位过高而不愿入场或卖出持有股份，形成既认可股价又难以达成一致意见的状态。

涨停后的放量震荡箱体需要关注两个关键点。第一，放量后是否出现抛压衰竭，即做空力量减小的情况。第二，分歧过程中，维持上涨的做多力量是否出现损耗。如果损耗过大，可能难以反包新高。因此，对于涨停后的放量箱体，不仅要关注上涨压力的减小，也要关注做多力量能否维持。

个股在涨停后形成了箱体调整是主力建仓和拒绝下跌的表现。但个股没有太多辨识度和板块地位，市场的认知程度不高。首板后的底部构建过程中的堆量确认了潜在反转的可能性，意味着资金并没有被锁定，而是通过不断地买卖增加个股的活跃度和辨识度。长时间震荡后，个股选择跳空高开突破箱体并涨停，说明主力有较强的耐心介入，参与的资金有中长期交易的想法。一旦脱离箱体进入主升阶段，股价会迎来较大幅度的上涨。主力会选择低位调整、辨识度较高、筹码结构稳定的个股作为拉动对象，特别是在主线题材崛起的同时挖掘相关支线题材的机会更容易出现此类现象。

当板块经历情绪高点后，市场反应不一，个股首板涨停后主要有两种走向。

第一种情况是在涨停顶部形成箱体震荡，表现为上方箱体。上方箱体的形成分两种情况：一是该股涨停是意料之中的，不能称为超预期；二是板块弱而个股拒绝下跌后反而涨停，其中 N 字形反包的超预期程度更高，弱转强的反差比强转强更为显著。

另一种情况是个股缺乏显著辨识度和板块地位，在首板涨停后接盘乏力。大部分打首板的资金是追求次日的溢价。如果次日出现平开或者低开的现象，表明在涨停后交易者对个股失去了兴趣，无人愿意接盘。主力发现个股失去了炒作价值，或者概念过于小众，在次日发酵失败后出现板上资金割肉出逃。资金出逃后股价出现放量下跌，卖出资金慌不择路。打板的资金放弃追涨，随后个股进入连续调整阶段，继续在涨停大阳线内部进行震荡，展现出首板后的长期箱体震荡，为下方箱体。下方箱体的形成往往是因为次日竞价时个股平开或低开，以及概念发酵失败导致打板资金无法获得次日溢价而出逃。大量卖盘导致个股放量下跌，形成下跌惯性。长期超跌的个股积累了大量的套牢盘，在第一次涨停时，许多套牢盘得以解套，连续放量累积的获利盘也需要兑现。

上方箱体表明市场对首板的认同，而下方箱体是市场对首板的不认可，可能预示着个股反转下跌的结束。两者的主要区别在于上方箱体保留了较强的进攻意图和强势震荡表现，而下方箱体则相对缺乏承接力，以涨停价作为价格震荡的平衡点，整体处于弱势震荡状态。上下之别，即强弱之别。箱体形态的优劣需根据个股的进攻或反转形态来判断，上方箱体适合进攻型个股，而下方箱体可能更适合反转或超跌后的个股。相较于上方箱体的突破，下方箱体从弱势转为强势的突破，往往具有更高的上涨预期。在短线操作上，选择下方箱体的反包机会其后劲可能更大，可能带来较大的收益。

下方箱体企稳的位置一般在大阳线底部或中部二分之一，因为大阳线底部是主力的初始成本，二分之一的位置往往是主力的平均成本。若跌破这两个主力成本线，则可能意味着主力不加以维护，个股失去参与价值。如果个股在两个成本线上支撑住，只要其概念题材逻辑再次活跃，那么具有首板辨识度的个股将吸引资金的关注和主力的二次进攻。这也是 N 字形反包的逻辑。然而，板块持续热烈发展，但个股未能连板，表现该强不强，反而在上方箱体中进行反复震荡。只有当龙头或板块发展达到高潮时，资金才会愿意二次发酵，突破箱体上攻。

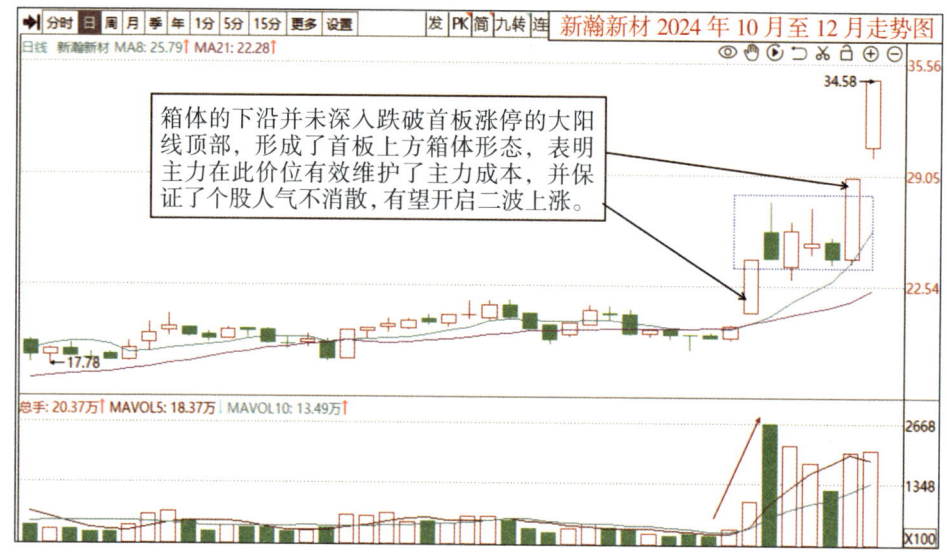

图 7-8　2024 年 10 月至 12 月新瀚新材突破箱体上涨

如图所示：新瀚新材在经历了长时间的横盘震荡后，以首板放量 20 厘米涨停的形式突破横盘区域。次日，首板获利筹码的兑现导致了大阴线的出现。然而，第三日该股放量反包，并在后续形成了箱体震荡的走势。箱体的下沿并未跌破首板涨停的大阳线顶部，形成了首板的上方箱体形态，表明主力在此价位有效维护了主力成本，并保证了个股人气不消散。箱体震荡可以有效替换获利筹码，这可能为后续带来更明确的上涨机会。观察新瀚新材的箱体震荡行情，我们发现量能适度缩小，表明获利筹码并未大规模兑现，反而是出现了一定程度的锁仓现象，预示着该股具备进一步走强的潜力。当股价以涨停形态突破箱体时，锁定的筹码不会造成较大的抛压，使得涨停较为轻快。随后连续放量涨停，我们可以在突破上方箱体的位置，跟随主力资金板上介入，后续将可能迎来连板行情。

上方箱体和下方箱体中哪种箱体参与度更高？这需要交易者根据个股形态来决定。如果市场对板块的逻辑认可，个股是进攻形态，上方的箱体更好。因为个股首板涨停后，尽管存在兑现压力，只要股价在大阳线顶部拒绝下跌，则表明大部分打板的资金能够获利离场，这是皆大欢喜的情况。我们不能简单地将其归为弱势，相反，这可能意味着个股正在蓄力，从而形成上方箱体突破。反之，若市场不认可个股，下方的箱体可能不及预期。但市场不认可的个股突然涨停形成N字形反包，这属于超预期。如果个股是超跌的反转形态，那么下方箱体可能会更好。下方箱体持续震荡跌不下去，个股完成最后一跌往往是反弹的机会。

4. 双箱体叠加战法

个股出现了长期下跌，形成了长箱体筑底。在消化了长期套牢筹码后，个股通过大阳线或涨停板形成了突破。大阳突破是主力资金的进攻行为，否则不可能突然远离箱体进行突破。但突破后不久，主力资金内部出现了调整，充分释放了跟随的筹码，大阳线后出现的兑现是良性的，形成的箱体称为突破型箱体。个股试图在突破型箱体里拉升测试抛压，一旦测试发现拉升顺畅，抛压较小，主力会在次日选择大举进攻，突破箱体形成连板形态。如果在测试的过程中发现抛压较大，出现了炸板或者长上影线，个股会选择继续在突破箱体内进一步调整，直到下一次测试完成。只有当拉升轻快时，个股才会选择一举涨停突破并脱离箱体，这种形态被称为双箱体突破形态。

双箱体叠加形态由长箱体和突破型箱体组成，反映了市场情绪的变化和技术位的突破。在下方构建了低位放量箱体，表明个股背后存在资金活跃度提升的现象。两者有一定的区别，长箱体的资金性质是长期套牢的资金和坚定持有的资金，而突破型箱体是短线资金或主力资金建仓。长箱体尽管未直接引发暴涨，但起到磨底、消化套牢筹码和确认底部的作用。而突破型箱体的作用更多是突破箱体并实现获利资金的兑现，确认市场向上趋势的有效性。当突破箱体时，会有散户跟进购买。

长箱体在个股走势中起到消化套牢筹码及确认底部的作用。当股价经历大幅下跌并触及底部后，会出现一段较长时间的震荡形成的长箱体，通过磨底消化上方下跌所造成的套牢盘。在这个过程中，原有的套牢盘预期未来会反弹而在一定程度上锁定不愿卖出，从而让失望资金在长箱体内消耗殆尽，促使松动筹码逐步转移到下方。当达到与前低的地量处于同一水平时，表明股价已跌无可跌，具备反弹的内在需求。随后股价明显放量上攻，说明市场对此类标的具有较大关注度和交易意愿，体现了主力资金进场或建仓迹象，后续可根据这一形态预测主升浪的启动前准备。

放量反弹突破了先前的长箱体后并未继续上攻，反而在上方形成新的小箱体形态。第二个箱体与第一个长箱体的主要区别在于性质上有差异。长箱体对应长期套牢和坚挺的资金参与，反映的是对底部区域的一种稳固确认。而突破型箱体则是短线资金或主力资金为了短期套利而形成的，更具有独立性和时效性。此外，大阳突破下方长箱体后箱体调整的时间较短，目的是验证突破箱体后的获利资金是否安全，随后的拉升测试抛压能决定趋势能否继续或调整，主力利用此机会清洗浮动筹码，确认突破的有效性来测试抛压。适当的分歧调整和箱体震荡属正常现象，整个过程体现了市场力量与情绪的交互作用。个股通过这种调整替换了部分松动的筹码，为后续的主力建仓和拉升创造条件。当筹码替换完成后，主力拉升比较轻松，抛压很小，当天容易出现涨停。个股在突破型箱体内横盘震荡后，主力通过放量拉升表现出了坚定持股或埋伏低位的特性。个股明显的高开与流畅调整形态，意味着该股经历长期回落后再度迎来反弹机遇。

个股脱离第一个箱体后形成了二次箱体的震荡，震荡时间较长，量能和幅度很大，反映了不同阶段市场的消化过程。箱体逐级升高，意味着上涨过程中遇到更大范围的资金消耗和换手，这被视为对趋势有利的表现。个股在第二个箱体内出现了炸板回落、大阴线、阳线和涨停等复杂的形态，说明资金较复杂，承载了不同的目的。箱体的变化预示着分歧增加和稳定性被破坏，可能暗示着空中加油式的上升动力。

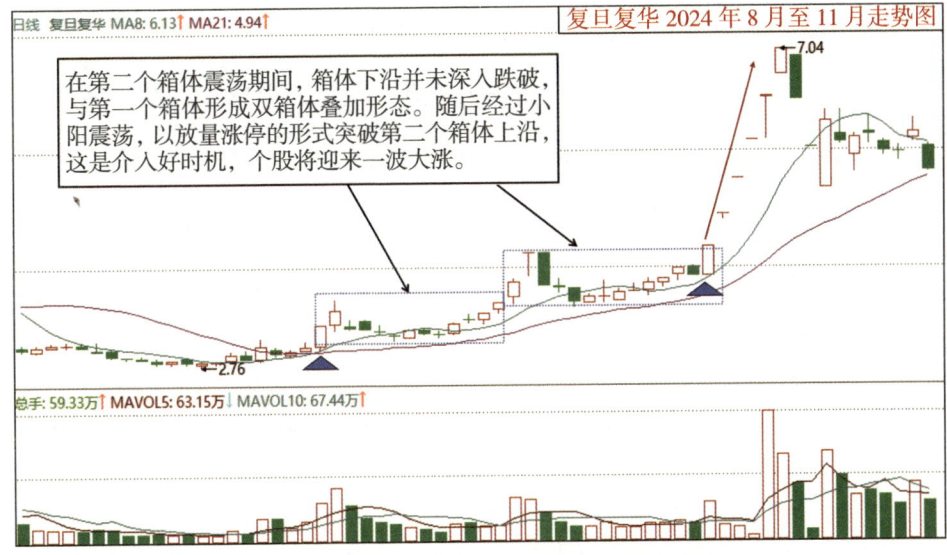

图 7-9　2024 年 10 月至 12 月复旦复华双箱体叠加形态

如图所示：复旦复华在经历了横盘震荡后，出现了首板放量涨停。随后，股价形成了小阴小阳的低位第一个箱体震荡。在震荡期间，量能相对缩小。在第二个箱体震荡期间，箱体下沿并未跌破，形成了双箱体叠加形态。随后经过小阳震荡，以放量涨停的形式突破第二个箱体上沿，接着出现缩量一字形上涨。低位箱体是整理松动筹码的有效形态，双箱体叠加是低位箱体中的特殊形式，对于筹码整理具有更强的替换作用。通过第二个箱体对成本的维护，可以有效看出主力的意图。双箱体二次筹码整理后，只要能突破第二个箱体上沿，后续迎来一次连续上涨的可能性较大，可以跟随打板介入。

参与双箱体形态的策略主要有以下三种：第一种是个股经历长期下跌后形成的长箱体筑底的支撑位出现了较强的支撑和反弹需求；第二种是通过大阳线或涨停板放量确认突破箱体上方的压力位，脱离长箱体；第三种是确认突破短期压力位形成的双箱体，脱离突破型箱体。

双箱体重叠形成的最大分歧点尤为关键。资金对其上涨持怀疑态度，导致了震荡和换手。一旦此点位获得有效支撑，并形成 W 底形态，则预示着可能存在二次上涨的行情。然而，若未能突破前期高位并遭遇反转失败，连续冲高受阻于大阴线高点，则表明上攻乏力，市场压力较大，同时跌破涨停或大阳线底部标志着获利盘被击穿，新一轮上涨行情宣告结束。

第八章　板块阶段策略

一、板块发酵阶段

1. 板块启动

把握板块的阶段对个股至关重要。即使某些个股因为大规模资金流入而快速上涨，但如果市场对板块的炒作缺乏持久性，那么个股的上涨可能无法持续。个股面临的主要挑战是如何吸引散户参与，以便为价格上涨提供动力。通过对板块的周期性分析，结合个股的技术形态和量价关系，交易者可以更准确地预测市场走向。特别是当个股被视为短期情绪炒作的对象时，其股价变动往往受到板块题材的显著影响。单一的技术指标或形态不足以做出准确判断，必须结合整个市场的板块发展阶段和情绪氛围综合考虑。

板块启动后能否有更大的炒作行情主要取决于盘后交易者对信息的解读，这存在较大的不确定性，且难以观察其发展趋势和发酵程度。由于交易者在判断题材时容易加入主观意识，通过找寻逻辑去证明其是主线，我们需要加入更多的客观因素去辅助判断板块的发酵情况。板块的发酵可以通过涨停数量、首板溢价率等市场信息来判断整体演变的方向。然而，过于小众或突发性的利好刺激往往无法保证次日的溢价，甚至连日内涨停的确定性都没有。

板块容量不大的小板块可延伸性比较弱，只能以过渡期的小题材来看待。

如果小板块恰好在大板块尾声出现发酵和异动，处于共同竞争的阶段，没有确立相对核心的反馈地位，属于参不参与都可以的状态。该板块需要与同期竞争板块展现出强势或超预期的表现，才有参与价值。所以板块初期发酵阶段，交易策略应聚焦于炒作预期的资金行为。对于板块来说，超预期点无非是二次高潮或再次发酵。板块需要等待右侧信号，对其预期产生更高的提振作用。

对于盘中快速拉升的个股，其上涨逻辑、溢价能力和交易预期受多种因素影响。个股形态的安全性主要取决于市场的认可度，成功的交易不仅依赖于个股的表现，还取决于板块的健康发展和市场情绪。日内的板块持续表现对个股的涨幅有较好的影响，表现为板块的整体发酵的带动效应、持续性增强以及短线情绪的展现。虽然个股具有良好的消息面和逻辑支撑，并且受到主力资金的青睐，但在板块内部并未展现出较强的带动效应，我们仍然不能确认可以在左侧参与。

对于板块内个股而言，只有当板块整体启动，并出现显著的催化作用时，短线资金才会积极参与其中，提高买入性价比。我们可以通过板块效应来参与右侧交易，率先涨停的小盘股强势封板后，可考虑参与流通盘相对更大的高辨识度个股的隔日套利机会。大盘股尽管流通市值较大，拉升缓慢，但主力进场表明做多力量增强，有利于后续封板和次日溢价。一旦板块确定性增强，我们可以在八个点附近的强势震荡中介入个股的涨停套利。否则，在缺乏板块支撑的情况下，板块尚未出现明显的梯队效应，个股可能会面临较大风险。

板块启动当天高开出现众多的首板和跟风个股集体异动，并不预示着所有相关个股都会上涨，真正有价值的是基本面强劲且与市场热点契合的个股。主力资金的动向成为散户关注的核心。如果异动的上涨逻辑是建立在板块持续发酵的基础上，那么作为板块内的核心，个股具备强势连续加速涨停的可能性。

如果没有出现大规模的板块效应，个股难以实现连板，更多的是超跌状态下的抄底机会。板块启动当天，日内最强个股次日预期是顶一字，如果板块次日表现强势，但个股仅是高开，这是不及预期的。板块惯性高开后存在集体兑现的可能性，不及预期的高开都是卖点。

板块成功发酵后，个股可能出现缩量加速上涨的情况。板块走出行情并实现持续反弹面临的最大限制是流动性不足，即成交量受限。板块启动初期，连续涨停的一字龙没有经过换手就结束行情，说明板块的成交量不足，并未发酵出板块龙头，板块的地位只能定位成小题材套利，没有太多持续性。在板块启动初期，交易者的交易策略应聚焦于炒作预期和资金行为，个股放量上涨尤为重要。缩量表明资金的介入程度不高，后续的炒作空间和预期自然有限。只有在市场弱势调整阶段，大量资金进场博弈，个股才能逐渐形成一致的上涨预期，从而出现加速上涨的趋势。

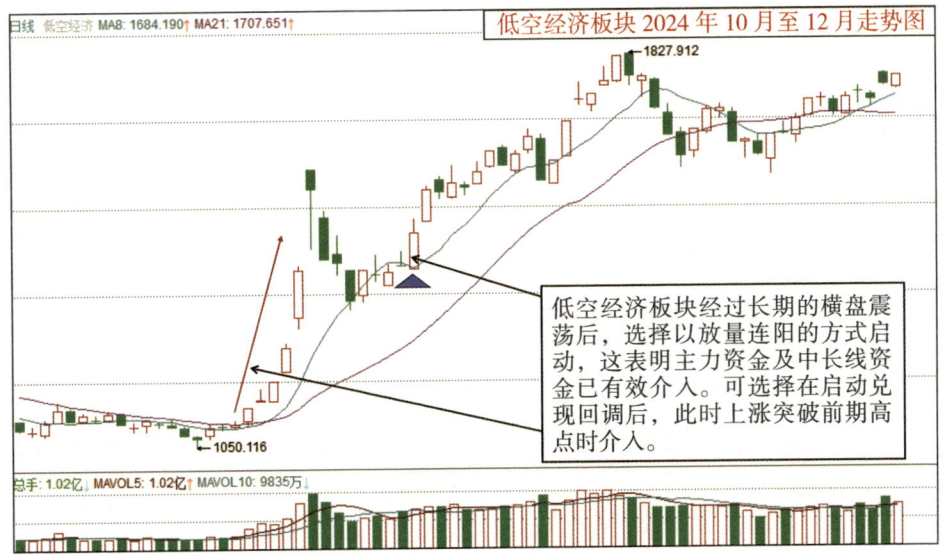

图 8-1　2024 年 10 月至 12 月低空经济板块连阳启动

如图所示：低空经济板块经过长期的横盘震荡后，于2024年10月迎来新一轮启动，这表明主力资金及中长线资金已有效介入。在启动期间，该板块呈现出持续放量连阳的形态，其中核心个股如万丰奥威、中信海直等表现出强劲的上涨趋势。从板块指数来看，有效的启动必须伴随着放量上攻，出现连阳形态，而非阳线与阴线交替出现，后者仅表示板块轮动，获利资金可能在阴线时出逃，无法形成有效的正向循环。只有连阳推升才能形成获利资金与进场资金的有效替换。经过一波上涨后的短暂获利兑现，此时上涨突破前高点时可介入主升行情。

在板块发酵初期阶段，前期资金意图不明，个股主要受板块影响跟涨，缺乏主力资金主导，可能存在合作关系。但随着板块和个股的深入发展，竞争态势将逐渐明朗。主力资金的入场引发个股持续上涨。在发酵初期的整体放量成交和放大震荡的表现可能是健康的信号，前提是其资金意图并非仅仅是为了震荡建仓或埋伏做多，而是寻找具备主升行情和博弈价值的个股。

2. 先锋龙头

在板块发酵过程中，不同个股在前期表现各异，如一字板、连续涨停等。由于市场普遍认知与实际表现之间的差距，部分看起来不好的个股往往能够在短期内爆发出超乎寻常的成长潜力。其背后深层次的原因在于大多数人未能迅速适应和把握新的市场动态，而少数敏锐的交易者能够抓住其中蕴含的机会。由于新旧交易者对其未来发展的看法存在显著差异，使得市场对该股的定价远低于其潜在价值，进而使其成为产生超预期行情的标的。此类个股往往先于板块启动，短期内呈现快速翻倍走势并受到市场的广泛关注。具有高度利好贴合度和辨识度的个股往往能在题材发酵初期吸引资金的流入，成为先锋龙头。

散户是否跟风买入个股更多地取决于板块因素。只要板块集体发酵，不管是日内板块持续再次发酵，还是相关概念的个股顶一字板带动了整体的板块情绪，散户都愿意介入。个股的人气和预期不高，主要原因是其未能形成良好的板块效应。在板块持续发酵的背景下，个股吸引了散户资金的进场，属于板块发酵带来的增量资金。资金持续流入板块需要寻找可容纳套利操作的标的。当板块和题材逐渐活跃时，资金会选择有辨识度且具备再次上涨空间的个股充当先锋龙头。只有整体板块发酵，先锋龙头才能参与连板。如果板块不能启动或者高度无法突破，先锋龙头容易在中位阶段崩溃。如果板块要打造先锋龙头，情绪节点支持非常重要。当个股被定义为题材中的情绪套利标的时，容易配合题材的发酵产生短期连板行情。

由于先锋龙头过硬的逻辑，其在板块启动前就已经开始行动。先于板块启动的意义在于先发优势，先锋龙头既有技术面的涨停优势，也具备了日内板块情绪的支持。并且其启动方式常常是一波直接涨停，没有拖泥带水，没有板上分歧或者八九个点的震荡。以一字板的形式赢得市场辨识度的先锋龙头更有可操作性。如果板块在市场中尚未确立主导或核心的地位，我们只能将其视为短期套利标的。个股难以实现连续涨停，后续可能更多地表现为冲高兑现，缺乏强烈的连板预期。

板块中主动性最强的先锋龙头的走势受到外部利好因素和市场环境的影响，更大程度上取决于整个板块的表现。概念正宗的先锋龙头紧跟板块的整体发酵步伐，在关键时间节点内表现出大于板块的涨幅，体现了其对热点概念的高度贴合，吸引了大量短线资金参与短期套利。当交易者情绪高涨和资金活跃时，凭借自身的辨识度和活跃度，很容易吸引短线资金抄底，进而出现涨停甚至连续涨停的现象。如果板块整体继续保持强势，那么主力资金可能会继续博弈长期推升行情。领涨的先锋龙大概率将享受到板块红利，出现冲高或震荡走强的可能性。我们需要等待主力持续流入以及板上确认的信号。当技术面形态出现关键突破时，根据第一波小级别突破作为左侧买点，第二波小级别突破作为右侧确认买点，二者相互配合可以提高日内封板的确定性以及次日的溢价。

当先锋龙头三板定龙头时，可能会迎来一次分歧调整。尤其是先锋龙头的一字板砸开是较大的负面表现，而且分歧程度较大。这意味着主力已经承接了之前的获利盘，当日的大分歧承接是新的开始。分歧调整后，板块的表现至关重要：如果板块表现不佳，次日可能也会出现分歧，是否能够封板难以预测；但如果板块继续发酵，对于具有竞争优势的先锋龙，封板的可能性将大大增加，具有很高的打板价值。

盲目追高先锋龙头存在较大的风险，先锋龙头需要对板块和市场短线情绪有带动和引导，在板块中表现出最强的主动性，其他个股都未能跟上，而不是仅仅依靠逻辑推理就能成为强势股。选择此类个股的标准包括三个方面：首先，板块强势。先锋龙头在启动之后是否能进入主升阶段，这需要板块持续发酵。其次，成交量大。伴随资金的持续流入，并有主力资金大力支持。最后，主力建仓。先锋龙头涨停只是暂时的现象，安全和稳定的上涨仍需确认，还是需要回归到板块因素和主力资金的表现，K线形态显示出主力提前有建仓的意图。

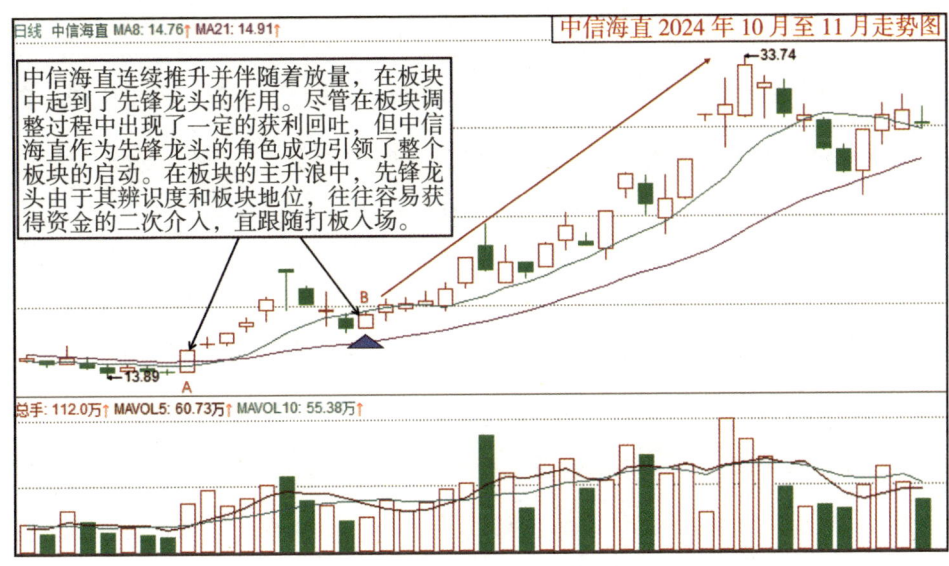

图 8-2　2024 年 10 月至 11 月中信海直先锋龙头的表现

如图所示：中信海直在经过长期的缩量震荡后，在 A 处出现了首板的放量涨停。同时，板块内核心个股如万丰奥威等也迎来显著上涨。随后，中信海直连续推升并伴随放量，在板块中起到了先锋龙头的作用。尽管在板块调整过程中出现了一定的获利回吐，但中信海直作为板块先锋龙头的角色成功引领了整个板块的启动。在板块的主升浪中，先锋龙头由于其辨识度和板块地位，往往容易获得资金的二次介入。因此，中信海直不仅在启动阶段为板块注入了上涨动力，成为板块中吸纳资金的主要标的，而且在后续的板块主升浪中，凭借其先锋地位和辨识度，形成了趋势性的行情。尽管先锋龙头不一定能成为板块的连板高标，但很可能成为板块的趋势中军或者核心个股，并伴随板块走出长期行情。交易者参与先锋龙头股可以在行情启动阶段及时跟进，或者获利回吐后首个回调低位（B）介入，并在板块的主要上升阶段长期持有，让利润奔跑。

板块保持着整体发酵加速的状态能够保证先锋龙头的封板率和次日溢价率，后续上涨趋势是可以预期的。先于板块启动的先锋龙，具有身位优势，启动时常常以一字板的方式进行，具有较高的市场辨识度。其作为领涨的情绪标杆，次日会有冲高离场兑现的机会。所以只要确定先锋龙头的板块地位，打板就成为具有性价比的操作方法。主力资金承接了之前的获利盘，即使面临分歧，仍可能继续封板。尤其是在板块持续发酵的情况下，先锋龙头凭借先发优势持续连板，成为板块龙头的竞争者。

对于在板块内并非先锋龙头的个股，后续预计将以震荡推升为主，连板可能性较小。虽然在板块反弹中涨幅较高，但其涨停时间晚于先锋龙头，交易者可采用保守型跟风买入策略。如果先锋龙头低开，那么整个板块的表现也将受到负面影响。只有在市场情绪修复和板块持续反弹逻辑得到证明的情况下，交易者才可以考虑买入或持有。在板块呈现强势且买盘较多时，交易者可择机介入博弈次日及后续震荡推升的溢价。

二、板块主升阶段

1. 板块高潮

板块进入高潮阶段后，板块内的个股有更高的封板率和次日溢价，主力资金借助板块利好，在板块内挖掘流通值较小、容易拉升的个股进行炒作。流通市值相对较小的个股，易受资金推动，可吸引短线资金大量流入，使得个股在板块异动时容易被资金快速拉抬，交易者可以利用大单流入等信号进行跟风买入。

选股方面，首先要考虑龙头股是否有参与机会。市场上的资金流向和情绪是决定个股是否具有龙头气质的关键因素。关键在于个股是否能够带动同一属性的板块、题材和个股的情绪。市场短线情绪对龙头大力支持，其地位已经确立，并且新入局的资金敢于买入龙头股。当龙头达到一定高度时，其表现将决定是否能继续获得市场的情绪溢价。从左侧交易的角度来看，买入点是在通过辨识度确立市场唯一性的时间节点。在板块高潮日，龙头换手仍然有右侧交易的参与机会。

其次是补涨个股。补涨个股的参与机会是在高潮期介入首板或者一进二。在龙头高位断板的节点，板块内的涨停数量并未减少，或多方力量并未出现衰竭，甚至有进一步加强的迹象。这能够大大提高补涨个股的做多价值，交易者可以提前买入，等待资金封板以及次日的惯性上涨。

最后才是跟风个股。在板块高潮期，涨幅较小的跟风个股因未能及时跟进而成为资金挖掘的目标，板块带动使其持续放量活跃。跟风个股分为前排跟风和后排跟风。如果在板块高潮日没能买到主动性的核心个股，交易者最多只能选择前排跟风个股，宁愿踏空也不能追高后排跟风个股。后排个股在板块高潮期间的显著加速，主要归因于资金借势介入，并不完全是由于超预期。

在板块高潮期，核心个股展现出强劲的上涨动力和高人气，其在高位保持势头的关键在于良好的换手率和市场合力，其走势表现相对强于整体市场，往往能成为板块龙头。板块龙头的地位和角色会对板块表现产生显著影响，当板块龙头成为市场空间板，连板梯队完整，则板块确认进入主升加速阶段。板块龙头成功连板并吸引足够的资金接力时，会在关键节点促使板块进入高潮，带动跟风个股集体强势。板块龙头不是按照连板高度的绝对值来确定，而是要以对板块情绪的带动作用来确定其龙头地位。只有在龙头三板确定地位后，带动板块出现高潮时才能确定其龙头身份。板块效应不仅为龙头带来稳定的资金承接，还为整个板块注入增量资金，促使低位补涨个股形成良性板块赚钱效应。若强势上涨的板块龙头能得到板块的支持，特别是持续的情绪高潮和跟风补涨个股助攻，其演变周期会更为漫长，从而吸引增量资金反哺给龙头高位接力。

当板块进入高潮时，资金加速流入对板块概念和个股走势进行二次确认，逻辑得到加强。其他板块的资金往往会流向该板块，导致其他板块的资金紧张，甚至被抢走。供应不足的资金更趋于理性化，新进资金将面临在其他板块、板块龙头以及未拉升个股间进行竞争与切换。当板块龙头处于高位时，新进资金相对较少，面临是否转向其他板块的问题。尽管存在短线获利资金退出板块龙头的情况，但情绪化的散户资金可能支撑股价进一步上扬。突破前期阻力位和散户的态度可视为判断是否应介入板块龙头的关键。

板块高潮过于一致时，往往会出现很多冲高回落的走势。当市场出现一致性被打破时，会有两种表现：缩量上涨或者下跌。缩量上涨表明市场已经见底，因为这并非启动前期或中期的加速，而是明确的突破和上涨走势的延续。如果后续出现缩量加速，可以定义为这一轮突破上涨的中后期，很容易引发前期箱体平台甚至主升阶段的筹码一致兑现。无论是低开还是冲高回落后的负反馈，只要缩量下跌出现明显的破位，就是上涨力量衰竭、承接不及预期的信号。个股连续数天上涨对整体做多力量的消耗过大，缩量下跌的负反馈会导致个股进入到大级别的箱体调整的阶段。

板块出现高潮日将确认短期强势的持续性，并使其得到市场的验证。但在大盘弱势的节点板块启动即高潮，明牌即退潮。无论是大板块还是小板块，板块高潮后都有分歧调整或资金兑现的过程，次日会产生很大的承接压力。在板块高潮后的集体示弱现象揭示板块赚钱效应正在衰退，从资金合力转变为获利兑现和调整分歧。高潮次日如果不能进一步扩大板块强度，只是冲高回落进行短期调整，则后续该板块前景预期将降低，题材炒作大概率已经到了高位震荡阶段。所以短期调整是关键，只有承接能力强的板块才能有机会持续发酵。

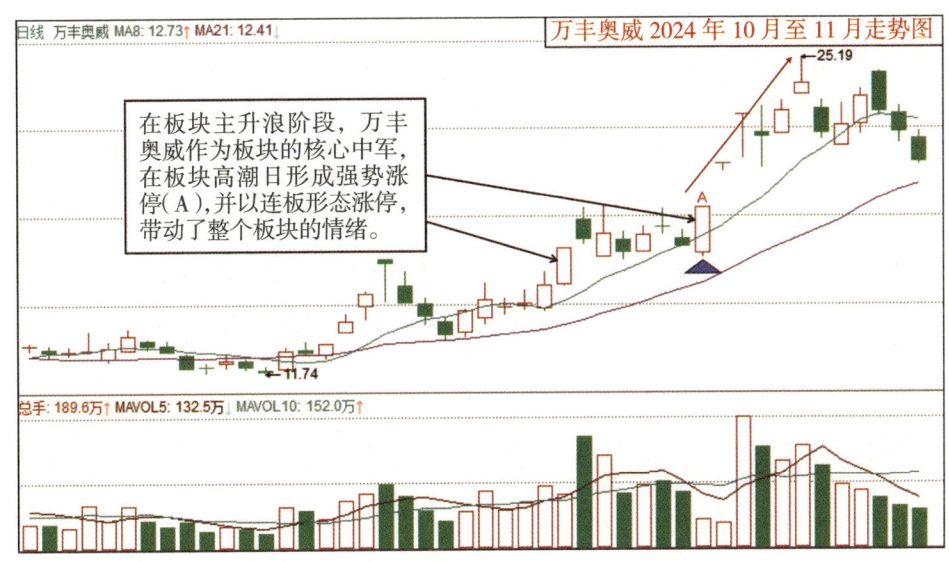

图8-3　2024年10月至11月万丰奥威连板启动的表现

如图所示：在板块主升浪阶段，万丰奥威作为板块的核心中军，在板块高潮日形成强势涨停（A），并以连板形态涨停。缩量加速是板块高潮日赋予板块中军的特殊奖励。由于万丰奥威流通市值较大，且处于核心地位，其连板涨停对板块的助益效果显著，标志着板块高潮的到来。因此，若无法参与万丰奥威的连板涨停，仍可在板块高潮阶段关注后排补涨个股，此时参与能够获得较为理想的收益，性价比较高。万丰奥威在板块中起到了稳定和锚定的作用。特别是在板块高潮日，它与板块指数相互成就，共同构成了板块的风向标。

高潮日的最佳买点不是打板，而是半路甚至是低吸。如果半路和低吸买不到核心个股，交易者就只能打板最为前排的核心个股。因为高潮日赚钱效应在当天，次日有可能分化。而打板追求的是隔日溢价，打板大概率当天情绪高潮没能获利，如果没买到前排标的，次日分化后跟风个股反而会产生亏损，尤其是在轮动行情中。

2. 板块分歧

分歧是区分题材轮动还是主线的有效方法，轮动的题材启动即高潮，分歧即退潮。而主线在每一次分歧时只是更加聚焦核心个股，在板块高潮次日去弱留强，分歧能更好地筛选出真龙。分歧不大的题材有大量买盘承接，能继续保持一致的预期。具备抗分歧能力的题材，即便不是大主线，也可以走出阶段性的上涨行情。

在板块分歧当天，后排股以及在去弱留强中被淘汰的个股产生负反馈，必然会传导给前排核心，而良性承接的正向反馈也会提供给龙头。龙头加强后也会带动题材整体加强，从而相互呼应。在板块分化的关键节点上，如果龙头未能持续封板，就可能影响整个上涨的趋势。龙头的超预期是题材能否走出持续性的直接原因，但板块整体的正向反馈是走成主线的根本因素。前排个股的正反馈强度决定了板块的爆发力，负反馈力度则决定了板块的生命周期。

个股在板块的分歧日展现出强势回弹、高开和异常的跌停等现象，都反映出市场情绪和交易者心理的变化。我们可以等到出现右侧交易信号后再买入分歧日的胜利者，或者等到一字加速的次日再买入。个股一字加速后的预期是大分歧，交易者需要在其扛住分歧后再买入。从右侧交易的角度来看，个股大分歧后所承受的风险已经消除。由于板块内高辨识度个股的竞争，板块领涨核心存在断板风险和资金获利兑现的可能。短期内，其参与价值需通过观察板块内同身位个股的表现来判断，最终胜出的个股将确立龙头地位，实现右侧确认连板的追涨价值。

如果没有板块的支持，个股一般有两种选择：一是相对震荡，即在高位维持波动；二是下跌调整，因为缺乏外部动力的支持难以继续上涨。一旦选择下跌调整，其形态可能是横盘箱体调整或直接下跌。个股出现单靠自身力量突破涨停的行为，在缺乏板块联动的情况下被视作硬顶，具有很大的负面反馈风险。一旦市场无法理解其股价飙升的原因，投资者便会失去接手意愿，导致股价随后大幅回调甚至连续跌停。如果经过一段时期的震荡后，个股伴随着板块异动再度崛起，则可视为超预期的表现，这时才是介入的良机。其中概念热点成为推动股价上涨的关键因素。针对具备利好和自身炒作主动性的个股，我们的买入点可以是在弱转强、分歧转一致的节点介入，此时既有板块热度带来的安全性，又有主动性的主力资金护盘。

与上述的弱势表现不同，如果在板块整体分歧调整期间，个股能够与之分离并向上进攻，出现阶梯性的上涨，最终成功封板，表现出独立的震荡反弹并创出新高，这是个股的炒作具有主动性、独立性和拒绝回落的信号。这表明个股具有强劲的个体表现和较高的市场认可度。该股不受板块大势影响，能够持续吸引交易者关注，显示出妖股的特性。通过对个股与所在板块联动关系的深入分析，可以看出，在板块相对静止的背景下，个别个股可以通过其独特的市场辨识度和人气维持上涨趋势，甚至创造出第二条命。这种现象不同于单纯的领涨或分支龙头个股，后者更容易受到板块整体动态的影响。妖股的特立独行不仅体现在其早期依靠板块助力实现增长，更在于即便在板块调整期，其也能凭借内在动力继续攀升至新的高度。妖股在由内而外的力量驱动下的走势，构成短线情绪分析中的重要方面，体现市场中非线性和复杂性的特点。

板块低位异动后的分歧常见于板块发酵过程中，经历了板块分歧，短线资金对于板块的预期会产生复杂的判断。板块分歧过后的二次低位异动并非孤立事件，而是因为前后异动存在关联，可能是利好事件再次发酵并得到市场更多认同的结果。这意味着次日必须高开以确认板块的安全性。因此，个股低位异动转强不仅提供了明确的交易信号，而且由于其率先异动的优势，使得转强及加速的概率较高。当遇到类似情况时，交易者应迅速判断是否存在题材二次爆发或持续发酵的可能性，以便抓住交易机会。

板块的整体表现也会影响个股的价格波动，特别是在板块经历大规模分歧后，相关的跟随个股也可能面临较大幅度的调整。面对十字星形态个股时不必过于悲观，应耐心等待其回调后可能重新上涨的机会。尤其是热点板块中的个股，即使其短期内出现弱势调整，若具备良好量能堆积，仍有概率再度走强。若该股能成功渡过分歧，有望实现大幅上涨。若板块分歧导致龙头未能获得市场认可而出现较大负反馈，交易者此时应果断离场，止损点设为五日均线。因此，不仅要关注单一个股的表现，还要留意其所属板块的动态以及整个市场的氛围。

在板块分歧背景下，若主力试图再次打造强势个股，大概率会受到转弱的市场情绪影响而难以实现，除非有强大的主力资金或个股资金在背后有力支撑。在无法精准判断潜在龙头的具体涨势时，交易者可以结合板块的整体分歧程度来进行辅助判断，考察与之相关的板块内部的中军个股、题材发酵阶段的情绪对整体的影响。外部因素既是其成功与否的关键，也是影响其整体走强或衰败的重要环节。

主线大板块出现分歧后，会有新题材涌现出来。新题材的走向一般有两种情况。

第一种是替换。新题材在主线大分歧时完成了与老题材的分离，接替老题材成为新的主线，前提是老题材退潮。如果市场当下主线没有完全退潮，在高位龙头结束主升之前，新题材大概率是主线分歧阶段的过渡产物，对板块发酵的预期要降低，因为人气不会聚焦在新方向上。

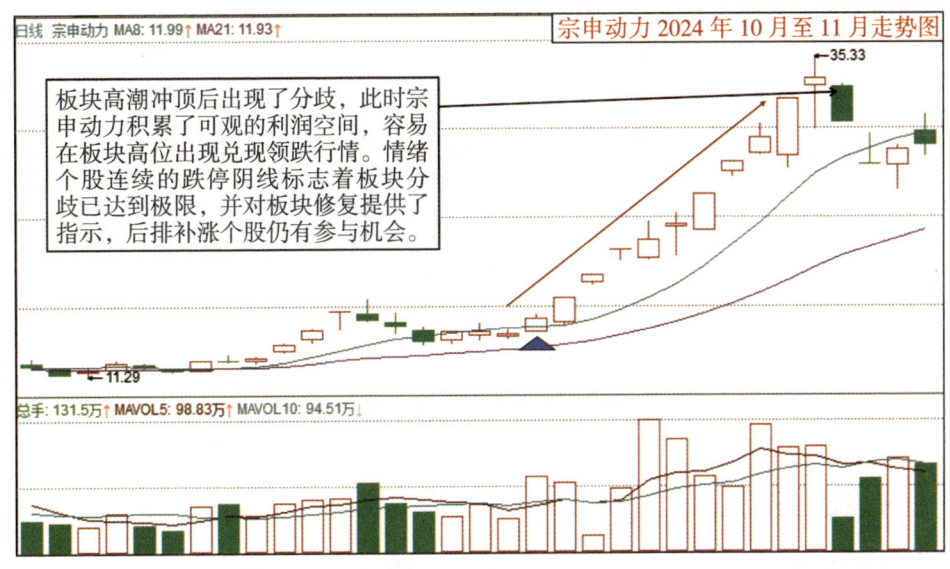

图 8-4　2024 年 11 月宗申动力高位兑现的表现

如图所示：宗申动力作为低空经济板块中的情绪股，在板块主升阶段多次连续涨停，并迅速达到高位 35.33 元。板块高潮后出现了分歧，此时宗申动力积累了可观的利润空间，容易在板块分歧的当日出现兑现领跌行情。当板块出现分歧后，情绪个股连续的跌停阴线标志着板块分歧已达到极限，并对板块修复的可能性提供了指示。如果情绪股在分歧后能够有效企稳，那么板块的分歧也将得到一定程度的修复。尽管情绪个股的二次参与价值有限，在修复后的板块中仍可关注后期补涨的个股，寻找合适的时机参与。

如果市场当下没有主线，而是处于老周期退潮后的轮动状态，则判断新题材持续性的关键在于板块分歧后能否加强。潜在的主线题材不能加强是弱预期，超预期后要更强，否则容易产生诱多。面对新题材的超预期表现时，交易者要及时调整认知偏差，提高对题材的强度预期。一旦长时间未受关注的热点以全新的形式进入大众视野，就可能引发情绪化的追捧和炒作。

第二种是补涨。新题材可能成为主线的补涨题材，但补涨题材的强一致性导致抗分歧能力较弱，容易隔日退潮，所以补涨题材越是高潮，越是要保持谨慎。核心个股一旦走弱，交易者立刻就要离开板块。选择新题材或未被充分炒作的个股是获利的好机会，因为个股往往具有新颖的概念和较少的市场参与者，更易于吸引市场关注，成功的概率会相对更高。

三、板块衰退阶段

1. 资金抱团

在板块的衰退阶段，交易者倾向于选择容量较大、具有较高流动性特征的个股进行短期情绪炒作。即使面临较大阻力，资金也会选择强拉并尝试维持高位。当板块整体性反弹或上涨时，具有辨识度的个股不仅跟随板块反弹，而且展现出大于板块的超额收益。表面上看似短线套利标的，但实际上背后凝聚着抱团资金力量，并非纯粹基于短线逻辑或概念利好进行短期套利。因为板块整体轮动导致持续性较差，后排助攻和短线情绪支持较弱，影响了板块跟风个股的震荡和推升。这既有板块到衰退阶段后自身调整的需求，也有市场情绪交互的影响，还有板块轮动的因素。此时，个股即使处于核心套利和人气地位，也难以获得确定性的收益，只能通过自身主力抱团的炒作逻辑来维持强势。

主力资金引导散户形成市场合力跟风抱团炒作。抱团炒作是市场的无奈之举，这意味着对市场逻辑、人气和板块效应的要求较低。个股的逻辑和市场人气形成趋势性抱团炒作更多依赖市场情绪，而缺乏强有力的板块效应支持。预计随着板块的进一步调整，赚钱效应会减弱。因此，在操作策略上，我们应更尊重资金行为，在基本面不强的情况下，建议关注资金流向和技术面所给予的相对强势信号作为交易的依据，而非过分依赖基本面。

　　常见的弱势抱团是以烂板妖股为主，表现出更多的韧性和强势，也是阻力最小的方向。市场没有选择，只能选择抱团。作为局部抱团赚钱效应的载体，弱势抱团所展现的炒作风格是震荡回升，隔天涨停，没有极致的连板加速的特征，极度依赖市场人气和筹码结构。弱势抱团的中后期，交易者对整体板块预期要求走低。随着抱团逐渐失去赚钱效应，板块调整的程度越来越深，之后才能形成共振的反弹。只要市场上还存在抱团个股，就说明市场整体尚未触底。只有在市场风格改变或情绪出现好转时，抱团才会出现松动或破裂。市场保持弱势状态时，走势大概率会得到延续。

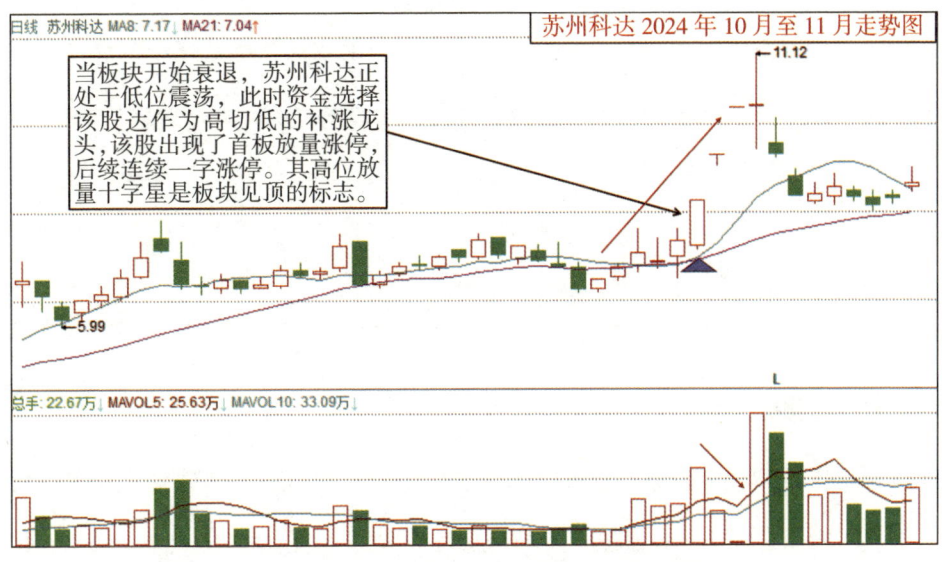

图 8-5　2024 年 10 月至 11 月苏州科达补涨的表现

　　如图所示：苏州科达在低空经济板块进入衰退阶段末期时出现了资金抱团现象。由于苏州科达在板块主升阶段并未得到资金挖掘，处于相对低位的震荡。当板块开始衰退，资金选择苏州科达作为高切低补涨龙头，出现了首板放量涨停，后续连续一字涨停。这是板块衰退阶段资金抱团的特有现象。苏州科达作为补涨龙头，其走势表现为一字形上涨。补涨龙头的参与价值主要体现在首板，随后的连续上涨参与难度较大。一旦分歧结束，往往预示着板块进入尾声阶段，个股的参与价值较低。资金抱团后出现补涨龙头是板块进入后期阶段的标志，对于判断板块衰退具有重要的指导意义。

板块在退潮阶段依赖个股逻辑和市场人气形成抱团。市场合力促使股价保持震荡推升的突破上涨走势，成交量呈现健康状态，具备容量票特征。这意味着存在主力资金引导下的散户跟风，形成了良性抱团炒作行为。尽管个股不具备加速的极致连板，但其技术形态良好，存在延续条件，在市场风格或情绪好转前，走势将得以延续。后续走势，有两种可能：第一种是保持良性换手，次日可能出现放量承接或放量震荡形态，波动率不能太高，最好是小幅高开并保持放量震荡，等待短期获利兑现后次日再择机上涨。弱势抱团个股的后续上涨需要保持良好的换手和震荡推升，两者缺一不可；第二种情况是缩量加速或缩量下跌的一致性转变。无论是缩量的加速还是下跌，一致性的转变越强，波动率会越高，从而改变良性推升的走势形态。

2. 二波行情

板块主升阶段结束后，往往进入衰退，部分板块可能会迅速分化结束。而大板块可能还会经历二次加强，形成波浪理论中的五浪上涨，甚至出现延长浪，即板块的延长。判断板块能否启动二波行情的关键在于四个方面：一是持续且连贯性的利好消息支撑；二是板块呈现赚钱效应，例如涨停数量增加和板块指数实现箱体突破等技术指标信号；三是龙头的超预期表现，能在分歧节点获得资金合力的有力支撑；四是主力和散户资金的动向。主力资金的介入往往能够带动龙头进入情绪博弈阶段，散户的介入是维持情绪博弈有效性的关键。

当辨识度较高的板块核心个股出现持续调整后再次活跃，形成二波的势头，这意味着背后存在利好因素。关键在于判断板块的持续性、预期强度和赚钱效应。板块的频繁活跃和资金合力一致看涨会促使个股快速修复反弹，交易者只要把握到市场情绪修复、持续性以及具体调整形态的止跌企稳，就可以进行短期套利。如果核心个股能够在缩量企稳的阶段受到板块异动或大资金进场的提振，往往能较快地触发反弹。只要我们在当日情绪好转的第一时间介入，即可在次日获得先手优势。如果市场情绪持续反弹，特别是短线情绪持续好转，则可确认其能跟随短线情绪持续上涨，可以保持缩量加速的格局。反之，如果市场情绪修复失败，或者当日只是短期反弹，次日情绪回落，那么我们也能从容离场，而不是在次日面临更高的风险。个股在A杀后经过长时间震荡才启动反弹，说明该股缺乏足够的板块反复活跃带来的修复机会。

辨识度高的板块核心个股具备主动性及主力资金护盘的特点，尽管调整时间较长，但在市场情绪好转时会选择适当节点发力，走出二波形态。交易者可通过关注早盘震荡和快速拉升等日内的形态变化来辅助判断买入时机。首先，当股价伴随活跃度提升突破前期阻力位，并和题材板块共同发酵，这可能标志着新一轮上涨的开始，此时是重要的买入信号。若早盘长时间围绕均线震荡并未跌破零轴，午后出现强势拉升，则表明其已从正常状态转变为资金快速进攻状态，此时应结合主力净流入等数据进一步确认是否存在超预期利好及资金集体入场的情况。其次，对于已经上涨一段时间并调整的核心个股，如果出现超预期的快速修复，这往往也是延续上涨趋势、消灭空头的表现，构成第二个买入机会。然而，当市场出现顶部迹象时，如人气下降导致实质性下跌，应视为卖出信号。

板块核心个股展现出跟随板块二波反弹并超越板块的超额收益特征，其走势可由板块因素进行验证。如果板块能够帮助大盘共振反弹并持续放量，个股可能成为反弹的核心。个股展现出相对板块更强的走势，表明其不仅受短线资金青睐，也得到中长线资金的支持。为了保持后续再创新高的参与价值，需要在调整期间出现放量，保持相对活跃的资金参与，确保在板块再次活跃时能够迅速转强。

当板块炒作进入第二波时，往往会催生低位新的连板高标。出现未被充分挖掘或涨幅较小的龙头股引领整个板块上涨，形成新的焦点，以进一步验证和强化行情的真实性。左侧交易判断新的龙头地位，必须满足两个关键条件：一是个股必须强有力地突破前期高点的阻力位；二是突破后需展现足够的上涨力度与趋势级别的扩大，即通过有效的下跌回踩并快速修复支撑来证明其长期上涨的动力强劲。

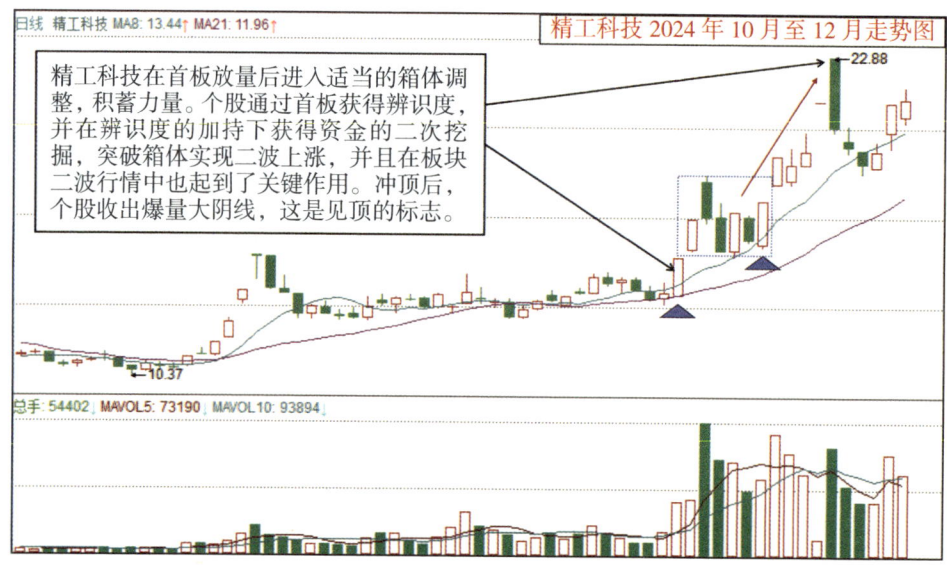

图8-6　2024年12月精工科技补涨见顶的表现

如图所示：大板块行情通常包含两波机会。在低空经济板块经历衰退之后，精工科技迎来了二波修复行情。作为资金后排的个股，精工科技在首板放量后进入适当的箱体调整，随后再次迎来上涨。个股通过首板获得辨识度，并在辨识度的加持下获得资金的二次挖掘，在板块二波行情中也起到了关键作用。由于板块二波行情通常持续时间较短，进一步发酵存在困难。因此，如果精工科技能够连续放量上涨，交易者可以持续介入。但一旦出现缩量一字板行情，则次日很难承受分歧的考验。见顶后，精工科技出现了明显的下跌趋势，伴随着巨大的阴量，预示着市场人气的消退。由于二波行情的持续性不强，资金在板块中挖掘后排个股的难度加大。在二波行情中的领涨龙头股结束之后，板块行情也宣告结束，意味着该板块后期将不具备参与价值。

掌握板块二波动态对于避免追高风险、把握龙头的二波买卖时机至关重要。由于个股的量价关系与板块题材的炒作节点、节奏紧密相关，当板块整体退潮时，龙头的二波表现往往能提供关于板块转向的重要信号，从而辅助交易者做出更准确的决定。只要板块龙头股的二波还没结束，那么板块总体是较为安全的。即便核心个股表现出高位滞涨及负反馈信号，也可能并非顶部，需结合板块热点变化和资金流向来双重确认，这不仅有助于识别买入时机，还能增加交易的成功率和确定性。

当龙头不再受到追捧，预示着板块即将进入尾声。板块结束的标志包括但不限于：小板块龙头第一波或大板块龙头的第二波结束，以及补涨龙头的放量结束。龙头股在板块结束时出现了难以继续上涨的预警信号，如成交量减少、股价波动加大、连续涨停的高度下降、失去领涨作用等。虽然龙头在板块结束后的高位震荡阶段仍有资金活跃，但缺乏板块整体的支持，可以考虑卖出，尽量减少赌博成分。

第九章 板块交易策略

一、消费与零售板块

消费板块在A股中具有重要地位,板块涉及的个股较多,规模上可以定义为中大型板块。消费板块在大级别行情中扮演着重要角色,但行情持续时间相对较短,多数时候以支线板块的形式作为主线的补充。在市场缩量时,市场缺乏题材主线,资金选择到大消费方向避险防守,尤其是食品支线作为防守板块。消费板块也可能是轮动行情中的一员,不仅是小题材套利,还能保持长期活跃且频繁参与行情。消费板块很难持续上涨,中间容易出现空档期。消费板块的某些个股具有纵向发展的特点,个体持续时间长且表现独立,虽然介入价值不大,但能保持大消费方向的热度。

消费板块不仅被视为避险题材,更是在历史舞台上反复活跃的板块,具备炒作价值。消费板块达到大级别发酵的情况较少,异动主要是因为鼓励消费的因素,多数的异动只能当成套利题材参与。消费板块缺乏大级别利好,个股换手龙头较少,但其短期炒作强度不高,更多表现为一波套利。如果能形成大板块,可能走出二波行情。消费板块反复活跃的个股容易出现二波行情,特别是在上一波行情中有强势表现的核心股,如王府井、小商品城和徐家汇等反复活跃的个股。

1. 消费板块的异动原因

消费板块产生异动的原因主要有三种。

第一是消息和政策的刺激。例如猪肉涨价、以旧换新、发放消费券、假期消费旺季等利好，但持续性较弱，交易者需要把握政策和消息的时机参与核心个股。历史上最大的一波行情是疫情期间刺激消费政策的出台。除此之外，消费板块消息刺激相对较少，但会随着特定节点如五一、国庆等消费高峰期的到来出现利好，属于消息刺激型的异动。由于此类消息刺激偏少，缺乏爆炸利好和预期，一年内异动一到两次，关注特定节日和消费高峰期叠加的利好信息，带来一波小的赚钱行情。消息刺激短则两三天，长则四五天，难以走出龙头趋势或者板块二波行情，即使出现连续多个涨停板，其预期仍是一波流。消费板块的核心股难以出现换手龙头，多是加速一致的走势。一旦出现趋势中军的二波行情，会带动板块二次高潮，应关注补涨龙头的博弈。老龙头难以带领板块走出穿越行情，持续炒作的概率较小，交易者以核心套利的模式参与核心个股为主。

第二是消费板块跟随异动。消费板块内部细分支线较多，资金容易在细分领域反复活跃并套利。板块细分方向出现小利好时，消费方向会有异动的机会，资金会挖掘细分领域个股，比如农产品、生活用品、食品、纺织服装、消费电子、旅游、白酒等。需要注意的是，消费板块分支过于繁杂且各分支间相互独立，缺乏有效的协同效应。概念在不同细分领域出现异动，形成支线龙头概念，带动整个大消费方向产生异动。分支龙头其自身的异动难以带动整个板块持续上涨，缺乏持续性的炒作周期。但是消费板块跟随异动的持续性较弱，主要是因为炒作重心并非消费板块本身，而是跟风角色。特别是在市场环境不佳时，资金可能会将注意力转向具备辨识度的细分龙头股，如大湖股份、安得利等。因此，参与此类跟风行为应侧重辨识度和跟风效应，采取隔日套利策略，以打首板或一进二的接力为主，套利空间相对较小。

另外消费板块存在联动效应，如西安饮食等旅游消费板块的上涨与地产零售板块容易产生联动。每次地产出现异动时，中央商场、人人乐、大连友谊、中兴商业等零售消费业也有关联，形成支线题材参与助攻。消费板块作为跟风跟随其他板块异动的持续性很弱，可以利用先手优势依靠辨识度和跟风效应进行隔日套利，高位的接力则没有大的套利空间。

第三是市场缺主线时，消费板块作为过渡题材逆市上涨。在弱势震荡市场中，资金更倾向于抱团弱市中的强势个股，通过少量资金和消息刺激维持个股走强，形成独立行情。如果资金专注于参与弱势抱团行情，即使大盘指数下跌，消费板块也有可能逆市上涨。而市场轮动风格难以支持消费板块持续走强。比如中央商场和西安饮食的大规模行情，是市场当时缺乏主线题材时出现的。

2. 白酒板块的异动原因

白酒板块作为价值板块因其极高的毛利率，使得上市公司中鲜有能与其相比的竞争者。白酒公司丰厚的利润也提供了良好的分红能力。白酒上涨的原因在于形成了机构良性的抱团。不少机构交易者将其视为养老的个股类型，选择持有并获取稳定的股息收益。稳定的分红水平加上市场的长期资金托底安全垫，促使游资愿意参与其中进行短线做T操作，并形成了稳定的上涨逻辑。长期上涨后，广大散户交易者便跟随市场趋势进行交易。交易者能否参与白酒板块取决于消息影响力大小以及主力能否引爆核心个股。

白酒板块下跌的主要原因是控制饮酒政策以及经济下行压力对白酒消费需求的影响。综合各种不利因素，自 2018 年 9 月的高点以来，白酒一直处于下跌状态，其间几乎没有有利因素反转，直到近期才出现反弹。尽管白酒板块的价格回到了起点附近的技术位置，但从基本面来看，诸如经济状况和市场需求等因素并未出现实质性好转或向上趋势。因此，即使触及了前期低点，也缺乏足够强大的力量维持其持续上涨。反弹更多的被视为短期套利行为，而非真正的有效底部确认，且存在跌破当前低位的风险。只要白酒基本面因素未发生变化，那么反弹还不能视为有效的反弹，看待白酒仍应基于套利思路。只有当基本面因素真正发生积极变化时，白酒板块才能进入明显的筑底阶段。

白酒板块的异动能有效带动消费板块中小盘股连板炒作，当大市值白酒股也开始出现连板现象时，标志着市场交易风格正从短期情绪炒作向长期基本面分析转变，具备长期交易价值。行业因基本面改善，吸引了大量资金集中关注大市值白酒股。在超跌反弹的基础上，由于预期处于低估值状态，基本面有效的白酒股具备抄底价值。不过，仅仅凭超跌反弹就参与白酒股并不可取，关键在于基本面利好因素能否有效传导到价格走势，以及短线资金对板块炒作价值的认可程度。

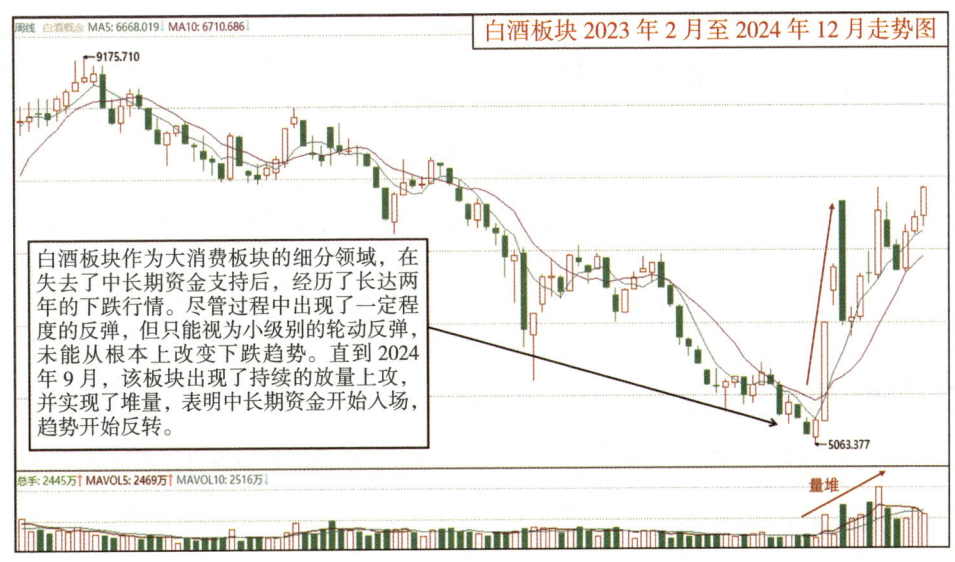

图 9-1　2023 年 2 月至 2024 年 12 月白酒板块的持续下跌与反转

如图所示：白酒板块作为大消费板块的细分领域，在失去了中长期资金支持后，经历了长达两年的下跌。尽管过程中出现了一定程度的反弹，但那仅可被视为小级别的轮动反弹，未能从根本上改变下跌趋势。直到 2024 年 9 月，该板块出现了持续的放量上攻，并实现了堆量，表明中长期资金开始入场。白酒板块因其高分红、高毛利属性，且在消费板块中表现出较强的弹性，通常适合中长线及短线资金的共同推动。从 2024 年 9 月起，该板块持续的堆量已经告别了长期的下跌趋势，显示出企稳并有反转的意愿。只要板块量能没有萎缩，适当的调整就可视为短线资金的获利兑现。如果中长线资金持有的格局持续，我们可参与白酒板块中核心白马股的趋势性行情，也可参与小盘股的短线套利。在板块持续获得支撑的情况下，即使出现短暂回调，也无需割肉离场，可以博弈后续的持续上涨行情。

3. 零售板块的异动原因

零售板块可以定义为中小板块，很难达到大级别的题材，只能当成套利题材，大部分是作为市场补充以支线的形式存在。每次零售板块的异动是由核心个股引起的，包括徐家汇、人人乐、步步高、中央商场、大连友谊和南宁百货等。

零售板块异动的主要原因有三种。第一种是消息刺激。零售板块消息刺激相对较少，但会随着消费旺季如五一、国庆等消费高峰期的到来出现利好，刺激消费政策的出台如消费券发放。参与此类行情主要以核心个股套利为主，由于消息刺激行情持续时间较短，市场龙头发酵周期不足。

第二种是大消费的带动。跟随消费板块的异动，如食品、服装、消费电子、旅游、白酒等板块的涨势带动零售方向，产生对外辐射，形成支线。兄弟板块地产也有一定的联动性，中央商场、人人乐等零售业也带有一定关联度。零售板块跟随其他板块异动的持续性较弱，因为炒作重心并非零售板块本身，其只是跟风角色。交易者参与此类跟风行为应侧重辨识度和跟风效应，采取隔日套利策略，如打首板或一进二。由于消费板块套利的空间相对较小，跟风的持续性很弱，高位的接力没有太大价值。

第三种是在市场缺乏主线的情况下，零售板块可能成为弱势抱团的题材。零售板块要走出逆势走强的表现，需形成弱势抱团的情绪。板块强度最强的是弱势抱团，其次是有消息刺激，可能持续三五天至一周；而跟随板块异动的情况较常见，持续性相对较差，只有一两天的行情。

零售板块龙头股难以出现第二波行情，即使出现了强势的妖股行情，预期也是一波流。如果板块热情还没有消退，容易从高位切换到低位的跟风补涨，而非龙头股长期引领板块持续上涨。因此，交易者参与消费板块的主要方法是龙头接力和补涨龙的博弈。

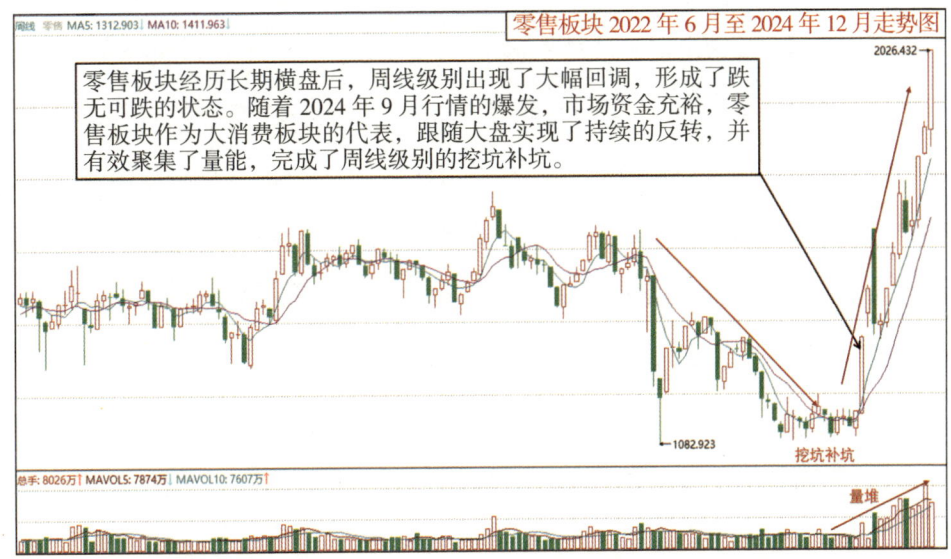

图 9-2　2022 年 6 月至 2024 年 12 月零售板块止跌反转的表现

如图所示：零售板块经历长期横盘后，周线级别出现了大幅回调，形成了跌无可跌的状态。随着 2024 年 9 月行情的爆发，市场资金充裕，零售板块作为大消费板块的代表，跟随大盘实现了持续的反转，并有效聚集了量能，完成了周线级别的挖坑补坑，板块通过放量大阳线实现了反转。只要量能不萎缩，再结合大消费板块受到刺激消费政策的背景，零售板块有望获得中长线资金的青睐，走出主升趋势，形成 1 至 3 个月的较大规模行情。我们建议积极关注板块内核心个股，进行长期持有，直至板块完成五浪推升出现放量的顶部结构时，再选择离场。

4. 板块的操作策略

消费板块表现出强势个股较多，但连板不流畅，龙头股和跟风个股晋级连板的概率较低，反映出资金对消费板块的定性更多是避险属性，而非连板接力属性。消费板块虽然难以出现流畅的连板，但在趋势弱转强阶段具有较高的参与价值。交易者可以在核心强势股调整后出现明显的介入信号时参与趋势行情。同时，对于板块内辨识度较高的个股，交易者可抢先进行套利操作。

由于消费板块分支过于繁杂，导致其助攻作用不强，调整过渡期没有很好地维持细分板块的人气，各个细分方向难以发酵出强势的赚钱效应以及持续性的炒作周期。但消费板块的细分龙头，如大湖股份、安德利、西安旅游、西安饮食、长白山和峨眉山等具有资金的辨识度，在防守资金抱团的情况下可以走出连板龙头的走势。

消费板块是大级别轮动行情的重要角色，不单单是小题材套利。如果拉长时间维度，活跃的时间不比任何板块少。但在消费板块反复活跃的基础上，短期炒作强度不会太大，如果没有爆炸性的超预期利好，短线资金的介入不会太深，只能是一波套利。因为消费板块较难出现大级别的利好或者较大的赚钱效应。所以个股难以成长为换手龙头，如小商品城、王府井和中百集团等表现较强的个股也是一致性行情。与常规的强势题材不同，消费板块的补涨龙头或者趋势中军较少，更多的是核心个股开启二波行情。判断消费板块的二波龙头，需在第一波行情启动时观察人气，反复活跃的个股更容易启动二波行情。

消费板块的短期炒作强度适中，板块内的个股较多，资金参与主要集中在核心个股。人气辨识度是强势个股的决定性因素。交易者应针对板块内部辨识度较高、股性较活跃、容易涨停的个股进行先手套利。当板块日内异动出现多个首板时，我们可以选择先手辨识度较高的核心股。针对消费板块短期炒作缺乏换手的特点，要么结合政策和消息尽早介入核心股的首板，要么等待核心个股出现换手机会，配合板块异动契机进行跟随介入。由于每次消费板块的异动集中度较高，包括徐家汇、人人乐、步步高、中央商场、大连友谊、麦趣尔等，可以买入以上核心个股进行套利。

二、消费电子板块

1. 板块的特点

消费电子板块的独特性体现在其结合了消费和科技两大属性。其既受到政策支持和市场防御心理的影响，也依赖于技术创新，产品发布成为驱动板块上涨的关键因素。消费电子板块炒作的关键因素来自产品发布或关键技术突破，特别是对于手机这类成熟行业而言，实质性利好刺激往往是引发行情的重要原因。

消费电子行业相较于其他领域，其产业链相对成熟，但同时也表现出联动性差、发散性弱的特征，但其在市场中的地位十分重要。消费电子在非主升期时很少与其他板块联动，分支也较少，无法靠蹭热点概念的方法与其他板块联动跟风。从参与契机上来看，消费电子主要作为消费板块的支线题材，资金联动性差，容易出现隔日套利的行情。虽然消费电子板块能够通过龙头股的带动产生较好的套利空间，但其联动性和发散性差，龙头股行情结束后，板块整体往往清零，难以出现高切低，也缺乏广泛且深入的分支题材来维持板块热度，导致无法进一步上升为大题材。

判断消费电子行业异动是否具备可持续性，首先应关注是否有实质性利好支撑。资金依靠实质性利好和人气龙头来带动板块，才可能具备持续性。出现具体的产品发布或业绩推动等实质性利好后，领涨龙头带领板块经过一定程度的发酵，使得市场对其充分了解。板块在市场上经过多轮炒作后，才有可能引发一波持续性的行情。所以交易者要关注题材的想象力、机构游资的合力以及分支题材的发酵。其次，我们要考虑是否存在核心个股引领板块启动，即先于板块异动的领涨个股。当出现领涨龙头持续带动板块后再考虑介入。龙头的带动性是走出一波具有持续性行情的关键。

2. 消息的判断

消息有效发酵的热点受市场资金关注度更高，具有更大的想象空间，板块内个股均得到追捧。有效的消息具备：一是导向性，有国家产业政策扶持导向，前景广阔；二是新颖性，关乎未来生活与发展的新技术推动产业升级。符合以上特点的板块能实现中长期的行情。

面对消费电子的异动，首先考虑是否有实质性利好以及创新产品推出。只有确定板块对市场的影响，才能考虑介入领涨龙头、跟风的套利。交易者可通过对概念正宗程度进行判断以确定资金是否会坚守。通过近几年的经验分析，投资者参与消费电子的难度较大，在未出现实质利好的情况下，难以出现充分的套利机会。

消费电子板块对消息刺激较敏感，当有新产品发布时，容易引发联动效应。判断消费电子板块是否具备广泛参与度，主要看其创新性和突破性能否吸引足够多的市场资金。若消费电子板块的新产品没有实现革命性的技术突破，且市场规模有限，那么该板块就难以形成大规模的发酵。消费电子整体技术进步的速度已经放缓，产业趋向成熟，新技术不过是锦上添花。实质性利好能否走出有效行情主要依靠产品发布后具体的落地情况以及业绩的预期。华为手机以及自主芯片因其创新性和颠覆性而引发市场抢购，属于实质性利好。

新概念类小行情会维持半个月左右，并且无法演绎成长期的主线题材。由于市场对产业链了解较为透彻，即使出现再大的利好，也能在短时间内消化完毕。所以消费电子板块的参与难度较大，套利机会不多。对于已经炒作过的概念，资金对其敏感度下降，炒新不炒旧的现象明显。因此，交易者在面对重大消息刺激时，应关注其长期创新性，同时把握小消息带来的市场机会。

消费电子属于老题材，难以像新概念一样出现从 0 到 1 的质变。消费电子板块需要新产品去发散，否则缺乏想象空间，炒作的范围有限，缺乏分支题材补涨来保持板块的热度。比如，捷荣技术和华映科技的双龙头行情对板块具有带动性，以及苹果 MR 概念的亿道信息和双象股份也带动出较好的套利空间，但是发散性差导致行情戛然而止，龙头断板结束是板块清零的标志。板块难以反复活跃，存在高切低去挖掘板块的延伸。

由于消费电子产品具备创新性，使得市场对新产品的消息异常敏感。消费电子行业走出一波持续性行情的关键在于新产品发布的技术创新和业绩实质性利好。消费电子的新产品一般会产生两种预期，一是技术突破，二是市场规模。消费电子能否发动一波行情还需要依靠类似于华为手机芯片突破的实质性利好。市场对于新产品的期望值很高，普遍认为公司或行业能带来利润增长，就会有资金愿意去炒作能对行业产生实质性利好以及业绩落地的产品。比如，消费电子的芙蓉科技领涨行情，资金炒作的是华为 P70 手机。虽然对该手机期望值很大，但技术程度难以和实现芯片突破相提并论，资金不愿意炒作的原因是没有实现突破性进展的想象空间。

因此，交易者在看待消费电子的消息时，需要判断消息影响的范围和力度。

同时，消费者的接受程度和市场规模的预测也是评估交易价值的重要因素。若新产品无法实现消费属性和技术突破属性，仅凭资金炒作出独立行情，其风险性会较高。一旦走势不及预期，个股可能会直接失败。市场对缺乏明确技术突破支撑的产品表现出了较高的谨慎态度，导致短期内存在不确定性。

3. 板块的操作策略

消费电子板块的价值体现在两个方面：一是作为消费板块的支线题材联动。消费电子具有消费板块的特点，在消费板块异动时，消费电子板块有可能会产生联动性。由于其难以在大行情中爆发，整体上缺乏明显的参与性。二是作为科技属性题材。科技属性主要体现在产品本身的创新性上，在发布新产品时引发市场的想象空间。近期的两波行情，一波是华为手机，一波是苹果MR头显。而前几年市场没有推出刺激性的消费品，很少有大规模的消费电子行情。因此，科技加持会让消息更加注重其创新性和突破性。然而，由于板块联动性差，发散性分支题材较少，这使得消费电子行业无法进一步上升为大题材。总的来说，消费电子行业的交易机会来自对技术创新的深刻理解以及对未来市场规模的预测。

新品发布时的技术革新和市场需求是消费电子板块能否成为主线的关键。虽然苹果MR产品的发布具有里程碑式的意义，但由于缺乏后续的颠覆性创新，未能激发市场大规模的热潮，最终未能引起板块的进一步发酵。由于苹果MR缺乏颠覆性创新且市场上已有其他厂商生产类似产品，其业绩难以形成有效支撑，短线行情只能维持半个月左右，无法形成长期的主线。历史上，AI智能音箱等产品偶尔会引发市场波动，而漫步者耳机的AI赋能消息虽然有想象空间，但由于缺乏明确的创新突破点，更多是资金的盲目追涨，缺乏龙头妖股的带动。此轮板块波动是短暂且缺乏持续性的,其根源在于缺乏实质性的业绩兑现或强大的市场领导力,仅靠着想象力出现了高开和涨停,出现异动更多是跟风和套利行情,一旦次日消息被证伪就会被兑现。对于交易者而言,带来实质性利好并能引领行业发展的产品是把握消费电子板块机会的关键。

一旦消费电子行业密集发布新品,暗示此时可能进入一个新的消费电子产品周期。机构交易者可能更倾向于参与阶段性的市场行情,选择趋势标的,而非短线交易。因此,基本面良好的消费电子个股,如欧菲光,可能成为机构关注的对象,从而形成机构抱团的现象。交易者可以根据放量承接情况作为买入信号,若出现低开和缩量下跌,则应保持观望。

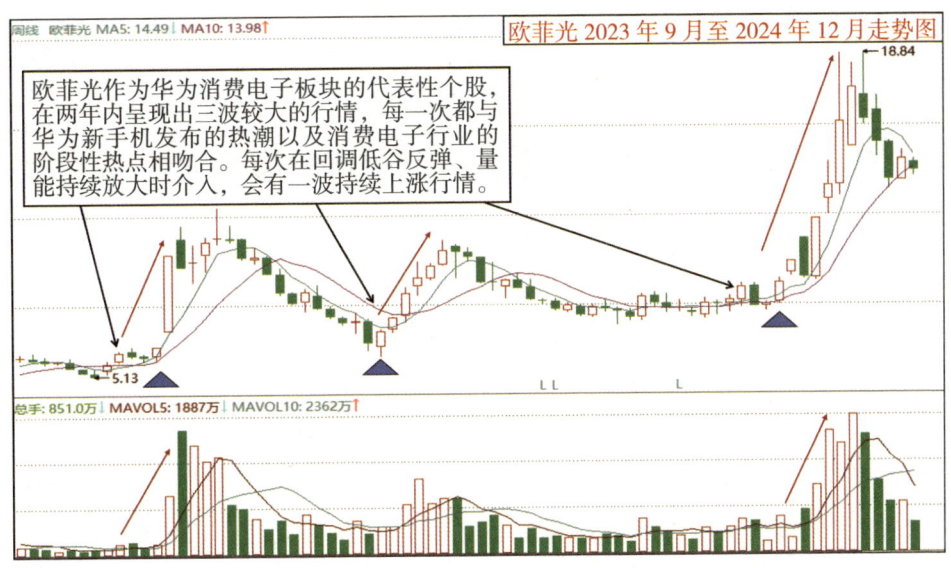

图9-3　2023年9月至2024年12月欧菲光的三波上涨

如图所示:欧菲光作为华为消费电子板块的代表性个股,在2023—2024年呈现出三波较大的行情,每一次都与华为新手机发布的热潮以及消费电子行业的阶段性热点相吻合。这表明欧菲光在消费电子领域占据着核心地位,只要成交量能够持续上升，该股就可能产生阶段性行情。这与其市值较大、市场辨识度高、板块地位显著等因素密切相关。如果欧菲光在启动时伴随着成交量的上升，这通常意味着中长期资金在介入。当出现极端的涨停板时，可以认为短线资金与中长线资金形成了共振，此时爆发持续波段性行情的可能性较大。对于这种波段性行情，交易者可以适时跟进。个股遵循放量上涨、缩量下跌的规律，在板块热度消退和量能萎缩时，适时跟随离场并保持关注，等待调整后的放量上涨机会再行介入。

三、地产板块

1. 板块的特点

地产板块以其成交活跃而著称，短期行情强度在不同的市场环境中略有不同，政策和消息刺激是影响行情大小的主要因素。地产板块因其股性活跃、板块容量大、辨识度高以及联动性强的特点，在主线题材行情中表现出强烈的妖股属性。一旦板块启动，其爆发力较强，此特性源于板块内众多地产链分支的联动性，使得资金容易跟风参与。

地产及与其相关的产业链是由市场力量和交易情绪共同驱动的。地产板块随着整个经济周期的上行而上涨，核心个股与大盘指数保持高度相关性。地产板块往往能够带动整个市场的赚钱效应，并与大盘指数形成共振，跟随市场获得正向收益。我们看待地产板块需要重视异动的原因和强度，不能简单地套利，而是要判断是否能发酵成主线题材。

地产板块具有可大可小、可横可纵的典型表现。板块规模大，有很多支线题材，包括家居建材、建筑材料、厨卫电器和地产服务。地产板块的行情大小判断标准要看是否出现外溢，还要看与其他板块的联动关系。地产板块横向发展需要有高潮日确认，如果发酵方向仅限于纯地产方向，则会沿着该方向横向扩散。如果发酵规模扩大，资金会外溢至相关支线题材，如家居建材、建筑材料等。若没有外溢，则意味着板块是小级别行情，并未真正横向发展。如果是大级别行情，会外溢到支线题材。因此，判断地产板块行情大小，最重要的标准是能否产生外溢。因为地产链复杂和支线较多，才存在外溢的可能，小题材不存在外溢。地产板块纵向发展可能超过三十天，得益于其庞大且复杂的板块体系以及与其关联板块如零售、消费、家电等的联动关系。即使在小级别行情中，由于关联板块的异动，地产板块也能延续其活跃时间。

2. 板块的异动原因

地产板块受行业销量增长等因素影响较小，业绩增长点缺乏亮点，交易者不需要过于关注。异动强度主要与消息面的政策刺激相关，交易者主要应关注政策刺激的强度大小。地产板块消息刺激强度呈边际递减态势，即使出现利好政策，其表现也可能高开低走，正常情况下不具备太高关注和炒作价值。如果地产板块出现超预期的修复或反弹，则可能有交易机会。

地产板块的异动原因有三个。

第一是政策刺激。政策分为两个层面，国家政策和地方政策。全国性政策和消息普遍利好整个地产行业，如放松贷款利率有较强的发酵预期。地方政策比如深圳的城中村改造，单靠地方的政策带动整个板块难度较大，个股利好异动难以波及整个板块。由于地方政策的局限性强，个股可能会冲高回落导致交易者被套牢。

国家针对地产行业的政策发布，利好整个产业链半年甚至一年，地产板块仍有可能再出一波行情。因为地产行业在市场上具有一定关注度和辨识度，投资者对板块预期较高。而且重大利好机会并不多，一旦出现大利好，资金不会轻易放过，容易打造出超级妖股，如浙江建投、天保基建等。因此，出现重大政策利好时，交易者要提高对龙头股的预期。

地产的轮动行情即以小消息刺激而产生的行情，很难出现完整的板块梯队高潮，而是以核心个股为主，不会有太多的跟风补涨套利机会。我们需要考虑板块的强度，然后再决定是否介入。如果小消息能够支持个股连板，那么我们只需要参与单个个股，没有必要考虑板块是否会跟着异动。当消息较小不能利好整个地产板块时，容易导致个股冲高回落。即使其能够封板，在一进二时也会被淘汰。

第二是板块联动。板块的发酵预期和政策利好相关，地产链包括消费恢复、家居和建材等方向会与地产有联动性。如我乐家居相关地产链出现强势发酵时，会带动整个地产板块整体异动，甚至出现较小规模的套利行情。同时，由于地产行业的阶段性萧条，地产公司可能会转型至金融、科技等领域，进一步增强了地产板块与其他板块的联动效应。

第三是避险属性。地产板块相较于其他长期横盘震荡的板块，社会关注度高且成交活跃。每一波强度不太大，既有强势的短线行情，也有跟随市场波动的低位资金承接池，具有高切低的避险属性。地产行业对资金需求较高。一旦有情绪资金参与，其整体套利空间较大，甚至会上升为主线题材，具备参与核心龙头、补涨、高切低的套利等价值。若地产板块面临调整，可能会出现分化现象，进而导致资金从该板块流出。

3. 板块的操作策略

地产板块受政策影响最大，判断政策力度的大小至关重要。由于没有长期的增长点，小消息刺激产生的异动更多的是小行情，比如家具、建材、厨卫等分支。虽然零散的行情不流畅，但也有参与的价值，我们可以第一时间把握核心股票套利的机会。比如家居行业的爱丽家居、亚振家居等，建工类有浙江建投、宁波建工等，纯地产类有大龙地产、经投发展、中国武夷、中交地产等，地产服务类如特发服务、中天服务等。地产板块的小行情更多体现在个股异动上，龙头特征并不明显，多数情况下定位为小题材套利，缺乏持续性。对于小消息刺激导致的地产板块轮动行情，核心个股无法形成完整的板块梯队高潮，更多的是以核心个股为中心进行轮动。在这种情况下，交易者参与交易时应重点关注板块强度，找到超预期的个股，而非盲目跟风其他个股。套利核心票是最有效的方法，跟风补涨的套利机会相对较少。

当出现大级别政策利好地产板块时，交易者的预期应该提升至妖股高度。此时，龙头股的预期应高于市场其他龙头股，短线资金会抓住机会打造超级妖股。参与地产板块的大级别利好时，可以参考强势板块的经验，参与核心龙头、补涨龙头、高切低等跟风补涨的套利策略，甚至可能上升为题材主线。此时地产板块的爆发力强，赚钱效应明显，投资者参与价值套利可以获得较大的收益。地产板块核心个股的强势上涨意味着行情并未结束，反而说明资金敢于在调整阶段追高或承接。

地产板块出现零散停顿走势与板块的股性活跃、政策刺激的针对性以及与分支题材的联动性密切相关。当没有大规模政策利好波及整个板块时，板块内部会有部分个股异动，但板块效应并不显著。当地产板块因非实质性利好跟随其他板块异动时，交易者参与难度较大，尤其是核心票也是跟风属性。因此，当地产板块处于对政策的试探阶段时，市场并未形成明确的、根本性的行情，潜在的利好消息也会让个股出现异动，交易者可在首板或一进二中找到先手优势去参与。投资者参与高位接力则需谨慎，因其判断难度大，不清楚何时结束或能走多远。

地产板块和其他短线板块相比，其优势在于启动后赚钱效应持久且容易形成完整梯队的格局，妖股属性更强，资金愿意跟风。一旦启动并走出妖股，赚钱效应会有第二波，持续性也更强。整个周期可能很容易以补涨龙的身份延伸出第二波行情。地产板块的爆发快，赚钱效应集中，板块梯队较为完整，跟风补涨个股的参与套利价值较大。投资者结合连板梯队进行交易决策时，只要最高标持续活跃，就可以关注地产板块。

地产板块的首板溢价率不高可能与市场轮动有关，需在趋势性行情中才能实现高溢价率。地产板块如果未形成梯队，则难以判断其是否会产生趋势性行情。交易者打板地产股的性价比在轮动行情中并不高，而应该在趋势性行情中操作。地产板块的趋势个股可以震荡推升进行调整，而不是通过大阴线直接回落，这体现了其强势的上涨。受到政策和消息刺激时，地产板块反复活跃，虽然很难走出集中的板块行情，但对于核心人气股和高辨识度的个股，可以参与趋势推升的低吸机会。

地产板块在行情中表现为反复活跃，其中人气核心如南国置业、绿地控股等具有操作价值。而地产板块持续活跃则要有中军把梯队带动起来，假如中军万科地产不动，则地产板块难有大的行情。因为地产板块是机构和大资金集中参与的典型容量板块，板块内必须有大体量的个股以供大资金炒作。具有容量优势的个股适合进行短期炒作和打板，相较于其他个股能获得更多主力资金介入。在板块发酵初期，如果板块的炒作风格主要由大资金引导，那么成交额较大、主力大幅介入的个股具有稀缺性，从而容易获得炒作优势。相较于流通市值相近但成交额较小的地产股，这类个股出现主力大幅流入，经过低位箱体确认其可能涨停，这些因素共同促使其成为炒作中的主角。

回顾过去几年，房地产市场经历了几轮大规模行情，不仅出现了连板梯队，上下游行业也表现出了联动效应。由于地产板块前期资金介入程度较深，存在长线资金支持，因此值得期待其再次活跃。地产板块后续是否会再次出现爆发性短线炒作行情取决于政策力度和市场预期。若要达到历史级别的地产板块异动强度、人气和资金炒作的体量，需要有较大的政策利好支持整个地产行业。因此，交易者在看待地产板块时，需要重视异动原因、强度及政策消息的刺激大小，以确定是进行套利还是将其视为主线题材。

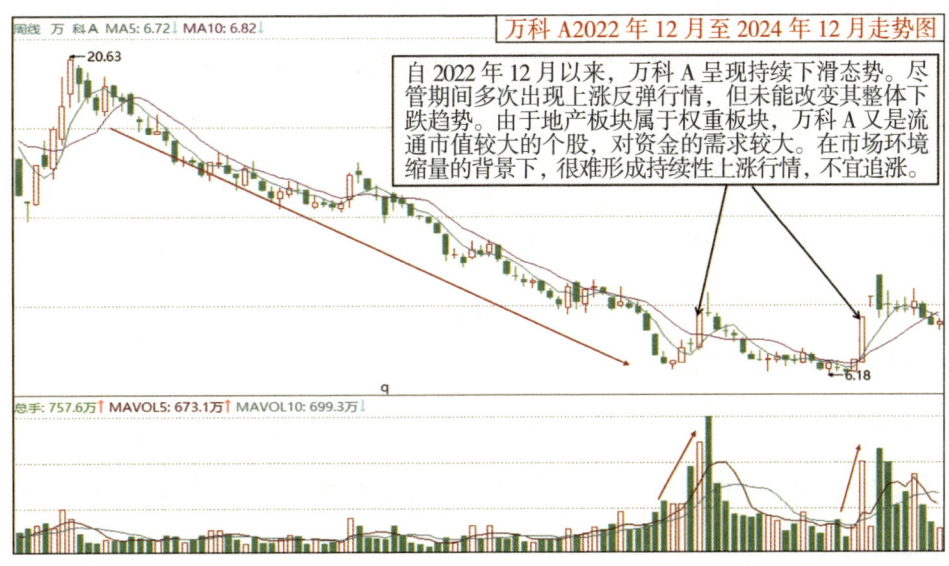

图9-4 2022年12月至2024年12月万科A的连续下跌

如图所示：万科A作为地产板块的核心中坚力量，因其市值较大且概念正宗，成为机构投资者及众多散户的首选投资标的。在地产板块出现波动时，万科A常常起到领涨和跟随波动的作用。自2022年12月以来，万科A呈现持续下滑态势。尽管期间多次出现上涨反弹的行情，但未能改变其整体下跌趋势。由于地产板块属于权重板块，而万科A作为流通市值较大的个股，对资金的需求较大。在市场环境缩量的背景下，很难形成持续性行情。因此，在出现连续放量后，会面临资金兑现的压力。由于地产板块对消息面有较高要求，只有在消息持续发酵并震荡时，万科A才能展现出较强的连续性，否则只能作为套利对待。万科A出现放量涨停，通常代表着地产板块极端一致性行情。然而，万科A在涨停后常常伴随着大规模资金的兑现，这表明如果地产板块缺乏持续性行情，万科A的参与难度较大，同时也显示出中长线资金并不倾向于埋伏和抄底。因此，对于万科A，采取"看高做低"的策略较为合适。在万科A涨停时，还可通过参与地产板块中情绪驱动的股票，如特发服务等20厘米地产的核心标的进行短期套利。

四、计算机软件板块

1. 板块的特点

计算机软件板块是大科技范畴内的重点板块，每年都会形成较大规模的行情，涉及数字经济、国产替代、国产采购、信创、虚拟现实、鸿蒙系统及人工智能等多个细分主题，吸引长短线资金广泛参与。计算机软件板块活跃度高，波动大，与其他板块关联性强，为交易者提供了丰富的参与机会。板块内核心个股如常山北明、中国软件、中国长城等发挥关键作用，既支撑了短线爆发也推动了趋势发展。

该板块具有横向和纵向发展的形态，且周期超过一个月，出现穿越龙和补涨龙等机会。从操作逻辑、板块容量和整体宽度来看，可以定义为大板块，有三个特点：

第一个特点是属于科技成长类，容易引发机构游资合力走出趋势，合力票出现的关键是板块能够发酵成具有成长性的大板块。

第二个特点是板块容量大，具有长期走强的预期，支持多种类型的强势个股共存。由于板块宽度广，支持板块内多个高标龙头走强，是大板块独有的优势。如国脉科技的一字龙、敬业达的趋势龙等。

第三个特性是主线题材主升段后，会延伸出分支题材进行轮动，倾向于长期炒作。板块性质和资金成分决定了其炒作时间较长，概念延伸较长。每次异动会诞生可以贯穿几波行情的龙头股，如穿越龙英飞拓。

2. 板块的异动原因

软件板块的异动原因是政策性刺激。政府出台政策来鼓励数字经济的发展。国产采购政策，如国产替代政策，对诸如中国软件、中国长城等国产操作系统以及国产应用软件企业形成利好。在政府采购的推动下，出现了多波行情，诞生过南天信息、英飞拓、诚迈科技和常山北明等龙头个股。鸿蒙系统概念发酵后，包括华为被制裁，也往往与华为手机、消费电子以及华为汽车等泛华为概念形成较大的联动。常山北明、润和软件、诚迈科技等核心个股常受到市场高度关注。市场炒作美国制裁华为概念点火成功之后，资金借助诚迈科技的载体，去推动整个国产替代的发展。诚迈科技的整个拉升过程量能充足，每天成交额在 10 亿左右，说明有多种资金参与，形成合力。软件板块还可以作为支线，如人工智能、网络安全等科技板块中的细分领域出现发散时，形成小题材联动，但无法形成梯队。

3. 板块的操作策略

软件板块的行情规模和容量可大可小，在短线交易中具有较高的参与度，可用于判断行情级别并决定参与个股的方向。一旦发现核心中军，尤其是中国软件、中国长城等出现大规模异动，以及明显的补涨跟风效应，交易者即可初步判定该板块已进入大行情阶段。大行情阶段适合介入核心个股或趋势性套利，采取长期持股和趋势推升为主要套利方式，可以实现一到三个月的套利周期。在大行情阶段，板块中坚力量特别是容量较大的个股扮演了关键角色，吸引着长期和短期资金的关注。这不仅促成了短期的爆发式增长，也推动了长期趋势的发展。当出现以其他主线题材为主、软件板块为辅的异动形态时，投资者可以积极参与20厘米个股的当日套利。

在软件板块出现异动时，老核心个股会在板块异动时重新活跃。如直真科技、英飞拓和竞业达等异动时，需结合其表现判断后续走势，看其能否成为龙头。龙头高度取决于板块整体热度，也决定了补涨的预期空间。龙头结束后的高切低动作，很有可能成为补涨龙。当补涨龙出现弱转强时，如果后续还有三个板的空间，仍然具有介入价值。通过观察不同阶段龙头与补涨的异动，投资者可抓住二波行情的核心龙头机会。

软件板块具有较长的炒作时间，属于市场长期的主线。在板块主升期，交易者应优先参与强势个股，如趋势龙、一字龙等。主升期结束之后衔接了过渡期，交易者可以参与题材高切低的首板以及人气股的弱转强。在调整期，我们需关注题材切换，比如虚拟现实等支线题材的龙头。计算机软件板块因其强势主线地位，容易出现个股连板和多波行情的形态，甚至产生穿越龙现象。

行情出现横向发展，将产生大量的首板机会，如真视通、直真科技、蓝天信息、国脉科技、国新文化等板块辨识度的人气股。交易者也可参与20厘米个股首板套利以及核心个股的趋势性行情。由于计算机软件板块常出现纵向推升形态，这意味着部分个股会出现长期连板和多波行情的情况，甚至形成穿越龙。应特别关注那些能维持超过一个月的大行情中的核心龙头股，博弈二波行情机会。计算机软件板块的可大可小以及可横可重的板块特点表明，这是一个可以充分参与的板块，交易者一旦遇到板块行情，应当抓住机会，避免错过或低估其潜力。

由于计算机板块在主线地位上的优势，它与其他支线题材或小题材相比，更易被低估，且容易错过主升阶段。然而，由于该板块属于大题材，经过大规模的炒作后，容易导致板块陷入长期的低迷，资金参与度过高意味着板块冲高回落将导致资金出现大规模的套牢，对后续的活跃带来巨大的阻力，因此板块在沉寂之后可能会陷入长时间的调整。在后续的异动之中，投资者只能参与小级别的行情，作为支线辅助异动参与个别个股的套利。其大规模参与的价值并不大，容易成为套牢资金的接盘侠。

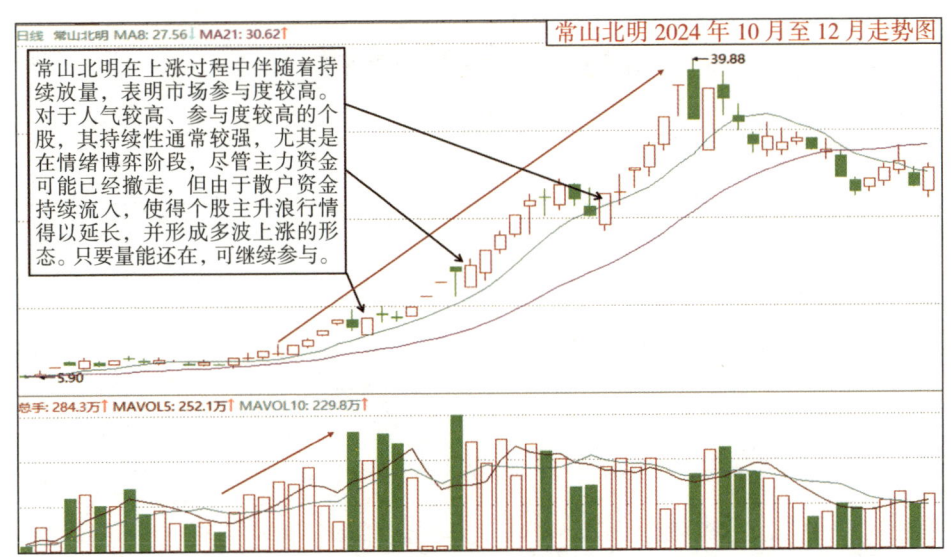

图 9-5　2024 年 10 月至 12 月常山北明的持续走强行情

如图所示：常山北明作为鸿蒙华为鸿蒙概念的正宗核心标的，在 2024 年 10 月经历了一段妖股行情。由于其流通市值较大，常山北明吸引了包括中长期资金及短期资金在内的广泛参与，形成了强大的市场合力，日成交量超过 30 亿元。不仅成为核心中军，还成为计算机软件板块的情绪龙头。该股带动了整个计算机软件板块，包括中国软件、中国长城等在内的众多中军，走出了一轮趋势性行情。常山北明在上涨过程中伴随着持续放量，表明市场参与度较高。对于人气较高、参与度较高的个股，其持续性通常较强，尤其是在情绪博弈阶段，尽管主力资金可能已经撤走，但由于散户资金持续流入，使得个股主升浪行情得以延长，并形成多波上涨的形态。特别是在高位箱体调整之后，能够迅速转强，预示着个股将具备穿越板块的能力，成为"穿越龙"。只要个股的成交量并未出现大幅萎缩，就表明市场合力尚未消散，具有进一步参与的价值。当趋势性行情反转后，只有当股价跌破 10 日均线时，短期交易阶段才宣告结束；跌破 20 日均线，则意味着个股失去了参与的价值。

五、半导体板块

1. 板块的特点

半导体板块作为大科技领域的重要组成部分，具有个股数量多、体量大、资金容量大的特点，主要集中在科创板和创业板，其容易受到大盘反弹和利好消息的刺激，成为资金攻击的目标。长期来看，由于业绩景气和国家政策的支持，如国家大基金项目的推动，半导体板块展现出强劲的长期增长趋势，适合长短线资金参与。中军个股表现活跃，科创板的政策属性使该板块能从政策红利中受益。板块内包含多个分支，易受各自领域利好消息影响，形成板块性活跃。因此，半导体板块辨识度高，出现趋势性行情时，预示着板块有较大提升潜力。

半导体行业受益于机构资金的深度介入和国家层面的支持，使得该板块呈现出稳定性与区间波动性，更倾向于走震荡推升的行情，而非形成明显的强势连板梯队。虽然半导体行业存在大规模的资金投入和国家大基金的支持，备受机构交易者青睐，但其不易受到短线资金的推动，原因是板块规模大、资金需求量大。机构资金深度介入且研究透彻，倾向于长线持有，持股风格偏好趋势逻辑而非短线炒作。

半导体板块包含众多细分领域，如光刻机、光刻胶、先进封装、存储芯片等。这些细分领域容易受到各自领域利好消息的刺激，形成局部异动，当异动程度超出预期时，容易引发整个板块的活跃度，使小级别行情升级为大级别行情。目前半导体板块异动方向主要包括光刻机和存储芯片两个方向。光刻机方向主要关注重大消息对技术有效性、实质性及长期性的判断。存储芯片方向因国际巨头如三星、美光的价格上涨以及内存技术的进步而呈现波动。美股英伟达及其相关的概念个股受到了市场的热烈追捧，映射效应也对国内的存储芯片产生了复制作用。其他细分消息，如华为麒麟芯片也成为焦点。

半导体板块作为大科技的典型代表，个股集中在科创板和创业板，使其在情绪炒作方面具有优势。高弹性为短线资金提供了操作便利。资金容量大的中军个股如通富微电、寒武纪表现活跃，板块内多个支线受利好消息刺激易产生整体活跃度。当板块中的趋势中军核心股如上海贝岭、通富微电、大港股份以及寒武纪等出现明显的趋势性连板行情时，往往预示着板块将实现较大级别的跃升。半导体板块的辨识度较高的个股相对集中，如张江高科、容大感光、雅克科技等，在板块异动时容易成为热门的打板标的。因此，半导体板块是长短线资金都可以充分参与的板块，具有明显的上涨趋势。

2. 板块的异动原因

半导体板块经常被用作科技板块上涨的支撑或接力，较少单独成为市场焦点。当半导体作为支线题材被大科技带动时，往往需要特定政策刺激才能成功发酵，再加上重大事件如科技制裁等催化剂来触发，否则难以凭借自身力量形成大规模行情。板块异动的原因有三个。第一是消息刺激。在参与半导体板块时，首要条件是形成较大的消息刺激，预判短期会有一波主升行情。如光刻机、存储芯片等领域的技术封杀导致国产替代需求激增，但若无实际消息刺激，市场预期无法充分调动，短线行情难以形成。鉴于半导体行业众多个股集中在科创板，而科创板享有特殊的政策优势，在国家支持科创板发展的政策背景下，半导体板块容易跟随科创板出现异动，从而享受到市场红利。

短线行情需要较大的消息刺激，特别是对整个行业和产业产生较大影响的消息，半导体板块才能产生持续走强的预期。消息越大，短期投入强度和发酵力度也越大，否则只能按常规轮动支线补涨的小行情为主。

第二是机构介入。作为大科技的分支，机构长线资金进行了深入研究和介入。在 2020 年和 2021 年，半导体市场出现了走出震荡推升的行情，从大港股份到文一科技，光刻胶的容大感光等表现出了强势的行情。板块核心个股成长性强，资金容量大，机构喜欢扎堆。机构扎堆的大板块难有短线行情，原因在于大板块需要的资金量也较大。如果没有大规模的短线资金介入，难以起飞。短线资金不愿意深入板块是担心遭到长线资金的兑现，所以涨停梯队难以形成，只能重视趋势逻辑。

第三是联动关系。半导体板块拥有较多的分支，涉及光刻机、光刻胶、先进封装、存储芯片等细分领域。这些细分领域容易受到各自领域利好消息的刺激而产生异动，当异动程度超出预期时，容易引发整个板块的活跃度，从而将小规模行情升级为大规模行情。因此，半导体板块不容忽视。大科技范畴的板块，比如人工智能、CPO硬件等被炒到一定程度时，可能会对半导体板块产生带动作用。半导体在科技中出现的次数较多，是以支线炒支线题材的方式进行延伸和补涨。如好上好、亚翔集成、东方嘉盛、扬帆新材、容大感光等与光刻机和光刻胶有关系的联动。

3. 板块的操作策略

半导体大规模的行情不多，大行情异动需要和大消息刺激相联系。在参与半导体时先要关注大消息刺激，判断短期会有一波主升行情。小行情的参与价值并不大，操作难度也较高。在板块高潮时，以科创板为主，交易者可选择20厘米个股进行套利，核心个股如文一科技等作为辅助进攻的角色也有参与价值。

半导体板块中机构与游资并存，市场环境不佳和资金逻辑复杂导致半导体行情难以流畅发酵。由于机构已经介入较深，埋伏资金多，筹码不是很牢固，个股短期冲高后很有可能会被资金兑现。投资者在板块高潮日当天判断核心个股并不容易，只有在后续分化之后，才能看出其核心地位。跟风补涨主要参与弱转强，不太适合追涨，因为没有流畅的连板，交易者可以尾盘低吸埋伏，尽量不要参与追涨。

在大盘反弹、情绪转暖及板块利好的刺激下，科创板和创业板有显著的弹性，容易成为资金进攻的目标。例如，当板块中的上海贝岭、通富微电、大港股份、寒武纪等中军个股出现较大趋势性连板行情时，往往意味着整个板块能够实现较大级别的提升。中军个股在市场中反复活跃，具有强爆发力，能够在不同规模的市场环境中灵活运作。同时，像张江高科、容大感光等辨识度较高的个股，在板块异动时能有效配合并成为打首板的良好标的。情绪极致的连板股，如文一科技在市场中反复活跃，具有较强的爆发力，且规模可大可小。

半导体的想象空间大，但实际上短线梯队不强，参与机会并不多，即使出现连板龙头，也无法像新题材那样迅速形成板块集体性发酵。半导体行情要从消息面去判断，交易者需冷静参与首板，不能过多参与连板梯队。且半导体处于超跌反弹阶段，存在大量套牢盘，拉升时易遭遇抛压。

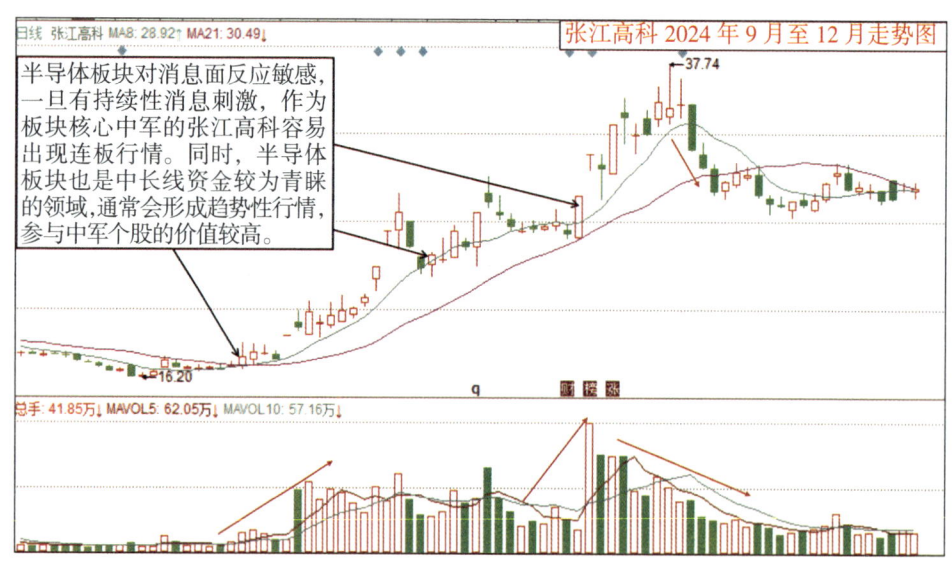

图 9-6　2024 年 9 月至 12 月张江高科持续上涨的表现

如图所示：在半导体板块中，张江高科因其叠加半导体和地产概念而备受关注。特别是在光刻机技术突破、海外制裁等利好消息刺激下，作为辨识度较高的个股，张江高科经常表现出异动行情。鉴于其较大的流通市值，当板块出现异动时，张江高科往往能成为核心中军的角色。参与的资金包括中长期资金和短期情绪资金，因此该股能够形成明显的趋势性上涨形态，以及短期的连续涨停形态。张江高科尽管在放量推升后出现了一段时间的横盘调整，但基于对资金角色的判断，可以推断其趋势性行情会持续。一浪启动后，二浪调整以及出现三浪主升，符合趋势性个股的特点。

半导体板块对消息面反应敏感，一旦有持续性消息刺激，作为板块核心中军的张江高科容易出现连板行情。同时，半导体板块也是中长线资金较为青睐的领域，通常会形成趋势性行情。因此，一旦张江高科形成上升趋势，便可能带来稳定的上涨机会。然而，若半导体板块进入长期调整，张江高科也将面临持续下跌的风险。在这种情况下，参与交易的价值主要在于套利。对于形成的趋势性走势，我们可采取沿着趋势线进行低吸高抛的操作策略，对于短期套利或长期持股的交易者而言，跌破10日均线可作为短期离场的信号，而跌破20日均线则应彻底离场。

六、军工板块

1. 板块的特点

军工板块因包含众多个股且与造船、航空、网络安全和自动化设备等板块紧密相关，易受军事冲突、科技进步和展销会等消息影响，价格波动显著。军工的地位是被动型的板块，板块具有小而广的概念特征，不易形成大板块行情。

军工板块属于小题材，其概念宽泛，主要分为三个方向：第一方向是航空类，包括商业航天、卫星技术、飞机制造；第二个方向是航母类的，以中船系为主；第三个方向是通信类的，比如军工信息化的奥维通信等。虽然军工板块低位占优，但逻辑很难有持续性的预期，参与难度较大，只有消息面刺激，如2025年5月7日后的两周，才适合进行短线操作或价值交易，量化与游资合力去接连板。一旦板块人气慢慢消退，便不具备对短线资金的吸引力。军工板块缺乏持续性，交易需谨慎考虑首日异动后的市场反应。

2. 板块的异动原因

军工板块异动的主要原因有四种:

一是技术进步带来的增长预期。军工行业发展已经相对成熟,进步相对缓慢,但在细分领域如军工电子和军工信息化等方面仍具备景气度,如无人机作战、智能装备等,使得细分方向具备较高的板块热度。长期的增长预期会给公司带来业绩增长,因此会有趋势行情的可能性。

二是突发军事事件冲击。军工板块的行情主要由军事冲突、军事科技进展、军事展览会等消息驱动,因此判断消息刺激的强度对于评估该板块的参与价值至关重要。板块受到消息刺激,如国际形势紧张或特定事件的发生,往往能走出一定强度的短线行情,但龙头股连板的机会较少。军事冲突可能会引起航母、无人机等个股异动。由于大规模军事冲突较少,短期内更多依赖于突发事件驱动的套利机会。军事冲突带来的行情可遇不可求,所以从短线炒作的角度来讲,只能参与套利,无法埋伏。板块受到突发消息的影响引起关联的个股异动,往往缺乏持续性。

三是重组概念。军工板块由于行业特殊性,经常出现个股利好,如中国船舶与中国重工重组消息等,个股重组利好扩散为板块利好。中航电测这类公告消息刺激导致连续一字板的情况,联动性和带动性会对板块产生深远影响,带动板块跟风和相关概念炒作。

四是板块联动。军工板块涉及众多股票,多数个股与其他板块关联度较高,例如造船、航空、网络安全及自动化设备板块,这表明军工板块容易与其他板块形成联动。

3. 板块的操作策略

受到消息刺激和个股利好带动，军工板块有可能会走出一波小的赚钱行情。交易者应优先考虑买入龙头和核心股，如2025年5月的成飞集成与利君股份，如果龙头和核心股涨停买不到，也可以参与补涨。板块效应的龙头带动跟风能够走出连板梯队，事件性刺激补涨空间是军工板块主要的一种短线炒作形式。军工板块的短线炒作主要关注事件的大小，军事改革或冲突等消息异动具有交易价值，例如中航电测重组可能带来较大的短线机会，而中国周边小规模冲突事件可能带来市场刺激。消息的持续性强弱是资金需要考虑的因素。消息再有影响力，如果没有形成连板，那么军工板块也明显走向弱势了。

军工板块与其他板块关联度高，受军事冲突和技术进步等消息刺激，适合短线套利，但板块整体缺乏持续性行情。交易者参与时应重点关注核心辨识度个股，消息刺激后应迅速离场。由于军工板块缺乏持续性行情，且国内外并无大事件，因此交易者参与军工板块的短线炒作要结合事件进行分析和操作。军工板块的涨停梯队较为少见，横向强度也较小，导致短线资金较少参与炒作，主要以长线交易资金为主。所以军工板块并不是游资的主战场，更多的是长线资金，如机构和散户。由于军工板块整体异动较少，每次异动有可能被潜伏资金借机兑现，导致参与难度很大。

由于板块的跟风联动属性，军工涉及大飞机和军工信息化，会作为支线跟风轮动，持续性较差，难以出现强势的连板。比如，低空经济、商业航空带动的军工异动属于被动行为，没有持续性行情，交易者只能参与首日套利，次日参与的性价比不高，接力力量比较小。对于小题材的异动，涨停次日面临着承接问题，一进二难度较大。

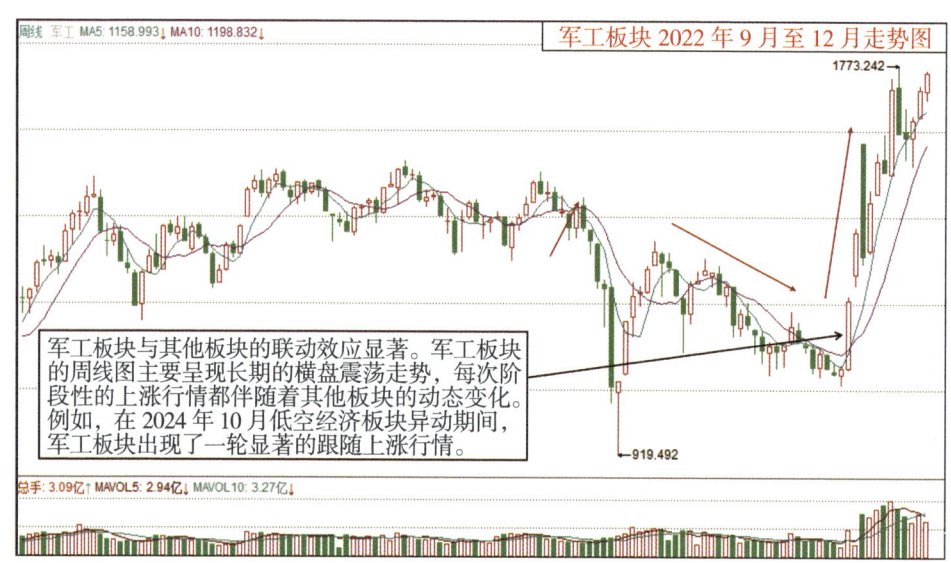

图 9-7　2024 年 9 月至 12 月军工板块震荡走弱的表现

如图所示：军工板块与其他板块的联动效应显著。军工板块的周线图主要呈现长期的横盘震荡走势，每次阶段性的上涨行情都伴随着其他板块的动态变化。例如，在 2024 年 10 月低空经济板块异动期间，军工板块出现了一轮显著的上涨行情；同样，在机器人与商业航天异动期间，军工板块也出现了持续的放量上涨行情。鉴于军工板块对消息的敏感性和与其他板块的联动性主要表现为被动跟随，交易者参与军工板块的异常波动以隔日套利为主。除非其联动板块能够出现像 2025 年 5 月军工火爆两周的行情，否则板块难以跟随。由于军工板块内部结构复杂，参与军工板块时，交易者只能关注分支中的核心龙头股、跟风股以及补涨股，才能在板块中享受到红利。大多数个股在其他板块沉寂时容易跟随回落。随后军工板块继续维持震荡性行情，交易者参与的价值有限。

七、化工板块

1. 板块的特点

化工行业科技创新不足，异动的原因与化工原料产品需求暴增或产品价格短期暴涨有关，其波动具有明显的周期性。化工原材料价格上涨或需求上涨带来的高利润预期，决定了题材的异动缺乏持续发酵的基础，导致板块整体的持续性和炒作节奏不会很流畅，多为小行情。

化工板块有以下三大特点：

第一，板块整体受利好刺激时才能够出现领涨龙头，其异动原因是基于个股的利好逻辑，如涨价逻辑或行业利好。但难以形成连续涨停的梯队效应，龙头股带动效果有限，表明板块内热点分散且短暂。板块短线炒作的持续性较差，跟风补涨的个股不成规模，也没有明显的板块高潮日。

第二，存在少数具有辨识度和市场影响力的个股，如南京化纤和雅本化学的活跃有助于带动整个板块的表现。化工板块中辨识度个股容易成为补涨跟风。如果相同概念的跟风个股没有走出连板走势，老人气个股可能会担当跟风补涨的角色。

第三，化工板块以板块轮动和支线题材形式炒作，操作强度不够集中和持续，缺乏持续性的涨停潮。板块的走势并不稳定，个股之间的联动性、带动性也不够强，这反映出板块内部交易方向分散且短暂。虽然个别个股表现强势，但未能有效带动整个板块走出明显的上涨趋势，显示出化工板块交易机会的高风险性和快进快出的特点。

2. 板块的异动原因

化工板块由于周期性特征，可能很长时间才会出现显著的波动，且价格变动往往呈现出独特的趋势，而非短期内的频繁波动。鉴于化工板块的周期性和独特波动模式，交易者应采取更加中长期的交易视角，注重价格上涨的趋势而非短期的表现。尽管化工板块因周期性和涨势较为独立，可能不会频繁异动，但其涨价逻辑并未改变，可以寻找有辨识度的个股并结合中长线趋势进行交易。

涨价消息的刺激下会有趋势行情，可能会有某些个股由于涨价逻辑而走出趋势，然后以纵向发展为主。虽然板块高潮日涨停的个股并不多，但是持续时间长。所以交易者如果遇到化工长期逻辑，比如草甘膦涨价逻辑等，可以瞄准趋势龙头股和补涨股进行操作。由于板块没有太多的广泛性爆发，首板的操作性不强。

化工板块是纵向发展的板块，涨价逻辑是其中的主要趋势。同是涨价逻辑，但化工板块与有色板块不同：小金属经常有异动，但异动后马上结束，因为小金属跟锂电池和矿业联系较紧密；化工的逻辑较独立，是涨价逻辑和周期逻辑，更倾向于形成趋势而非连板梯队，趋势一旦形成后不易改变，比如 2025 年 3 月以中毅达为总龙头的化工板块走出一波长期趋势行情。交易者可将具有连板历史的个股视为趋势个股进行关注和介入。化工板块高辨识度个股凭借赚钱效应吸引了大量短线资金流入，2024 年 4 月正丹股份以调整幅度小但单日涨幅大展现出持续的赚钱效应，带领板块走出市场活力和赚钱效应。尽管化工板块因周期性和涨势较为独立，可能不会频繁异动，但其涨价逻辑并未改变，因此，化工板块仍然具有交易价值，可以寻找有辨识度的个股并结合中长线趋势进行交易。

3. 板块的操作策略

化工板块作为轮动行情中的常客，具备关注价值，但由于缺乏明确的连板梯队和主线龙头，化工板块短期内难以形成明显的主线地位。针对化工板块，我们的交易策略应首先基于异动原因，如产品需求或价格短期暴增，并找到核心股票作为交易标的。若龙头股无法连续上涨，则考虑介入跟风和补涨的个股。然而，化工板块在形成连板梯队方面表现较差，即难以看到强势个股连续上涨，且龙头股带动效果有限。板块缺乏持续发酵的基础，导致板块整体持续性和操作节奏不流畅，更多表现为小行情间的间断性波动。由于化工板块缺乏持续发酵的板块龙头和完整梯队，投资者只能按照短期轮动套利的思路去应对，多以快进快出为主。

当个股利好达到极致，并出现妖股属性时，会出现看高做低的补涨炒作现象。参与看高做低的核心补涨时，交易者应优先考虑买入受益于明确利好的核心趋势股来套利。此时参与跟风没有太大的接力价值，容易冲高回落，投资者需要聚焦核心股票进行套利。板块整体联动性以及细分概念缺乏持续发酵，导致没有很完整的连板梯队。跟风补涨个股即使能走出连板，但难以判断其能否成为龙头。个股补涨机会存在，但条件苛刻，需博弈超预期。如果核心龙头股无法连续上涨，交易者应考虑介入补涨。如果相同概念的跟风股没有走出连板走势，我们再考虑老人气股，因其可能会承担补涨的角色。

化工行情是一波比一波弱，因为涨价逻辑消息刺激下的波动会逐渐减弱。这意味着交易者需要更紧密地关注其行情走势，只能做龙头或核心强势票跟风补涨的机会，能发酵起来的概率也不高。而且化工板块缺乏明显的价格联动效应，虽然有热门股如南京化纤、雅本化学等，但整体并未表现出多只个股连续涨停的现象。因此，投资者在交易化工板块时，需要特别留意个股的异动情况，尤其是要深入探究价格上涨或需求上涨等利好因素的具体原因。

化工板块在没有明显利好刺激时，异动较为频繁，表现出轮动避险的特点，而不是独立发酵。该板块由于缺乏持续走强的逻辑，板块内个股联动性和跟风效应较弱，板块高潮和介入节点并不集中。这注定了化工板块每次异动都属于较小的行情。化工产品涨价属于不能持续发酵的消息刺激，板块的操作范围较窄，我们主要通过低位叠加利好来判断买卖点，而非依靠板块高潮日的情绪溢价。建议交易者采用轮动套利的思路，注意资金分散在各个板块和方向的快速轮动现象，降低套利难度和风险。并不是所有化工板块的个股都值得参与，需要聚焦到正宗的核心，才能有套利空间。

化工板块作为支线题材适合在情绪转换期或高潮期进行小题材套利。在主线题材高潮或短线情绪良好的情况下，往往在消息刺激下产生异动，如涨价逻辑导致的股价上涨。虽然板块高潮日上涨的个股并不多，但其持续时间较长，且可能形成趋势行情。化工板块中出现一字龙或龙头个股是其持续性增强的标志。个股通过持续连板带动了板块整体走势，交易者可借此机会介入。因此，在化工板块中，可以瞄准趋势龙头股和补涨股，而首板的操作难度较大。

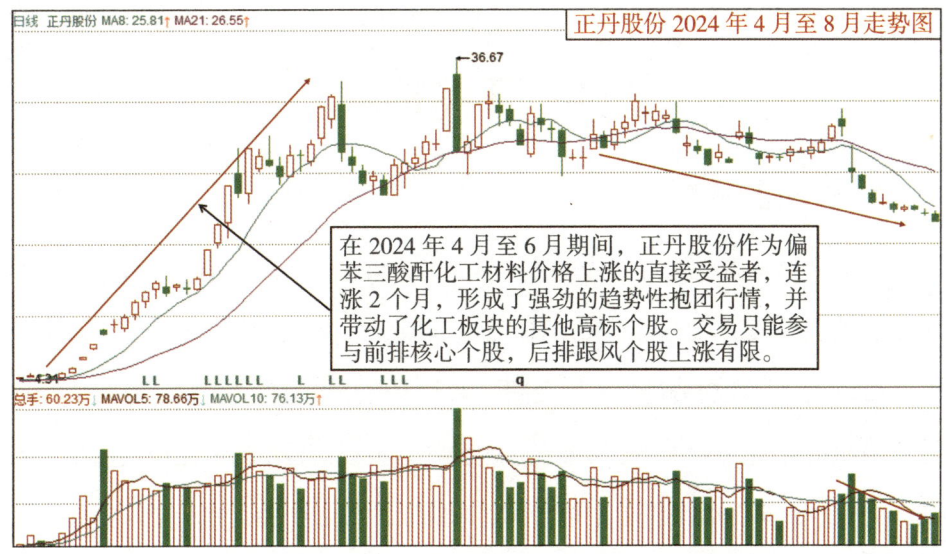

图 9-8　2024 年 4 月至 6 月正丹股份强劲上涨的表现

如图所示：在 2024 年 4 月至 8 月期间，正丹股份作为偏苯三酸酐化工材料价格上涨的直接受益者，形成了强劲的趋势性抱团行情，呈现了情绪高涨的妖股形态。由于化工板块整体属于小题材，因此板块性异动较难出现，资金倾向于选择其中的核心个股进行抱团。正丹股份凭借其概念的正宗和 20 厘米的情绪标杆作用，获得了短线资金的换手合力，在整体市场缩量的背景下，成交量持续走高，成为资金抱团的首选。正丹股份的持续超预期是其显著的上涨特征。由于正丹股份的超预期上涨，不仅带动了整个化工板块的行情，而且也影响了其他相关个股。然而，化工板块由于题材相对较小，因此其整体的带动性有限。从谨慎乐观的角度考虑，交易者仅能参与部分核心个股的连板套利。对于大多数处于后排位置的跟风以及补涨个股而言，参与的难度较大。

由于正丹股份的累计涨幅较大且人气较高，在其妖股行情结束时，并未出现股价大幅下跌，而是转而形成了长期的震荡走势。一旦正丹股份的情绪指标——成交量出现大规模萎缩，便意味着该股的参与价值将大幅降低。特别是当个股经历大幅下跌并跌破 20 日均线后，基本上已被大资金抛弃。在这种情况下，交易者应跟随主力尽早离场。

八、环保板块

1. 板块的特点

环保板块依赖消息面刺激，科技创新和想象空间相对不足，导致板块异动频繁而短线行情维持时间不长，10厘米连板个股参与的性价比不高。由于板块容量有限，长期趋势行情发展受限，因此更适合作为在大题材调整期或轮动结构中的短暂参与对象，交易者宜采取套利为主要交易策略，注重快速参与和利润兑现。投资者可关注能在板块异动时活跃的核心个股，并利用与其他板块的联动性进行首板套利操作，以捕捉短线机会。

环保板块有三个特点。

第一，环保板块异动的次数较少，每次异动的规模也适中。只有偶尔一两次机会形成大的环保行情，例如日本核污水排放这种突发事件。环保板块的参与价值相对不高，尤其是在没有确定性消息刺激的情况下。因为环保板块缺乏技术创新，也没有涨价逻辑或者如大宗商品般有周期性的逻辑，这意味着投资者被套后难以自救，因为个股重回高点所需要的时间是不确定的。

第二，环保板块联动异动较少，难以与其他题材产生大规模联动。环保板块最多能与汽车拆解、化工环境治理、基础设施建设、工业板块产生联动，参与的价值也适中。比如，受到汽车拆解政策的刺激，启迪环境有异动，但也是作为后排。

第三，环保题材有一定的独立逻辑。比如业绩预增的同心环保可能会走出连板，但是难以带动板块梯队，只能参与独立逻辑。

这三个特点决定了投资者参与环保板块的难度较大，环保板块的炒作行为较为短暂且缺乏实质性支撑，参不参与皆可，除非出现了确定性的消息刺激。由于技术革新缓慢、缺乏明确的涨价逻辑等因素，环保板块的波动性较低，热点并不容易持续，投资者在交易时需要格外谨慎。仅在遇到明确的消息或有实际逻辑支撑的情况下交易者才能介入，以避免不必要的风险。个股在板块炒作后往往迅速回归平静，不具备长期趋势行情的持续参与价值。投资者短期套利则需要快速进出，不可抱有太大格局。

2. 板块的异动原因

环保板块容量小，科技创新和想象空间有限，缺乏大的行情支撑，行情多由消息刺激引起。环保板块多在大题材调整期或轮动结构中短暂活跃，适合交易者进行短期套利，操作核心是快速兑现。环保板块异动的原因主要分为三种情况：

第一种是消息刺激。环保板块行情多以消息刺激为主，如日本核污水排放、国家环保政策出台以及与其他板块的有效联动，包括汽车拆解、化工环保治理以及基础设施建设、地下管网基建等，会产生一定的联动价值。有消息刺激且逻辑支持的个股会有一定表现，其操作价值相对较高。由于板块受消息影响较大，关注消息级别对于投资决策至关重要，在突发性消息导致板块大幅异动时，交易者可积极参与20厘米个股的短期套利，但短线行情一般不超过三天，不适合长期持股。

第二种是异动轮动。环保板块作为小题材，通常在大题材调整期或者作为轮动结构时进行短暂的轮动，起到衔接的作用。市场处于轮动结构中，轮动频繁且缺乏主线支撑时，环保板块内的辨识度个股有机会表现。但在缺乏消息刺激的情况下，交易者参与轮动行情的难度较大。若板块缺乏辨识度的个股，则参与价值较小。只有异动发生在有辨识度的老龙头上时交易者才可以考虑隔夜套利。

第三种是低位承接资金。在大盘调整时，资金高切低，环保板块扮演低位资金承接池的角色。这种情况下，环保板块的炒作短暂，以一波流为主，其炒作时间不会超过一周。

3. 板块的操作策略

环保板块的操作策略主要是消息刺激的核心套利。如果消息刺激能形成大板块，交易者可以参与 20 厘米个股的套利。若板块受消息刺激而反复活跃，如核辐射污染相关的报道，具备逻辑支持，则其可操作空间更大，由弱转强的机会较多。对于小规模的消息刺激，如污水治理和地下管道等消息，投资者只能参与具有辨识度的核心个股首板的套利，且仅在明确消息或逻辑支持的情况介入，否则次日少有溢价，风险较高。

根据消息大小，龙头股的表现和走势也会有所不同。如果是高切低辨识度的老龙头，那么启迪环境、正和生态、美丽生态等核心个股会有隔夜套利的机会。由于该板块没有技术突破和涨价逻辑，难以有大规模行情以及周期性行情，支线联动的参与价值适中。板块内个股在异动时有套利机会，不建议投资者参与 10 厘米的连板个股。

板块缺乏足够的上涨空间，个股在板块炒作后很快会失去热度，不支持长期价值投资，交易者以参与套利作为主要交易策略。因此，在板块中进行短期套利的投资者需要迅速兑现利润，不能抱有太大的期望。由于板块规模较小，无论是横向扩展还是纵向发展，都难以带来大的参与价值。当板块出现异常波动时，辨识度较高的核心个股，如节能铁汉、启迪环境等，如果与其他板块产生联动，可以作为首板进行套利。

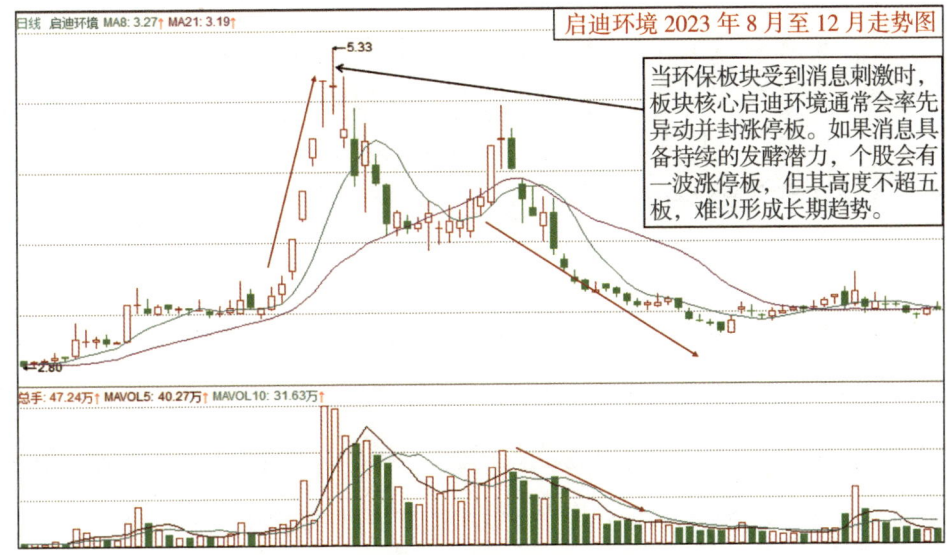

图9-9 2023年8月至12月启迪环境趋势到顶大反转

如图所示：启迪环境在环保板块中具有较高的辨识度，这主要归因于环保板块对消息的敏感性和轮动特性。当环保板块受到消息刺激时，启迪环境通常会率先异动并封涨停板。如果消息具备较强的发酵潜力，个股有可能实现一定的连板上涨。然而，由于环保板块的题材特性，启迪环境的连板预期有限，资金主要采取快进快出的操作策略，长期资金参与度不高，未能形成有效的趋势行情。对于参与启迪环境的交易，我们主要采取隔日套利的策略。当环保板块受到消息刺激时，可以参与首板。由于连板高度不高，一般不超过五板，一旦不能持续连板，应及时获利离场，等待下一次环保板块有消息刺激时再进行低吸。

九、国企板块

1. 中字头板块

国企板块主要包含两个方向：一是中字头，二是国企改革。中字头个股因具有国资背景而被认为是市场中可靠的标的，吸引了交易者的关注。中字头板块积累的涨幅和获利盘较少，在市场调整时，资金会选择切换到相对低位的板块进行布局，而中字头恰好成为资金的主要目标，常能得到护盘或避险资金的认同。国家队资金的介入能使中字头板块在市场调整期持续活跃，因此中字头在其他板块亏钱效应很强的时候，可能会成为避险的承接资金池，有可能形成套利行情。一旦中字头板块走出辨识度，尤其是当连板情绪龙头走出五板行情时，我们基本上可以确定"中字头"板块已告别轮动套利阶段，进入板块性异动，交易者可以积极参与三到五天的套利行情。

中字头的政策利好是板块性的，而不是针对某个个股。板块受到利好消息的刺激，多只个股连续领涨，龙头的优势不强。所以中字头板块异动时，投资者应关注板块中具有核心辨识度的个股，而非个股利好。板块情绪容易在消息刺激的当天极致发酵。资金热衷于买入具有核心辨识度个股，包括中国海诚、中成股份、中铝国际、中工国际、中钢国际等。板块情绪的一致性拉升是交易者操作中字头板块的核心策略之一。

中字头板块的拉升逻辑较独特，不同于其他板块受到利好刺激后形成梯队，中字头个股连板高度和梯队完整性有限，但板块核心辨识度高的个股具有较好的操作机会，具有急涨急跌的特性，更适宜于短期快速套利，而非长期持有。中字头板块内的个股后续梯队虽不强，但一致性很强。尤其是20厘米个股具有独立逻辑，在市场不明朗的情况下，往往作为黑马快速拉升。由于板块行情可能在三天内结束，此时投资者交易10厘米的个股会遇到连板高度可能不高、连板梯队没有足够时间发酵的情况。急拉是中字头个股独立逻辑的特点，在操作中字头板块时，20厘米的中铁装配是无法绕过的个股。

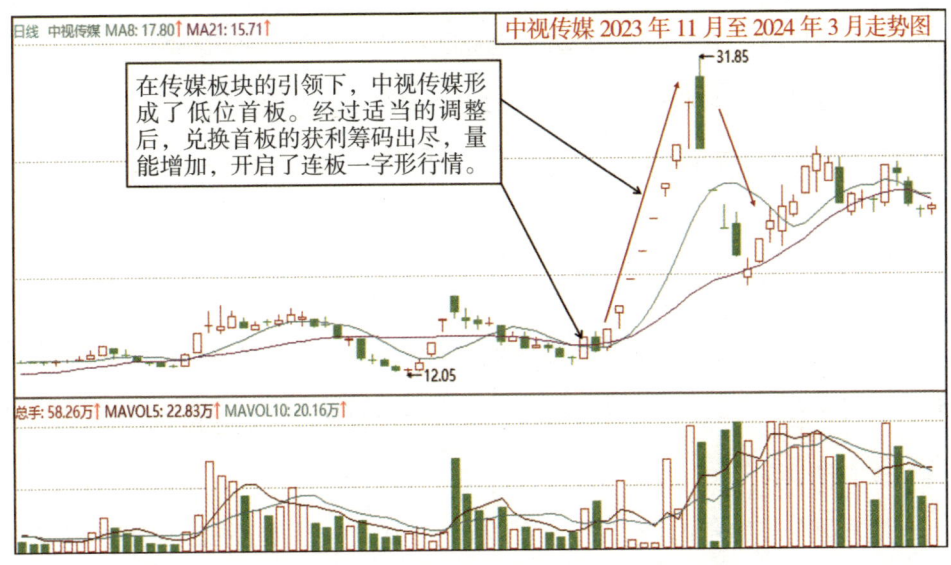

图9-10　2024年1月至2月中视传媒一波强劲上涨

如图所示：在传媒板块的引领下，中视传媒形成了低位首板。经过适当的调整后，其成功兑换首板的获利筹码，从而开启了连板行情。中视传媒主要受到传媒板块的驱动，同时叠加了中字头概念，成为中字头情绪的先锋。三板以后的连续一字形是情绪极致的表现，对板块具有显著带动效果，并带动了中成股份、中国海诚等个股连续涨停，形成了一波强劲的短线行情。由于中字头个股分布于多个板块和概念，通常会以叠加形态出现异动，如中视传媒叠加传媒概念，中粮资本叠加金融概念。

2. 国企改革板块

国企改革板块的特点在于其独立的市场逻辑，拉升速度快，但板块内龙头不明显，梯队性不强。国企改革概念因其与市场的弱势抱团风格相匹配而成为过渡题材和炒作焦点。尤其在板块指数和连板梯队表现不佳时，辨识度高的个股凭借其独特地位和炒作潜力成为引领概念题材和情绪的关键因素。

国企改革在政策刺激下成为市场焦点，国企重组并购受到市场广泛关注，预期将对市场产生显著影响，甚至可能催生个股爆发式连板行情。国家及地方政策支持引发板块大规模异动，个股一致性较强。重组概念属公告板逻辑，经过一轮利润兑现后，市场认可形成二波异动。地方国企改革与本地股短期异动相关，持续性有限，适合交易者进行短线套利交易。重组并购题材在大盘反弹时具有较好的炒作机会，与国家政策和市场走势紧密相连，投资者需结合政策支持与市场配合操作。

地方国企改革将引起本地股大幅异动，上海、深圳等地的概念股尤为活跃。然而，地方政策刺激下的国企改革异动通常表现为一致性过强，板块持续性不高，一般仅持续3到5天，适合投资者进行隔日套利的短期情绪化交易。由于国企改革板块异动强度大，个股集中度高，整体参与度较高，投资者主要参与首板行情。国企改革概念的特殊性在于主要以短线炒作为主，一旦炒作潮过去，个股将面临长期的低迷，甚至可能回到起点。所以国企改革主题适合波段套利，不适合长期持有，投资者买入后应迅速离场。

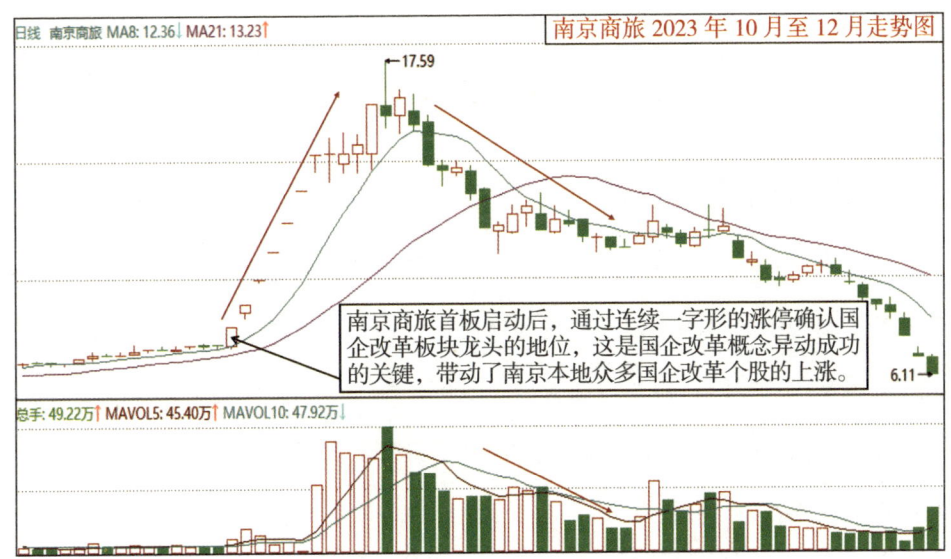

图 9-11　2023 年 10 月至 12 月南京商旅带动国企板块的表现

如图所示：南京商旅结合了南京本地国企改革政策的刺激，以及旅游板块的持续异动，在放量首板后连续上涨，带动了南京本地的国企，如南京公用、南京化纤等短线行情。由于南京商旅三板后连续出现一字涨停，参与难度较大。但是，这为国企改革板块带来了强大的情绪支持。交易者可以关注并参与其他南京本地国企改革概念股票的套利机会，通过"看高做低"的策略，并结合其他热门概念进行操作。鉴于国企改革板块的独特性质，其发酵过程需要通过三板定龙头的方式确认参与价值。南京商旅通过连续一字形的方式确认国企改革板块龙头地位，是南京国企改革概念能够形成板块性异动的关键。

十、字辈板块

1. 板块形成的原因

历史上，龙字辈、华字辈及东方字辈等炒作虽然具有偶然性，但也有必然性，这主要是因为市场氛围不佳时，资金寻找带有相似背景的个股炒作，并形成板块效应。如龙舟股份、青龙管业等，个股带有龙字这一共同名字的概念能够激发市场炒作情绪，尽管板块间的关联性并不紧密，但仍然能够通过以名字属性为纽带的板块发散，从而吸引了大量资金的关注和参与。龙字辈、华字辈及东方字辈等炒作的本质并没有发生改变，仍属于基于相似概念进行板块发散和联动性的炒作。尽管其载体相对少见，但炒作模式在本质上与正常题材发酵是相同的，只不过由于其独特性和辨识度较高，交易者容易将其视为新奇特的现象，从而导致理解和认知上的偏差。

短线炒作需要有资金跟随，而跟随必须基于某种依据。资金在研究连板高标时，会发现名字背后存在神奇的现象。作为最接近市场的交易者，散户对名字的理解可能会比机构和基金经理更深入和容易。因为散户可以从微观的角度切入市场，而机构交易者可能更注重整体宏观层面的研究。从微观的角度来看，龙字辈在炒水利概念时，龙舟股份、青龙管业、龙泉股份这些个股名字上存在巧合，再往前的汽车大规模行情中，有圣龙股份、天龙股份、锋龙股份等。只要众多散户相信并愿意参与，字辈概念就能成为短线炒作的依据。

字辈这一概念的发展经历了三个阶段：

第一阶段是叠加阶段。字辈概念作为加分项被叠加到各种题材中，此时市场对其理解尚处于模糊状态。随着字辈概念的反复出现，市场开始相信字辈与个股之间存在联系。即圣龙股份、天龙股份、龙舟股份、冠龙节能等带有龙字的题材作为加分项叠加到炒作中。市场对字辈的理解处于模糊状态，即不信不了解不清楚。随着字辈的反复出现，市场开始相信字辈和个股之间有联系，逐渐进入第二个阶段。

第二阶段是龙头阶段，也是最关键的阶段。当某只个股带有字辈概念并走成龙头时，资金开始跟随，强化了字辈的依据。比如圣龙股份会强化龙字辈的依据，市场从怀疑到选择跟随。也就是说，第一阶段资金是盲目的，第二个阶段资金是跟随的，跟随的目标是龙头。

第三阶段是发散阶段。龙头成长起来后，市场开始出现大龙地产、龙韵股份、龙舟股份等。这些个股虽然属于不同的板块，包括传媒、基建等，但共同的特点是龙字辈概念。在发散阶段，龙头个股开始带动相似的字辈个股，尽管属于不同板块，但具备相同的字辈概念。

无论面对任何题材，资金都需要判断交易者对消息的信任程度，看交易者是否愿意相信并说服自己参与。字辈三个阶段的发展也是相信过程的发酵：第一阶段是模糊的过程，散户不明白个股连板的逻辑；第二个阶段，龙头主升走出连板趋势，让散户相信可以进行操作；第三个阶段是发散阶段，资金愿意把对龙头的信任转化成跟风补涨，是市场逐渐相信的过程。发散阶段博弈的是龙头的跟风补涨，此时参与是较为稳妥的策略。

在字辈概念炒作中，我们复盘过往龙头股的表现，可以发现最适宜的参与时机是龙头出现并获得散户充分信任后，即第二个阶段。此时，龙头已经形成连板趋势，市场对其理解逐渐深化。如果在第一阶段参与，可能会面临接力不足、资金乏力的问题。

这三个阶段体现了字辈概念通过发酵形成市场共识的过程，其背后的逻辑具有弱势炒作的意味。资金从这三个阶段抽象出背后的逻辑是短线炒作的依据问题，即所有短线炒作必须有资金的跟随，必须有依据。资金短线炒作的逻辑依据是众多散户形成的共同预期。资金需要关注本质，而不是直接判断消息的大小和强度。依据可以是真实存在的，也可以是虚幻的。即便个股没有任何业绩支撑，也没有底层逻辑，但市场仍愿意去炒作字辈概念。

2. 板块的异动原因

在普通板块中，资金难以想到更本质、更深层次的概念，可能会通过肌肉记忆和经验简单地总结板块的规律。然而，在消息刺激和利好预期下，更深层次的联动性、带动性和发散性，才是板块能够走出主线行情或短线炒作的原因。板块的持续性利好刺激因素可以从联动性、带动性、发散性这三个规律去概括。背后的更深层次的原因可以归为人性，源于人性的贪婪、恐惧、迟疑和愤怒等特征。人性特质如同一把钥匙，能够打开市场的多种理论。因为市场是由人组成的，一切规律、理论和表象是人的意志的具体表现。资金需要通过规律性的总结，用这把钥匙来分析龙头梯队、连板梯队、短线行情的底层支撑。

第一是联动性。在字辈板块中依靠名字产生联动。第二是带动性。对板块中同样名字的个股有带动作用，如深中华A炒完后，还有华控赛格、深华发、华利股份和中华企业等。第三是发散性。龙字辈成为板块发散主要是依据了心理学的特点。人性热衷于用经验去看待事物。第一次出现的现象其辨识度较弱，在发酵初期市场是理解不了的。正常的题材发酵属于基于概念去发散和带动。龙年的辨识度和市场认知很高，资金模仿跨年妖股，炒作的本质没有变，只不过载体不同。

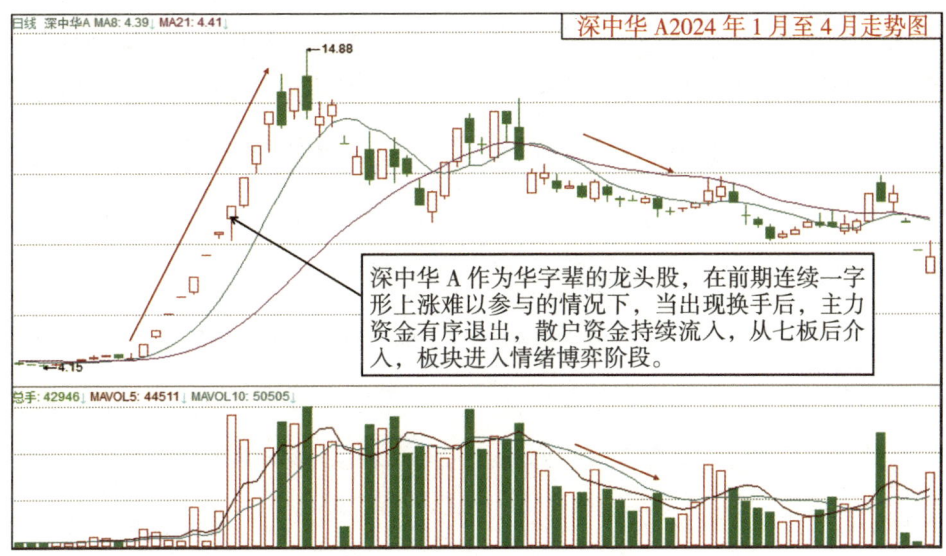

图 9-12　2024 年 1 月至 4 月深中华 A 连续涨停的表现

如图所示：华字辈是对龙字辈的一种加强。深中华 A 七板以上的行情带动了华字辈板块的持续发酵，使得华字辈也进入了广大短线投资者的视野。因此，在深中华 A 前期连续一字上涨难以参与的情况下，当出现换手后，主力资金有序退出，散户资金持续流入，进入到情绪博弈阶段。深中华 A 带动整个华字辈持续的发酵，出现了跟风补涨以及梯队，华字辈也形成板块性效应。参与字辈概念股主要受情绪资金驱动。只要成交量有效放大，便表明短线资金对字辈概念的认可。反之，如果出现大规模放量下跌，则可能意味着该股人气涣散。

由于字辈概念板块的独特性质，一旦失去人气支持，容易导致股价出现大幅下跌。华字辈的特性导致板块内部的后排股和中位股首先断板结束，失去晋级的支持。深中华 A 在情绪博弈的后期，连续出现的大阴线对人气造成了重大伤害。我们可以判断板块性的行情已经趋于结束。对于深中华 A 而言，失去了补涨龙头的支撑，将不再受到人气的助力，字辈板块也将趋于崩溃，不再具备参与的价值。

龙字辈的龙头股份、华字辈的深中华A以及中字头中视传媒，在启动初期是相对独立的，并没有以龙字辈、华字辈或中字头的角色去异动。待其走出辨识度、市场认定深中华A是龙头后，资金才开始炒华字辈，并以名字的概念去延伸。以海外贸易概念为例，其并没有以板块为标准，很多个股不属于同一板块。龙版传媒、贝肯能源、林州重机分别属于传媒、石油、机械三个方向，但是它们共同的联系点属于海外贸易。如果能理解不同板块的个股能通过海外贸易属性去发散，那么龙字辈、华字辈、中字头等以名字的属性去发散的模式没有改变，只不过是载体变了。通过对比和更深层次的研究，资金可以得出关于联动性和带动性强弱的本质上是深中华A成为妖股后，带动板块的跟风和补涨。华字辈、龙字辈和东方字辈的题材很新颖，在模式还没有失效之前能够赚钱。模式失效后，模仿者会亏钱。因此，对于题材本质的把控，更深层次的是联动性、带动性和发散性的强弱变化，交易者需要掌握火候。

十一、超级行情

1. 板块与个股选择

在市场处于癫狂状态时，如果狂热具有持续性，可能会导致普涨行情出现。普涨行情的特点是所有板块都会上涨，市场如同涨潮，将所有个股淹没。普涨行情的关键在于观察各板块的承接强度和资金认可度。资金偏好可能集中在超跌反弹的价值回归板块以及纯粹炒作概念的板块，包括新能源、地产、医药、游戏、人工智能等长期超跌处于价值洼地的板块。在大盘持续上涨期间，如果某一板块并没有出现明显的放量，表明资金参与程度不高，市场可能尚未充分开发该板块的套利机会。

由于所有超跌板块有可能轮动一遍，交易者低吸操作超跌反弹股具有较高的性价比。如果个股具备超跌逻辑，且下跌源于流动性不足，那么在普涨行情中将首先得到提振。资金会指向市场热点和市场辨识度高的个股，交易者的操作策略应关注未充分反映市场情绪的板块，以低吸弹性个股为主，根据成交量原则进行操作，应尽量把握日内利润。

超级行情持续时间不会超过五天，如何选择短期内最大的套利个股？我们可以关注新股和20厘米个股。在没有涨跌幅限制的情况下，新股能够获得最大的套利弹性。结合市场热点和主力资金动向，根据主力净额来选择创业板和科创板中有辨识度且适合短期炒作的20厘米的个股。在超级行情中许多小盘股涨得特别快。当行情极度波动时，交易者无需考虑太多条件，只需以主力净额和涨幅空间这两点作为主要判断依据。投资者遵循市场行为的逻辑是明智的，不参与交易会错过机会，参与晚也会错过机会。只有波动空间较大的个股，才有可能让我们获得短期超额收益。

2. 证券板块的策略

历史经验表明，超级行情往往伴随着成交量的放大，开户量增加利好交易软件及券商，证券板块和金融科技板块将直接受益，包括安硕信息、恒银科技、同花顺、指南针、财富趋势等。作为证券板块的先锋，金融股需要满足两个条件：首先，证券板块需要出现持续的反弹；其次，参与金融股份的资金需要选择一致的格局，不能次日兑现，而是要强硬地消化获利盘，才能有机会奠定地位。

证券板块内部的资金主体对大盘指数、市场交易逻辑以及基本面预期的交易思路具有较为深刻的理解，容易在短期内形成首板的交易节点，但主力拉升后可能出现首板炸板和次日无溢价的风险，这主要是由于复杂的资金类型不适合进行中线套利。在牛市的第一阶段告一段落后，积累了较大涨幅的板块在技术面上积累了较大的获利盘，也承接了大部分增量资金，短期暴涨会引发大量资金出逃，带来的后果是快进快出，不能进行格局。

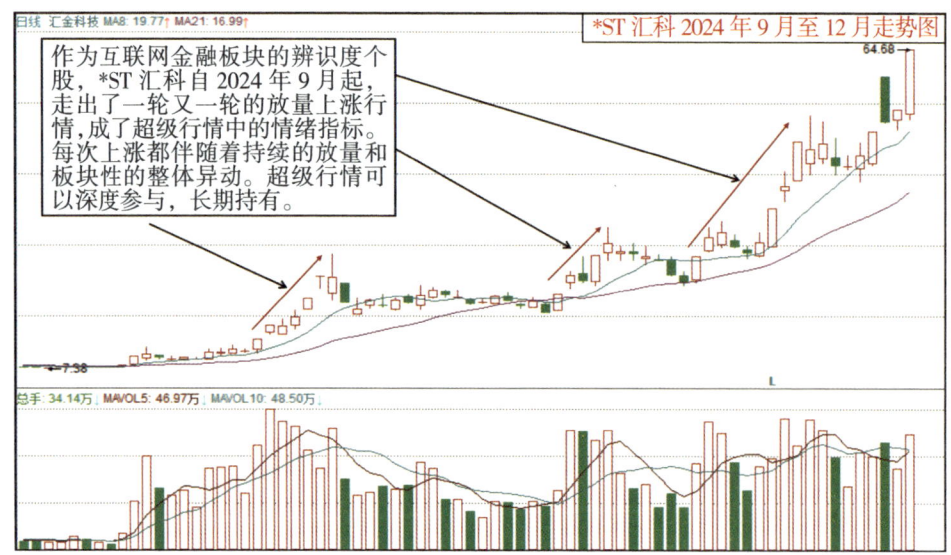

图9-13 2024年9月至12月 *ST汇科的表现

如图所示：当市场受到大规模的政策刺激时，可能会迎来超级行情，其中的代表性板块就是证券板块和金融科技板块。作为互联网金融板块的辨识度个股，*ST汇科自2024年9月起走出了一轮又一轮的放量上涨行情，成了超级行情中的情绪指标。*ST汇科的每次上涨都伴随着持续的放量和板块性的整体异动。然而，由于市场不可能长期维持上涨趋势，这意味着在每一次极端上涨之后，个股都会迎来一段时间的获利调整。但个股在板块中具有较强的辨识度，当政策刺激对市场形成二次冲击时，在超级行情的带动下，*ST汇科能够凭借其板块的核心辨识度和人气，迅速形成波段脉冲。因此，交易者操作*ST汇科时，必须结合板块情况和市场情绪。当市场整体及板块出现上涨行情时，*ST汇科可作为我们短线套利的首选，行情一般持续三五天，或者可作为隔日的打板套利。在超级行情中，投资者参与20厘米情绪个股能获取更高利润空间，是明智的选择。

3. 牛市中的白马股

对于长期超跌的白马股，机构资金会在底部进行抄底。对于业绩和公司预期可能是低估值，但具备长期趋势推升的预期。如果市场资金充足，白马股也有可能在普涨行情中率先得到灌溉。

放量大涨及持续堆量是牛市到来的重要标志，大市值个股的涨停表明了牛市逻辑的有效性，对小市值个股具有积极影响。在超级行情的第一阶段，由于大量基金满仓操作，机构首先会选择大市值、业绩稳健且具有白马股特征的个股进行交易，而非波动较大的小盘股。在机构资金短缺时，由于机构撤资导致长期缺钱的大市值白马股没有机会得到市场关注与买入，但在普涨行情中其可能因机构重新建仓而得到提振。机构和散户可能对业绩良好、有强逻辑支撑的白马股感兴趣。具有较强业绩逻辑的个股，如白酒、美容等行业毛利率高的个股，经得起考验。

在牛市反弹堆量逻辑下，流通市值较大且具有弹性的白马股具有套利价值，其反弹逻辑主要是业绩过硬和机构资金关注。白马股不完全遵循小盘股连板炒作的模式和逻辑，而是结合了基本面定价的因素，交易者需要考虑个股是否被低估以及是否具备抄底价值。类似东方财富这类大市值个股的动向代表了市场情绪和基本面逻辑。大盘股因其较强的辨识度和逻辑支持，可能继续吸引市场关注。建议投资者关注流通市值在200亿元以上、具有增长潜力和白马股特征的个股。当流通市值较大的白马股如东方财富、亿纬锂能、五粮液等出现集中涨停时，表明市场整体定价倾向于基本面因素，大量机构和散户在买入。

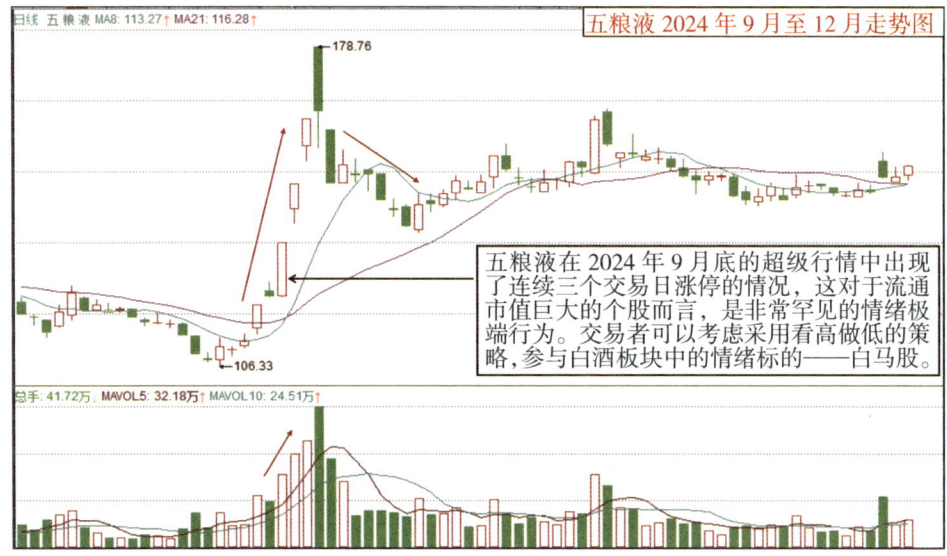

图 9-14　2024 年 9 月底五粮液连涨三日的表现

　　如图所示：在市场的超级行情中，由于资金大幅增加和市场成交量的持续攀升，出现了类似大水漫灌的情况。除了情绪型个股能够实现较大涨幅外，白马股特别是中长线资金偏好的白酒板块也受到了机构资金的认可。例如，五粮液在 2024 年 9 月底的超级行情中出现了连续三个交易日涨停的情况，这对于流通市值巨大的个股而言，是非常罕见的情绪极端行为。交易者可以考虑采用看高做低的策略参与白酒板块情绪标的。五粮液作为白马股中辨识度较高的个股，对资金的需求较大，因此要推动其持续上涨的难度较大。从套利的角度来看，交易者可以关注五粮液的极端行情，例如出现首板或连板，然后挑选板块内弹性较大的个股进行套利操作。当超级行情中的大水漫灌效应消退后，像五粮液这样的资金量需求较大的白马股，容易出现成交量的迅速下滑，进而形成长期的震荡走势。在这种情况下，参与交易的意义并不大。

后记一：对牛市的感悟

牛市是广大投资者期盼已久的甘霖，当牛市从天而降的时候，多数交易者却有点不知所措，更有甚者在牛市出现严重的亏损。这主要是因为投资者对牛市波段推升的特性不够了解，尤其是快牛行情下中短期波动率大幅提高，财富转移速度加快，导致短期高位追涨的交易者被先手资金收割。反而在熊市或震荡市中，资金交投不活跃，主力资金推动行情变化的程度较小，投资者出现严重亏损的可能性较低。我们在面对突如其来的幸福前要做好充足的准备，来迎接这泼天的富贵。

首先是敢于格局。在熊市中少格局，而在牛市要多持股，因为牛市里市场信心充足，抗分歧能力强，韧性也会更好，对于分歧也更包容，往往早盘的分歧在午盘就能得到修复，尾盘还有资金抢筹。当市场普涨时，结合大盘指数反弹的程度，可以将高开视为相对低点，增加对个股走势中长期解读和预期。其目标位至少符合大盘指数的力度，单纯依赖短期表现或日内表现可能不够准确，投资者应以中长期思维看待其走势，才能提高判断整体上涨空间以及预期的准确度。

其次是抓住最强标的。牛市中的上涨是应该的，不涨的个股都是弱势的表现，我们不要对横盘的个股抱有不切实际的幻想。当市场出现重大政策消息支撑信心时，作为敏锐的投资者，应关注板块内部的高低切换以及不同板块的轮动所带来的机会，尽量在强势板块和个股中选择。

最后是牛不言顶。由于牛市成交量大且强劲，不需要担心市场缺乏机会，不要轻易看空牛市。但需要警惕的是，牛市中人心更容易浮躁，交易者宁愿满仓吃跌停，也不愿意踏空看戏。我们要正确看待踏空，不怕踏空，保持本心，因为牛市不会一直上涨。慢牛状态才是交易者所期望的，而暴涨暴跌则意味着市场失控。交易者遇到慢牛的行情需要倍加珍惜，做好持续作战的准备。

牛市开始后，大盘指数的放量大涨打破了原有的轮动格局和短期套利市场风格，转而进入持续推升和良性上涨阶段。成交量持续放大表明投资者活跃度高，市场预期较为乐观。指数虽存在短期风险，但长期而言，主线板块将保持上涨趋势。市场的逼空力量一旦形成确定性，将推动指数进一步上涨。在大规模放量的环境中，投资者交易的仓位可适度扩大，因为市场有足够的容纳能力。即使指数出现激烈震荡，我们也不必过分担忧，因为只要终点明确，过程中的曲折和倒车都是为了最终突破。后续出现的小级别调整可能提供更有博弈价值和节奏性的买入机会。只有当指数涨幅超出大多数人预期时，可能才是真正的风险来临之际。

后记二：交流与改进

在这些年的交流和教学中，收到了众多学员的来往邮件，感受到了交易者对主流交易方法的孜孜以求。正是广大交易者对龙头战法的渴望，才鞭策我下决心把市场上成熟的龙头交易方法总结出来，并结合在教学和实战中积累的经验加以升华。经过广泛的交流，我结交了一群龙头战法的拥趸以及朋友，我们不仅能在交易中相互补充战法，也在理论上弥补盲区。其中不乏碰撞出火花的时候，欢迎产生共鸣的读者和我联系交流，共同为龙头战法理论的普及做点贡献。一本书是说不完龙头战法的，但我认为这本书是一本学习和入门龙头战法的值得借鉴的参考书。我希望本书能够给想要学习龙头战法的交易者一个快速通道，尽快走完我多年走过的路，免交不必要的学费，同时让更多的交易者了解龙头战法，在实战中不断夯实方法论，最终实现财务自由。

在写作的过程中，我参考借鉴了国内外经典和研究成果，正是前人的智慧累积才能形成本书的内容，在此表示衷心的感谢！我还要感谢交易团队对文稿编辑的帮助！由于本人水平有限，在匆忙的写作中难免有不足之处，恳请广大读者不吝赐教。知识交流敬请搜索本人抖音或视频号"搬金大圣"，共同探讨。

微信扫码,添加客服领取视频资料,加入学员交流群

> 舵手证券图书，智引未来

龙头战法 1：情绪周期与龙头股实战

★ 龙头即信仰，集万千赚钱效应与人气于一身
★ 洞悉情绪周期密码，成就短线高手

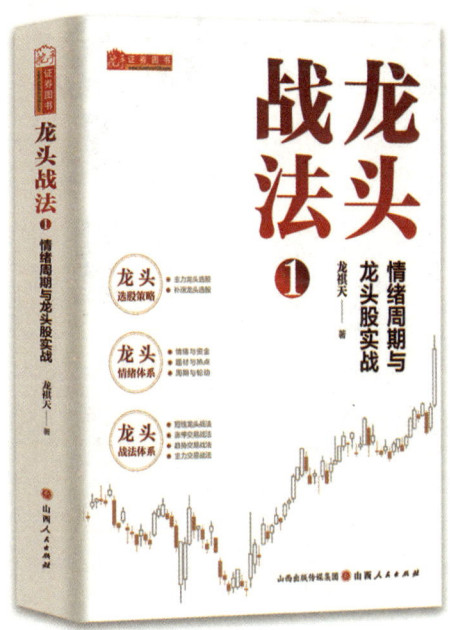

本书核心是龙头短线实战，以情绪周期和热点题材为先导，以龙头选股方法、主力交易方法、趋势交易方法为主，全书包括两个体系：一是市场情绪周期体系；二是龙头股战法体系。

作者：龙祺天
书号：9787203136552
出版时间：2024 年 12 月

微信扫码畅读折扣好书

龙头战法 2：情绪战法与打板策略

★ 洞悉情绪战法，识别龙头高标
★ 龙头战法创始人龙祺天带你掌握龙头打板策略

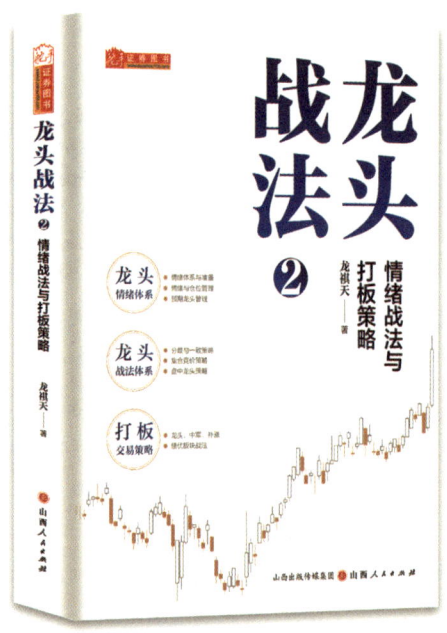

本书总结出一套经市场检验、行之有效的情绪战法和打板交易策略——其中以情绪周期波动为核心，主要围绕情绪指标、龙头战法、集合竞价、盘中分歧、涨停板交易策略，将市场中广为流传的涨停板战法结成 17 个板块详细分析。

作者：龙祺天
书号：9787203138037
出版时间：2025 年 3 月

微信扫码畅读折扣好书

龙头掘金 1：寻龙是一门技术活

★ **寻风口**：热点决方向，势起定乾坤
★ **顺周期**：顺势而为，踏准轮动节奏
★ **擒龙头**：强者恒强，锁定龙头基因

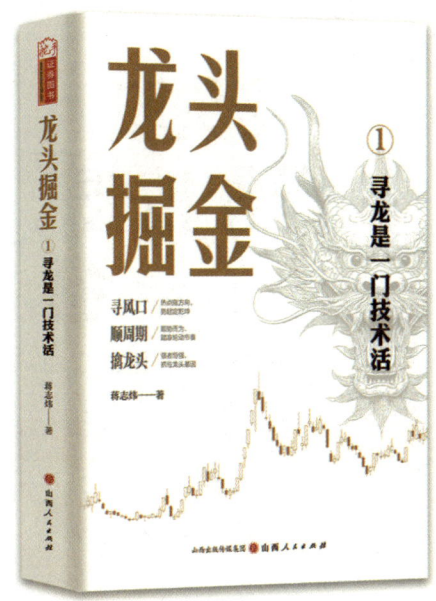

本书建立了一套实用的"龙头掘金"交易体系——基于龙头股周期的顺势策略以及建仓、洗盘、启动、主升、见顶、下跌的完整循环，对每个阶段进行深入地拆解和分析，辅以详细的案例复盘，倾囊相授寻龙技法，帮助投资者实现稳健盈利。

作者：蒋志炜
书号：9787203138716
出版时间：2025 年 6 月

微信扫码畅读折扣好书

龙头股操作精要（第二版）

★ 两大关键：如何选对龙头股、精准选好买卖时机
★ 趋势规律操盘技术 + 捕捉强势股启动点交易技术

本书是作者从业 30 年关于趋势规律操盘技术和捕捉强势股的启发，通过理论、图解、源码和实例将实战价值很高的内容分享给读者，帮助投资者"斩获龙头股"，达成"小目标"。

作者：鲁斌
书号：9787203136149
出版时间：2025 年 1 月

微信扫码畅读折扣好书

周期与龙头

★ 穿越周期迷雾，克服人性弱点
★ 系统复盘题材规律，解读龙头运行轨迹

全书分为四部分：第一部分是龙头投资哲学；第二部分是周期模型；第三部分是K线密码和寻龙形态分析；第四部分是龙头股实战策略。

作者：A股剑客
书号：9787203131229
出版时间：2024年1月

微信扫码畅读折扣好书

同花顺炒股实战精要丛书（4本套装）

★ 同花顺重磅新书，详细讲透
量价分析、盘口技法、技术分析、分时技法

★ 一线交易员手把手教您实战，
同花顺短线交易技术和指标攻略

　　同花顺软件为广大股民尤其是新股民专门策划创作的一套技法分析和实战精要丛书，包括量价分析、盘口技法、技术分析、分时技法4个主题。每册从同花顺软件的基本操作开始讲解，一步步由浅入深，针对丛书主题与软件功能穿插基本面分析、技术面分析、特色指标分析，来引导投资者循序渐进地学习，并辅以很多实战案例讲解，易懂易学。

主编：胡兵、孙鹏程、王丽、鲁斌、
　　　刘瑜、阮安甫、周志海、彭超
书号：9787203136163 等
出版时间：2025年1月

微信扫码畅读折扣好书